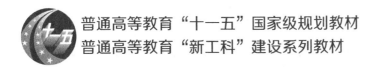

普通高等教育"十一五"国家级规划教材
普通高等教育"新工科"建设系列教材

汽车电子控制技术
（第4版）

鲁植雄　**主　编**
王　陶　迟英姿　**副主编**
王源绍　邓晓亭　鲁杨　**参　编**
冯崇毅　**主　审**

人民交通出版社
北京

内 容 提 要

本书是普通高等教育"十一五"国家级规划教材。全书共分十二章，内容包括汽车电子控制基础、汽车发动机供油控制、汽车发动机点火控制、汽车发动机辅助控制、柴油发动机控制、自动变速控制、制动控制、转向控制、驱动防滑与稳定性控制、悬架控制、车身控制、车载网络等，主要介绍各种电子控制系统的功能、分类、结构组成、控制原理、特性分析等内容。

本书为高等院校车辆工程专业的本科生和研究生教材，也可供相关专业技术人员阅读。

图书在版编目(CIP)数据

汽车电子控制技术/鲁植雄主编.—4版.—北京：人民交通出版社股份有限公司,2024.12.—ISBN 978-7-114-19711-6

Ⅰ．U463.6

中国国家版本馆CIP数据核字第20243AN663号

Qiche Dianzi Kongzhi Jishu

书　名：	汽车电子控制技术（第4版）
著 作 者：	鲁植雄
责任编辑：	李　良
责任校对：	赵媛媛　魏佳宁
责任印制：	刘高彤
出版发行：	人民交通出版社
地　　址：	(100011)北京市朝阳区安定门外外馆斜街3号
网　　址：	http://www.ccpcl.com.cn
销售电话：	(010)85285911
总 经 销：	人民交通出版社发行部
经　　销：	各地新华书店
印　　刷：	北京科印技术咨询服务有限公司数码印刷分部
开　　本：	787×1092　1/16
印　　张：	18.25
字　　数：	416千
版　　次：	2005年10月　第1版 2011年12月　第2版 2018年8月　第3版 2024年12月　第4版
印　　次：	2024年12月　第4版　第1次印刷　累计第8次印刷
书　　号：	ISBN 978-7-114-19711-6
定　　价：	59.00元

(有印刷、装订质量问题的图书，由本社负责调换)

第 4 版前言

电子控制技术在汽车上得到了迅速应用与发展,各种新型电子控制原理不断涌现,与日俱增,极大提高了汽车的动力性、经济性、安全性、舒适性、操稳性等各种性能。为了适应汽车电子控制技术高速发展,跟踪该领域的发展动向,满足高等院校对"汽车电子控制技术"课程的改革要求,特推出第 4 版《汽车电子控制技术》。第 4 版主要修订内容如下:

(1) 修改了第 3 版中的文字和图形错误。

(2) 按汽车控制系统不同,对各章节进行重新排列布置。

(3) 增加了新型控制系统、汽车传感器、汽车执行器、车载网络等内容。

(4) 删减了部分陈旧的内容。

(5) 进一步完善了本书的电子课件。

本次修订仍然遵循原版编写原则,以汽车控制技术为主线,介绍各种电子控制系统的功能、分类、结构组成、控制原理、控制方法、特性分析等内容,以形成整体化、动态化和模块化的知识结构,充分调动学生的主观能动性,培养学生的自学与独立思考的能力。

本书由南京农业大学鲁植雄教授任主编,并负责全书统稿;南京工业大学王陶和南京工业大学浦江学院迟英姿任副主编;南京工业大学浦江学院王源绍、南京农业大学邓晓亭和南京农业大学鲁杨参编。编写分工如下:鲁植雄编写第一章、第五章和第六章;王陶编写第七章、第八章、第九章和第十章;迟英姿编写第二章和第三章;王源绍编写第四章;邓晓亭编写第十一章;鲁杨编写第十二章,并进行全书文字和插图整理等工作。

本书由东南大学冯崇毅老师任主审。冯崇毅老师仔细地审阅了书稿，并提出了许多建设性的意见，在此表示最诚挚的谢意。

本书在编写过程中，参阅了大量相关图书和文献资料，在此，编者向有关文章的作者表示衷心的感谢。

为了方便教师授课和学习，本书配有PPT课件，可以联系出版社或作者获取。

由于编者水平有限，加之经验不足，书中难免有错误和疏漏之处，恳请广大读者批评指正，以便丰富、完善和补充本教材，相关意见和建议请发至邮箱：luzx@njau.edu.cn。

编　者
2024年4月

目录

第一章　汽车电子控制基础 ……………………………………… 1
  第一节　汽车电子控制技术的发展沿革 ………………………… 1
  第二节　汽车电子控制系统的组成 ……………………………… 5
  第三节　汽车电子控制系统中的控制理论 ……………………… 14
  第四节　汽车综合控制 …………………………………………… 19
  第五节　汽车电子电气架构 ……………………………………… 23
  复习思考题 ………………………………………………………… 25

第二章　汽车发动机供油控制 …………………………………… 26
  第一节　汽油发动机燃料供给 …………………………………… 26
  第二节　汽油发动机供油控制系统的组成 ……………………… 29
  第三节　汽油发动机供油控制原理 ……………………………… 42
  第四节　缸内直喷式汽油发动机供油控制 ……………………… 55
  复习思考题 ………………………………………………………… 58

第三章　汽油发动机点火控制 …………………………………… 59
  第一节　点火系统的基本要求 …………………………………… 59
  第二节　点火控制系统的配电方式与组成 ……………………… 61
  第三节　点火控制原理 …………………………………………… 67
  第四节　爆震控制 ………………………………………………… 70
  复习思考题 ………………………………………………………… 72

第四章　汽油发动机辅助控制 …………………………………… 74
  第一节　怠速控制 ………………………………………………… 74

　　　　第二节　进气控制 ·· 81
　　　　第三节　排放控制 ·· 86
　　　　第四节　故障自诊断系统 ·· 93
　　　　复习思考题 ·· 98

第五章　**柴油发动机控制** ··· 99
　　　　第一节　电子控制分配泵喷油系统 ···································· 99
　　　　第二节　电子控制泵喷嘴喷油系统 ··································· 102
　　　　第三节　电子控制共轨喷油系统 ····································· 106
　　　　复习思考题 ··· 116

第六章　**自动变速控制** ·· 117
　　　　第一节　自动变速控制原理 ··· 117
　　　　第二节　液力变矩器 ··· 126
　　　　第三节　齿轮变速机构 ··· 131
　　　　第四节　液压操纵机构 ··· 135
　　　　第五节　自动变速电子控制系统 ····································· 139
　　　　第六节　无级变速控制 ··· 142
　　　　复习思考题 ··· 145

第七章　**制动控制** ·· 147
　　　　第一节　防抱死制动控制 ··· 147
　　　　第二节　制动力分配控制 ··· 160
　　　　第三节　制动辅助控制 ··· 163
　　　　第四节　线控制动 ··· 164
　　　　复习思考题 ··· 167

第八章　**转向控制** ·· 168
　　　　第一节　动力转向控制 ··· 168
　　　　第二节　四轮转向控制 ··· 177
　　　　第三节　线控转向控制 ··· 180
　　　　第四节　差动转向控制 ··· 184
　　　　复习思考题 ··· 186

第九章 驱动防滑与稳定性控制 ·················· 187
第一节 驱动防滑控制 ·················· 187
第二节 稳定性控制 ·················· 201
复习思考题 ·················· 212

第十章 悬架控制 ·················· 213
第一节 电控悬架的功用与类型 ·················· 213
第二节 悬架减振器阻尼控制 ·················· 215
第三节 悬架弹簧刚度控制 ·················· 220
第四节 主动悬架控制 ·················· 224
复习思考题 ·················· 227

第十一章 车身控制 ·················· 228
第一节 安全气囊控制 ·················· 228
第二节 巡航控制 ·················· 233
第三节 自动空调控制 ·················· 238
第四节 前照灯控制 ·················· 242
第五节 其他车身控制 ·················· 244
复习思考题 ·················· 252

第十二章 车载网络 ·················· 253
第一节 车载网络的类型与多路传输原理 ·················· 254
第二节 车载网络组成 ·················· 259
第三节 CAN 总线网络 ·················· 265
第四节 LIN 总线网络 ·················· 276
第五节 VAN 总线网络 ·················· 279
复习思考题 ·················· 281

参考文献 ·················· 282

第一章　汽车电子控制基础

本章主要介绍：汽车电子控制技术的发展沿革；汽车电子控制系统的组成；汽车电子控制系统中的控制理论；汽车综合控制；汽车电子电气架构。

第一节　汽车电子控制技术的发展沿革

汽车技术已跨越行业与学科的界限而成为一门综合性学科领域，汽车已经不仅仅是一个热能转换机构以及相应传动与操纵机械装置的简单合成，而是充分运用现代高新技术最新成果综合合成的集成控制系统。

汽车技术的进步，主要得益于汽车电子控制技术的飞速发展，其历程大致可分为四个阶段（图 1-1）。

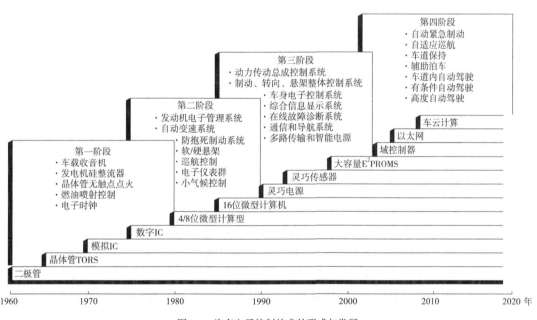

图 1-1　汽车电子控制技术的形成与发展

一、第一阶段：简单机械控制和电气系统控制阶段

在早期阶段，由于汽车产品本身尚处于不断完善与成熟的阶段，可挖掘的潜力很大，因此在机械控制阶段，汽车产业追求的是产品数量与质量的不断提高，以及汽车性能的逐步完善。此时的汽车控制技术仅仅建立在简单机械控制（例如，化油器各个系统随发动机工况的

自动调节与运行汽车转向轮定位系统对汽车转向性能的控制等)和简单电气系统控制(例如,发电机输出电压的调节和蓄电池充电电流的调节等)的基础上,控制的目的仅是实现不同工作状况和环境条件下发动机的正常、稳定工作和性能的基本发挥。

由于社会、市场和产业的发展使汽车产品质量与数量日益提高,成本日益降低,因此汽车已经进入家庭,成为一种大众化消费品。现代社会汽车产品大众化后所面临的重大问题是:高速、安全、可靠、舒适和防污染。经过多年的发展,传统机械装置(如曲柄连杆机构、定轴齿轮传动机构等)的功能已经相当齐全,技术成熟,潜力基本挖尽,如果不在原理、结构与技术上产生根本性的重大变化,仅仅在提高机械系统性能上谋求发展则已经没有什么可能了,特别是对于某些装置而言,如触点式点火机构、触点式发电机电压调节装置和机械式仪表显示装置等,由于原理和结构的限制,性能已不可能获得根本的改善。如果选择大规模地从根本上改变机械系统传统结构,将会造成汽车结构复杂化以及可靠性降低,使得调整与维护困难。旋转活塞发动机发展多年,至今仍未能代替往复式活塞发动机,以及机械式汽油喷射系统的探索过程等,都充分证明了这一点。另外,对于某些特殊要求与性能来说,诸如减少汽车有害物质排放、提高安全性能、提高乘坐舒适性和操作方便性、节约燃料以及采用新型燃料等,仅靠机械系统控制是无法实现的,为此,汽车控制发展到机械-电子控制阶段。

二、第二阶段:机械-电子控制阶段

追求汽车性能大幅度、突破性地提高与完善,必须通过提高控制系统的性能来实现。控制系统的作用本质上就是使各个机构与总成(子系统),在任何时候均能与汽车整体以及环境变化相适应,随时处于最佳工况与匹配状况,通过提高控制系统性能来改善汽车的性能可以获得事半功倍的效果。

汽车控制系统的最初发展是从改进汽油机点火系统性能开始的。晶体管的发明,使采用无触点点火装置来增强点火初级电流的稳定性成为可能,极大地提高了点火能量,改善了燃烧状况。这些局部技术的改进可提高控制质量并获得了相当的成果。但从总体上来说,机械电子控制阶段仍然是在机械系统的基础上,采用电子控制技术改进系统运行性能,并没有本质上的变化。可以认为,机械-电子控制阶段控制技术仍然是"为机械系统服务的"。

具有试验性质控制技术的初期标志性发展是:第二次世界大战期间问世的机械式汽油喷射技术,运用于歼击机的发动机上,其目的仅是为了替代化油器并取消浮子室,以改善歼击机在空中翻滚、格斗时发动机工作的可靠性。

随着基础科学技术的发展,特别是集成电路与大规模集成电路技术、计算机数字化技术的运用,以及基础控制学理论与方法的发展,汽车电子控制技术取得一系列突破性的进展,如电子控制汽油喷射、防抱死制动控制、无分电器点火控制、自动变速控制、排气污染物控制等。

机械-电子控制阶段面临的问题是如何使汽车各个子系统的工作均衡与协调。在采用晶体管技术改造点火系统的早期,曾发生过由于点火系统性能的改进,使发动机功率提高而各个机械部分所受到的负荷也随之增大,于是造成原有结构零部件磨损强度增大,子系统的工作匹配不协调的现象,并最终导致发动机的可靠性、维修性以及使用寿命的下降。另外,子系统实施互相独立的所谓"并行"的控制方式,必然造成部分功能的重复,从而引起资源的浪费和系统的日益复杂化。

1970年至2008年,汽车综合性能的提高超过80%来自汽车系统控制技术的进步。随着技术发展与性能提高、完善的需要,过去认为是高档的设备与装置现已成为普通的标准配备,并不断出新,如果仍然延续传统的控制方式,将导致汽车系统的日益复杂化,主要弊病表现为:分系统各自配备独立硬件组成和控制通道,形成对独立目标的"一对一"约束;20世纪七八十年代生产的一些汽车上装备有35~40个CPU处理单元;传感器和执行器数量也不断增加;控制功能的重复与叠加导致系统干涉现象的产生;功能扩展余度狭窄,过程繁杂,软、硬件等系统资源利用效率下降;复杂性增加,可靠性下降,成本增加,为此,汽车控制技术开始由机械-电子阶段逐步发展到集中系统控制阶段。

三、第三阶段:集中系统控制阶段

传统的汽车控制技术是对每个部分系统进行独立控制,使其本身工作性能达到理想状况。但对于整车而言,汽车追求的目的并不是简单控制单个因素,或若干因素控制的简单叠加就可以实现的,例如:排放控制就涉及空气供给系统、燃料供给系统、点火系统并影响汽车的动力性、经济性;传动系统控制则直接涉及发动机的工作状况、辅助系统工作状况以及环境和汽车操纵目的等。显然,局部或个体最佳并不能获得整体最佳的效果,片面追求某些局部功能(比如排放控制),势必会引起其他功能(比如发动机动力性、经济性)的下降。系统控制工程、人机工程学等基础理论的发展,以及计算机中央处理技术,网络技术和新材料、新能源的发展与运用,为汽车控制技术集成化提供了雄厚的技术基础,汽车集中控制技术在此基础上应运而生。

所谓汽车集中控制系统,就是采用信息-系统-控制模式,将整体系统的多个控制功能集中由一个功能强大的ECU实行控制,将局部最佳转化为系统最佳,使汽车系统响应随动于外界环境的变化,寻求系统整体的最佳对外反应以及系统资源的最佳利用效率。

汽车集中控制系统在设计阶段,就严格按照人、车、环境整体最佳效应的原则与目标进行整体规划与设计,运用系统-信息-控制模式,按照整体性、动态性和开放性的控制原则,并采用计算机网络信息技术,实现控制的集成化。

传统汽车是一个实现热能转换的机械系统。传统控制技术和装置则是"添加式"的,仅为了提高某些局部性能(如促进完全燃烧、自动变换传动比,单独控制排放和提高制动性能等),而在此基础上采用控制手段。从系统工程的观点出发,可以将汽车看作是一个典型意义上的智能化、信息化和具备良好的人-机-环境效应的大系统。人-机-环境效应系统由信息传感、信息处理、执行和数据传输等分系统组成,形成以中央信息处理为核心,由网络和总线技术提供信息传输,资源共享,互为冗余的有机整体。该系统首先监控并搜集汽车所处的环境变化,汽车本身状况和驾驶人意图等信息,并通过网络数据总线传递至电子控制单元,按照预编程序进行处理,再由电子控制单元发出控制指令并传递至执行系统实现预期的功能。对于功能与要求相同或相近的控制功能,例如:发动机与传动系统、点火与怠速系统、驱动与制动系统等,实现集中控制,使系统更为简化与集中,可靠性也大大提高。从这个意义上说,汽车本身是一个控制系统,传统的曲柄连杆机构、燃料供给系统、点火系统、配气机构、传动机构、制动系统、操纵系统和悬架系统等,都可看作是为了完成中央电子控制单元发出的指令,而实现预定的终端功能的执行机构。

汽车集中控制系统与传统控制系统的最大区别在于:控制系统不再是仅仅为了提高机械系统的功能而设置的,而是以控制系统为主,通过信息与指令的传感与传输,控制执行机构(传统机械装置)来实现预期功能的智能化、网络化。

四、第四阶段:智能网联控制阶段

智能网联汽车是指搭载先进的车载传感器、控制器、执行器等装置,并融合现代通信与网络技术,实现车与X(车、路、人、云等)智能信息交换、共享,具备复杂环境感知、智能决策、协同控制等功能,可实现安全、高效、舒适、节能行驶,并最终实现替代人来操作的新一代汽车。智能网联汽车可以提供更安全、更节能、更环保、更便捷的出行方式和综合解决方案,是国际公认的未来发展方向和关注焦点。

从技术发展路径来说,智能汽车分为3个发展方向:网联式智能、自主式智能、智能网联。

智能网联汽车融合了自主式智能汽车与网联式智能汽车的技术优势,涉及汽车、信息通信、交通等诸多领域,其技术架构较为复杂,可划分为"三横两纵"式技术架构。"三横"是指智能网联汽车主要涉及的汽车、信息交互与基础支撑3个领域技术;"两纵"是指支撑智能网联汽车发展的车载平台以及基础设施条件(图1-2)。

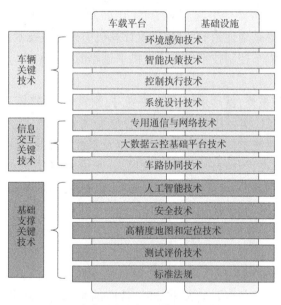

图1-2 智能网联汽车"三横两纵"技术架构

我国对智能网联汽车的发展目标规划如下:

(1)在2025年左右,实现有条件自动驾驶技术的规模化应用。

高度自动驾驶技术开始进入市场,具备在较复杂工况下的自动驾驶功能。典型场景功能应用包括交通拥堵自动驾驶、高速公路自动驾驶、代客泊车自动驾驶等。同时,以基于C-V2X网络的通信能力和边缘计算技术为基础,支持代客泊车和高速公路自动驾驶等功能的协同式迭代更新(图1-3)。

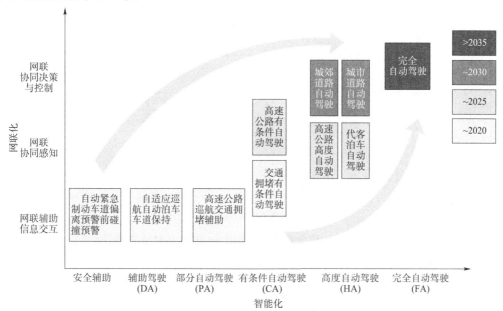

图1-3 智能网联汽车里程碑

(2)在2030年左右,实现高度自动驾驶技术的规模化应用。

典型应用场景包括城郊道路高速公路及覆盖全国主要城市的城市道路。在车路协同边缘计算、多源传感器融合、C-V2X异构通信网络等技术的成熟基础上,实现路侧设施、车载终端装配率与使用范围的大幅提升,充分利用车端、路侧的多源传感器数据共享融合技术。

(3)在2035年以后,完全自动驾驶乘用车开始应用。

实现车路之间协同发展,优化交通设施与应用生态,在全路况条件下实现廉价且高可靠、可规模化快速部署的商用无人驾驶功能,实现车路协同、智能移动平台与智能交通云控平台调度的规模化应用。

汽车技术的每一个跨越式发展均与社会经济与技术的发展同步实现。评价汽车性能的一个重要参数就是:控制系统消耗的资源在整车成本中所占比例,该数据在20世纪末达到20%~30%,今后还将进一步提高。相信随着高技术的进一步发展与普及,各种科技发展的最新成果也会日益增多地运用于汽车控制系统中。

第二节 汽车电子控制系统的组成

汽车电子控制系统均由传感器、电子控制单元(ECU)和执行器构成,如图1-4所示。同一辆汽车上配装了若干电子控制系统,实现不同的控制功能。

一、汽车传感器

传感器是将各种非电量(物理量、化学量、生物量等)按一定规律转换成便于传输和处理的另一种物理量(一般为电量)的装置。

在汽车电控系统中,传感器的功用是将汽车各个部件运行的状态参数(各种非电量信号)转换成电信号并输送至各个电控单元。

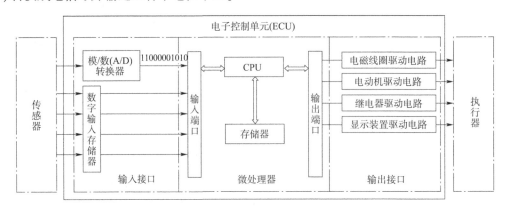

图1-4 汽车电子控制系统的基本组成

汽车安装的传感器越多,ECU感知的信息就越多,控制功能和控制精度就会提高。

1. 汽车传感器的分类

1) 按能量关系分类

传感器按能量关系的不同,可分为主动型传感器和被动型传感器。汽车上使用的传感器大多数属于被动型传感器,这种被动型传感器需要外加输入电源(一般为+5V),才能输出电信号。例如温度传感器,它以改变电阻值的方式向外输出电信号,但信号的输出需要测试回路提供电源,电源的输出能量要受测试对象输出信号所控制。采用电阻、电感、电容及应变效应、磁阻效应、热阻效应制成的传感器,属于被动型传感器。

主动型传感器是指传感器本身在吸收了能量(光能和热能)经自身变换后再输出电能。例如,太阳能电池和热电偶输出的电能分别来源于传感器吸收的光能和热能,因此,主动型传感器不需要外加电源,它本身是一个能量变换器。采用压电效应、磁致伸缩效应、热电效应、光电效应等制成的传感器,属于主动型传感器。

2) 按信号转换关系分类

汽车传感器可分为由一种非电量转换成另一种非电量,如弹性敏感元件和气动传感器;另一种是由非电量转换成电量的传感器,如热电偶温度传感器、压电式加速度传感器等。

3) 按输入量分类

即按被测量的不同,汽车传感器可分为位移、速度、加速度、角位移、角速度、力、力矩、压力、真空度、温度、电流、气体成分、浓度传感器等。

4) 按传感器的工作原理分类

汽车传感器可分为电阻式、电容式、应变式、电感式、光电式、光敏式、压电式、热电式传感器等。

5) 按传感器输出信号分类

汽车传感器可分为模拟式和数字式传感器两种。

6) 按其使用功能分类

汽车传感器又可分为两类,一类是使驾驶人了解汽车各部分状态的传感器,另一类是用于控制汽车运行状态的传感器,汽车用传感器的种类见表1-1。

汽车用传感器的种类 　　　　　　　　　　　　　表1-1

种类	可测量的场合或物理量
温度传感器	冷却液、排出气体(催化剂)、吸入空气、发动机机油、自动变速器液压油、车内外空气
压力传感器	进气歧管压力、大气压力、燃烧压力、发动机油压、自动变速器油压、制动油压、轮胎压力
转速传感器	曲轴转角、曲轴转速、转向盘转角、车轮速度、变速器输入轴转速、变速器输出轴转速、空调压缩机转速
速度、加速度传感器	车速(绝对值)、车身加速度
流量传感器	吸入空气量、燃料流量、废气再循环量、二次空气量、制冷剂流量
液量传感器	燃油、冷却液、电解液、清洗液、机油、制动液
位移方位传感器	节气门开度、废气再循环阀开度、汽车高度(悬架、位移)、行驶距离、行驶方位、北斗/GPS全球定位、加速踏板位置
气体浓度传感器	O_2、CO_2、NO_x、HC、柴油烟度
其他传感器	转矩、爆震、燃料成分、湿度、玻璃结露、鉴别饮酒、睡眠状态、蓄电池电压、蓄电池容量、灯泡断线、荷重、冲击物、轮胎失效、风量、日照、光照、地磁等

2. 汽车传感器的性能要求

汽车用传感器的性能指标包括精度指标、响应性、可靠性、耐久性、结构紧凑性、适应性、输出电平和制造成本等。其传感器性能要求如下：

(1) 有较好的环境适应性。汽车工作环境温度为 -40 ~ +80℃，需各种道路条件下运行，特别是发动机承受着巨大的热负荷、热冲击、振动等，因此要求传感器能适应温度、湿度、冲击、振动、腐蚀及油液污染等恶劣工作环境。

(2) 有较高的工作稳定性及可靠性。

(3) 再现性好。由于单片机在汽车上的应用,要求传感器再现性一定要好，因为即使传感器线性特性不良，通过系统也可以进行修正。

(4) 具有批量生产和通用性。由于汽车工业的发展,要求传感器应具有批量生产的可能性。一种传感器可用于多种控制,如把速度信号微分,可得到加速度信号等,所以传感器应具有通用性。

(5) 要求小型化，便于安装使用，检测识别方便。

(6) 应符合有关标准要求。

(7) 传感器数量不受限制。

在汽车电子控制系统中，传感器可把被测参数的物理量转变成电信号，无论参数数量有多少，只要把传感器信号送入 ECU，就可以进行处理，实现高精度控制，表1-2中给出了几种汽车传感器的检测项目和精度要求。

几种汽车用传感器的检测项目和精度要求　　　　　　表1-2

检测项目	检测范围	精度要求	分辨能力	响应时间
进气歧管压力	10~100kPa	±2%	0.1%	2.5ms
空气流量	6~600kg/h	±2%	0.1%	2.5ms
冷却液温度	-50~150℃	±2.5%	1℃	10s
曲轴转角	10°~360°	±0.5°	1°	20μs
节气门开度	0°~90°	±1%	0.2°	10ms
排气中氧浓度	0.4~1.4	±1%	1%	10ms

3. 汽车传感器的选用原则

1) 量程的选择

量程是传感器测量上限和下限的代数差。例如检测车高用的位移传感器,要求测量上限为40mm,测量下限为-40mm,则选择位移传感器的量程应为80mm。

2) 灵敏度的选择

传感器输出变化值与被测量的变化值之比称之为灵敏度。例如,测量发动机冷却液温度的传感器,它的测量变化值为170℃(-50~+120℃),而它的输出电压值要求为0~5V,所以选择其灵敏度为5V/170℃。

3) 分辨率的选择

分辨率表示传感器可能检测出的被测信号的最小增量。例如,发动机曲轴的位置传感器要求分辨率为0.1°,也就是表示设计或选择数字传感器时,它的脉冲当量选择为0.1°。

4) 误差的选择

误差是指测量指示值与真实值之间的差,有的用绝对值表示,例如,温度传感器的绝对误差为±0.2℃;有的用相对于满量程之比来表示,例如,空气流量传感器的相对误差为±1%。传感器误差是系统总体误差所要求的,应当得到满足。

5) 重复性的选择

重复性是传感器在工作条件下,被测量的同一数值,在一个方向上进行重复测量时,测量结果的一致性。例如,检测发动机在转速上升时期对某一个速度重复测量时,数值的一致性或误差值应满足规定要求。

6) 线性度的选择

汽车传感器的线性度是指它的输入输出关系曲线与其理论拟合直线之间的偏差。这种偏差要选择大小一定、重复性要好,而且有一定的规律,这样在计算机处理数据时可以用硬件或软件进行补偿。

7) 过载的选择

过载表示传感器允许承受的最大输入量(被测量)。在这个输入量作用下传感器的各项指标应保证不超过其规定的公差范围,一般用允许超过测量上限(或下限)的被测量值与量程的百分比表示,选择时只要实际工况超载量不大于传感器说明书上规定值就可以。

8) 可靠度的选择

可靠度的含义是在规定条件下(规定的时期、产品所处的环境条件、维护条件和使用条件等),传感器正常工作的可能性。例如,压力传感器的可靠度为 0.997(2000h),它是指压力传感器符合上述条件时,工作在 2000h 内,它的可靠性(概率)为 0.997(99.7%)。在选择时,要求传感器的工作时间长短及可靠度两指标都要符合要求,才能保证整个系统的可靠性指标。

9)响应时间的选择

传感器的响应时间是指阶跃信号激励后,传感器输出值达到稳定值的最小规定百分数(如 5%)时所需时间。例如,压力传感器响应时间要求是 10ms,也就是要求该传感器在工作条件下,从输入信号加入后,要经 10ms 后,它的输出值才达到所要求的数值。这个参数大小会直接影响汽车起动时间的大小,所以在选择时只能小于 10ms,才能满足汽车起动时间或工况变换的时间要求。

二、ECU

1. 汽车电子控制单元的主要功能

汽车电子控制单元(ECU)是电子控制系统的核心部件,主要功能如下:

(1)接受传感器或其他装置的输入信号,并将输入信号处理成 ECU 能够接收的信号,如将模拟信号转换成数字信号。

(2)为传感器提供参考电压,如 2V、5V、9V 或 12V。

(3)存储、计算、分析处理信息,存储运行信息和故障信息,分析输入信息并进行相应的计算处理。

(4)输出执行命令,把信号变为强信号的执行命令。

(5)输出故障信息。

(6)完成多种控制功能。如在发动机控制中,ECU 可完成点火控制、燃油喷射控制、怠速控制、排放控制、进气控制、增压控制等多种功能。

2. ECU 的组成

ECU 一般由输入接口电路、微控制器和输出接口电路组成,如图 1-5 所示。

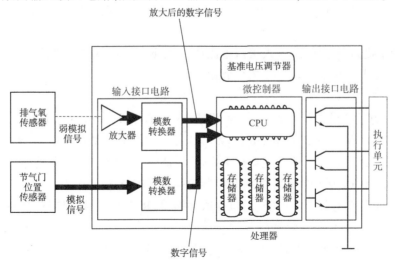

图 1-5 汽车 ECU 的组成原理框图

1) 输入接口电路

输入接口电路主要完成外部传感器与微控制器之间的信息传递,主要功能是对传感器输入信号进行预处理,使输入信号变成微控制器可以接收的信号。

(1) 模拟信号的处理。若输入的模拟信号较弱,如氧传感器(产生一个低于1V的电压信号),则首先需要对信号进行放大处理,再通过 A/D(模拟转换器),将放大后的模拟信号转换成数字信号。

若输入的模拟信号在 A/D 所设定的量程范围内,可直接进行 A/D 转换。如空气流量传感器的输出电压在 0~5V 之间变化,且没有超过 A/D 所设定的范围,所以可以直接进行 A/D 转换。

若模拟信号的电压超过了 A/D 转换器的量程,则首先需要进行电平转换,将其限定在 A/D 的量程范围,然后再进行 A/D 转换。

A/D 转换器以固定频率不断地对模拟信号进行扫描,例如若在某时刻 A/D 扫描到节气门位置传感器的电压信号是 5V,那么 A/D 转换器就对该电压赋以特定的数值 3,然后再将数值转换成二进制 11。A/D 转换器不断地对模拟信号进行采样、赋值并转换成二进制,再实时地传送给微处理器进行处理,图 1-6 所示为 A/D 转换器的工作原理。

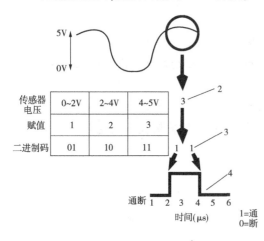

图 1-6 A/D 转换器的工作原理

(2) 数字信号的输入。控制系统采集的数字信号主要来自转速传感器的转速信号和曲轴位置信号,它们都是脉冲信号,这两个信号经过处理电路之后,通过 I/O 接口可直接送入微控制器。由于磁感应式转速传感器的输出信号随转速变化而变化,当发动机转速低时,电压信号很弱,需要进行放大和将波形变成整齐的矩形波,为此,要设置放大电路和脉冲信号整形电路。

另外,为了提高测量精度,输入接口电路中一般还有转角脉冲发生器,可将曲线转角传感器每转产生的几十个脉冲转变成 720 个脉冲。

2) 微控制器

汽车上用的微控制器主要是 8 位单片机或 16 位单片机,一些汽车上也使用 32 位和 64 位单片机。单片机是指将 CPU、RAM/ROM、I/O 接口、定时/计数器等元件集成在一块芯片上所形成的芯片级计算机。单片机具有小型化、功能强、可靠性高、价格低、性能价格比高和功耗低等一系列优点,因而在汽车的实时控制中得到了广泛的应用。

微控制器的外部存储器有四类:随机存取存储器(RAM)、只读存储器(ROM)、可编程只读存储器(PROM)、可保持存储器(KAM)。

(1) 随机存取存储器(RAM)。汽车运行时,由于传感器输出到计算机的信息是随着汽车工况的变化而频繁变化的,所以微控制器通常是将该类信息存储在 RAM 中的,除此之外微控制器也把计算结果和其他易变数据放在 RAM 中。

"随机存取"是指微控制器能以任意的顺序从任何一个 RAM 地址内提取信息。如果 RAM 是易失性的存储器,每次点火开关断开时,存储的信息就随即消失。RAM 也可设计成非易失的,这种 RAM 在点火开关断开后仍保留存储的信息。如果 RAM 是易失性的存储器,当发动机重新起动时,可以写入新的信息。

(2)只读存储器(ROM)。微控制器能从 ROM 中读取信息,但不能把信息写入 ROM 中,而且,微控制器不能擦除 ROM 中的信息。在 ROM 芯片的制造过程中,信息已经经编程送入 ROM 内,即使蓄电池的接线断开,ROM 中的信息也不会丢失。

ROM 中设有查询表,其中包含有关汽车该如何运行的信息,如点火提前角脉谱图和混合气空燃比脉谱图。微控制器根据传感器的输入信息获得发动机的转速和负荷信息,然后根据转速和负荷信息从 ROM 中查取相应的理想点火提前角和理想空燃比,并进行相应的控制。

(3)可编程只读存储器(PROM)。PROM 中包含一些专用程序,比如点火提前角程序。这类程序是依照每一种车型的特殊要求专门设计的,因为点火提前角程序一般随着变速器或主传动比的不同而有所不同。

某些微控制器中采用了电可擦除可编程只读存储器(EPROM)。这种存储器的特点是:制造厂家很容易对存储器芯片重新编程,这种芯片一般不脱离微控制器单独维修。

(4)可保持存储器(KAM)。KAM 与 RAM 类似。例如,微控制器能从 KAM 读取信息,也能把信息写入 KAM 中,或者擦除 KAM 中的信息。然而,当点火开关断开时,KAM 仍能保留信息,但当蓄电池电源与计算机系统分开时,KAM 存储器中的信息将被擦除。KAM 主要用于自适应控制。

3)输出接口电路

微控制器输出的是数字信号,并且输出电压也低,用这种输出信号一般不能驱动执行元件进行工作。输出接口电路在微控制器与执行元件之间建立的联系,可将微控制器做出的决策指令,转变为控制信号来驱动执行器进行工作,它起着控制信号的生成与放大功能。

3. ECU 的软件

软件分成系统软件和应用软件。

系统软件是对主机和外部设备进行统一管理和控制的各种程序系统,包括操作系统、语言加工系统和诊断系统,由计算机制造厂提供。

应用软件是为实现控制功能所编制的程序,其核心是控制程序。应用软件主要根据被控制对象和控制要求来编写,故必须由计算机控制系统设计人员自行编制。

软件的功能包括控制、调节,诊断与通信。控制是开环系统完成的功能,调节是闭环系统完成的功能。比较常见的是顺序控制的系统,比如发动机预热塞的控制,它的控制流程如图 1-7 所示,驾驶人打开点火开关,预热塞开始加热,然后系统根据系统的状态依次进入不同的控制状态。

诊断功能是指 ECU 能够自动识别硬件或者软件故障,保证在故障发生时能够继续完成其他任务,防止或者避免由于故障的原因对人员或者汽车造成伤害或者损坏,并且提醒驾驶人将汽车送入修理厂进行检查。例如,当由于加速踏板位置传感器故障,导致电控节气门发出"节气门全开"的信号时,ECU 应当能够识别此故障,防止汽车加速,同时通知驾驶人尽快进行检修;或者发动机进入跛行模式,以固定的低转速运转,以便汽车能够行驶到修理厂进行维修检测。一些故障也可以通过仪表板上的故障指示灯向驾驶人发出警告。当检测人员使用故障诊断仪与汽车连接时,可以读取汽车的故障信息,以便进一步的处理。诊断功能也可以用于读取一些测量值,比如发动机的转速。

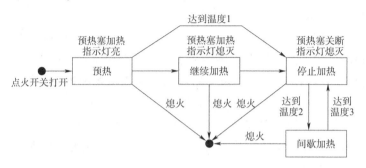

图 1-7　发动机预热塞的顺序控制流程图

三、执行器

执行器又称为执行元件。执行器的作用是根据 ECU 输出的控制信号执行某种相应的动作,以实现某种预定的功能,如燃油喷射控制中的喷油器和电动油泵、点火控制中的点火线圈、怠速控制中的步进电动机、自动变速器控制中控制换挡的电磁阀、空调控制中的压缩机等,都是执行器。

各种控制系统中执行元件的使用情况见表 1-3。

汽车各个控制系统中使用的执行元件一览　　　　　　表 1-3

种类	电气式		液压式		气压式	
	控制系统	执行器	控制系统	执行器	控制系统	执行器
动力控制	电子燃油喷射装置	喷油器、电动油泵	电子控制自动变速器/4轮驱动器	气门机构/离合器阀	车速控制系统	电磁膜片
底盘控制	动力转向/四轮转向	电动机	防抱死制动系统/动力转向/四轮转向/电控悬架	车轮/车门机构/汽缸/电磁阀/电动机	空气悬架	电磁阀
车身控制	车门自动锁定/空调器/自动调节座位/电动车窗	电磁线圈/电动机	—	—	—	—

由表1-3可见,从以提高汽车基本性能为目的的发动机控制系统、底盘控制系统,到以提高舒适性方便性为目的的空调机、电动车窗等系统,都广泛地采用了诸如电动机、电磁线圈之类的电磁执行元件,大大地提高了汽车性能。

1. 电磁阀

电磁阀作为控制系统的执行元件在汽车上的应用有多种形式,但按能量转换方式大致可分为两种:①直接以电磁能为动力的方式。②以电磁线圈驱动油压、气压控制阀的方式。

方式①仅限于以便利性及安全性为目的的自动门锁,自动变速器的固定挡等有限范围,方式②是近年来在提高汽车的行驶、转向、制动、舒适性等基本性能为目的的各种电子液压系统中得以普遍采用。其中,电磁阀圈按照ECU的指令把液压或气压进行转换,驱动电子液压控制阀或电子气压控制阀。

汽车上采用的电磁阀大致可分为以下三类:

①用开关型电磁阀进行转换控制。普通开关型电磁阀动作较慢,一般用于液体通路的开关控制。

②用快速开关型电磁阀进行功能控制。快速开关型电磁阀可以以较高的动频率工作,还可以利用高速开关调整液路中油压的大小和流量,实现更多的功能控制,这种电磁阀的结构比较精密。

③用比例型电磁阀进行模拟控制。用比例型电磁阀可对阀的开度进行线性控制,结构比较简单。

2. 电动机

1) 汽车用电动机的分类

电动机在汽车上应用十分广泛,类型也很多。按电动机的特性分可分为A类、B类和C类三种类型,各种类型电动机的特性指标见表1-4。

汽车各个各类电动机的特性　　　　　　　表1-4

类型	A类	B类	C类
转矩(N·m)	0.05	0.32	0.137
空载转速(r/min)	13.7	5.6	4.4
电动机直径(mm)	30	45	78.7
电动机长度(mm)	32	90	112.5

注:A类-空调、门锁、电动后视镜等部位的电动机;B类-电动车窗、刮水器等部位的电动机;C类-空调送风、电动风扇等部位的电动机。

按电动机的工作原理分可分为直流电动机、伺服电动机和步进电动机。

直流电动机具有良好的调速特性、较大的起动转矩、相对功率大及快速响应等优点。尽管其结构复杂、成本较高,但在汽车控制系统中作为执行器仍获得广泛的应用。

步进电动机是一种将电的脉冲信号转换成相应的角位移或线位移的执行器,每施加一个脉冲信号,它就运动一步,故称之为步进电动机。

步进电动机广泛地应用于汽车控制系统中,这是因为步进电动机的控制系统具有直接实现数字控制、控制性能良好、不需要反馈就能对位置或速度进行控制等特点。

2)电动机的特性要求

由于汽车运行工况本身特性要求,因此对汽车控制用电动机的性能,在环境适应性、可靠性、经济性等方面有着特殊要求,见表1-5。

对汽车控制用电动机特性的要求　　　　　　　　表1-5

分类	项目	内容	分类	项目	内容
性能	快速响应	响应时间要短	可靠性	寿命	使用寿命要长(应能连续地或间歇地运行)
	高分辨能力	能够进行细微的控制且再现性要好		故障	要求不会发生火灾(应装置在安全位置)
	高输出转矩	要求质量/功率比小,转矩应有足够的余量	肃静性	声音	要求动作时声音小不能有励磁噪声
环境适应性	耐寒耐热性	要求使用的温度范围广	经济型	消耗功率	消耗功率小
	抗振性	应能承受剧烈振动		体积	体积小
	耐气候性	应有良好的耐水、耐冷热性能		质量	质量小
	耐化学性	应有良好的耐汽油、耐热水的性能		价格	价格便宜

第三节　汽车电子控制系统中的控制理论

建立在自动控制理论基础上的汽车电子控制技术,使汽车操纵实现了自动化,极大地提高了汽车性能,减轻了驾驶人的劳动强度,大大地提高了汽车产品的质量。汽车上采用的主要控制理论有:PID控制、最优控制、自适应控制、滑模控制、模糊控制、神经网络控制、预测控制等。

一、PID 控制

PID(比例、积分、微分)控制属于经典控制理论的范畴,是连续系统中技术成熟、应用最广泛的一种控制方式。它最大的优点是不需要了解被控对象的数学模型,只要根据经验在线调节控制参数,即可取得满意的结果。不足之处是对被控对象的参数变化比较敏感。PID可由硬件电路实现,也可由计算机软件编程实现,后者通常被称为"数字PID调节器"。由于软件编程方法实现PID控制时参数变化可灵活调整,因此应用十分广泛。

PID控制系统的基本原理如图1-8所示。它采用闭环控制方案,输出信号$y(t)$被反馈到输入端,输入信号与反馈信号进行比较后的偏差$e(t)$被输入至数字PID控制器,经数字PID控制器后形成数字输出控制信号$u(t)$,该信号经零阶保持电路(实际上是D/A转换器)

处理后变成模拟信号以控制被控对象。

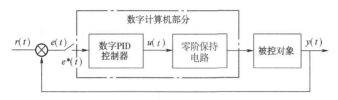

图1-8　PID控制系统的基本原理

PID控制器实际上是根据偏差的变化情况来调节控制量。比例环节及时成比例地反映控制系统的偏差信号,偏差e大,则控制量也应加大;积分环节的作用在于消除误差,就是把以往的偏差累积起来,加大控制量以消除偏差e,提高系统的无差度;微分环节反映偏差信号的变化趋势,起预测作用并能在偏差信号变化过大之前引入一个有效的早期修正信号,从而加快系统的动作速度。通过这种控制方法,可使输出量尽量接近期望的输出量。

PID控制在汽车电子控制系统应用非常广泛,如节气门开度控制、换挡离合器控制、转向偏角控制等。

二、最优控制

最优控制是所选的系统性能指标达到最优的一种控制方法。系统性能指标是根据工作要求选定的。控制系统中,最优控制的设计方法主要有极大(小)值原理和动态规划法。

设状态方程式的规范表达形式为:

$$\dot{X} = AX + BU + D\xi$$
$$Y = CX \tag{1-1}$$

式中:A——系统矩阵;
　　　B——控制矩阵;
　　　C——输出矩阵;
　　　D——扰动矩阵;
　　　X——状态向量;
　　　Y——输出向量;
　　　U——控制向量;
　　　ξ——扰动向量。

评价控制系统性能的二次型目标函数为:

$$J_v = \int_0^\infty (X^T Q X + U^T R U) dt \tag{1-2}$$

式中:Q——状态变量的加权矩阵;
　　　R——控制变量的加权矩阵。

式(1-2)中的第一项就是要使系统尽快从非零状态转移到零状态,即系统的调整时间要短,超调量要小。但调整时间越短,势必控制量加大,能量消耗加大。式(1-2)中的第二项就是抑制调节过程中的控制量,使控制量在执行机构允许的范围内,且节能。Q、R都是加权矩阵可用随机的方法决定。取不同的值就允许对不同的分量加不同的权系数,如认为某一个分量特别需要约束,则对它所加的权系数越大;如认为某一个分量无关紧要,可以不加约束,即对它所加的权系数是零。由于对控制量 U 的每一个分量都需约束,故矩阵 R 为正定对称矩阵。对状态变量 X,则不一定每个分量都需加以约束,故矩阵 R 可取为半正定对称矩阵。实践表明正确选取加权矩阵的值十分重要,取不同的加权矩阵,会得到不同的系统性能。

最优控制算法实质上是求解在约束条件下的极值问题。

应用极值原理,求最优控制问题,使 J_v 为最小,可得到著名的 Riccati 方程:

$$A^T + PA + Q - PBR^{-1}B^TP = 0 \qquad (1\text{-}3)$$

由此可以求出矩阵 P,继而求出反馈控制矩阵 K 为:

$$K = R^{-1}B^TP \qquad (1\text{-}4)$$

这样可解出控制向量 U 为:

$$U = -KX \qquad (1\text{-}5)$$

最优控制在汽车电子控制悬架控制、转向控制、制动控制有较多应用。

三、自适应控制

汽车电子控制系统是随汽车的行驶而不断运行的系统,一般在进行控制系统设计时,认为系统的模型参数保持不变。但是,随着汽车的连续使用,系统元件磨损、老化、调整间隙过大等,都使系统的参数发生了变化,若控制器的控制方式保持不变,则系统的控制性能就会变差。如在对汽车悬架的电子控制中,悬架质量和轮胎气压是系统两个重要参数,但随着装载量的变化,悬架质量会发生变化,轮胎气压也会经常发生变化。控制系统应能随时根据这种变化采取相应的措施,自适应控制就是解决这个问题的。

自适应控制有两个主要分支:参考模型自适应控制和自校正自适应控制。这两种控制在理论上比较成熟,应用也较广泛。

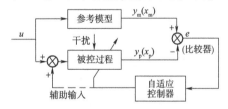

图 1-9 参考模型自适应控制的原理图

1. 参考模型自适应控制系统的基本原理

参考模型自适应控制系统对系统控制性能的要求用一个参考模型来体现,模型的输出就是理想的响应,如图 1-9 所示,系统在运行中不断比较参考模型和被控对象的输出或状态。

设参考模型输出 $y_m(x_m)$ 与和被控对象输出 $y_p(x_p)$ 的误差信号为 e,自适应控制器根据误差信号 e 调整控制器的某些参数或产生一个辅助输入,使 e 尽快地趋近于零。这样,控制对象的输出就是参考模型的输出。当被控对象的参数发生变动时,参考模型自适应控制系统仍然确保被控对象的输出为参考模型的输出,这样就实现了自适应控制。

2. 自校正自适应控制系统的基本原理

自校正自适应控制系统由被控对象、辨识器和控制器三部分组成,如图 1-10 所示。图中 R 为输入,D 为随机扰动,例如来自路面不平度的扰动等,Y 为输出。这类控制系统的主要特点是有辨识器,它自动测量和分析系统参数及状态的变化情况,如图 1-10 中的悬架质量和轮胎气压的变化。

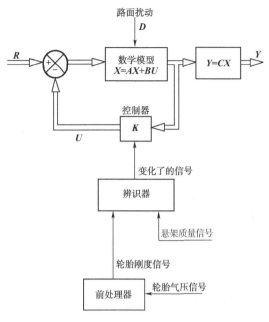

图1-10 自校正自适应控制的原理图

轮胎气压一般经过前处理器变成直接与轮胎刚度成比例的电信号,辨识器能辨别这些信号,并将其输入控制器,被控对象的特性变化也同时输入控制器,然后,控制器根据变化了的被控对象参数、被控对象的性能变化以及事先指定的性能指标,综合评判,并通过改变控制器的参数,使系统能适应新的条件。

上述两类自适应控制的共同特点是控制参数随着被控对象特性的变化和环境的改变不断进行调整,控制器具有一定的自适应。但两类系统中控制器参数的调整方法是不同的,参考模型自适应控制系统调整控制参数的根据是参考模型的输出(或状态)和被控对象输出(或状态)之间的误差,而自校正自适应控制系统调整的根据则是被控对象的参数识别。自适应控制律的设计思想也不同,参考模型自适应控制的设计思想是确保系统稳定,而自校正自适应控制的设计思想则是保证某一性能指标最优。

自适应控制方法在汽车电子控制系统中得到了广泛的应用,如在发动机空燃比控制中,氧传感器装在排气管内,由于高温和污染的工作环境,使氧传感器很容易老化,从而引起测量误差。采用自适应控制可以将氧传感器的输出信号与储存在控制单元中的参数进行对比,以确定氧传感器是否老化和老化的程度,若系统发现氧传感器老化,则通过选用适当的修正系数对氧传感器的输出值进行校准,使其输出值接近老化前的正常情况。

四、模糊控制

模糊控制是一种智能控制,是模仿人工控制活动中人脑的模糊概念和成功的控制策略,运用模糊数学,把人工控制策略用计算机来实现。

模糊控制不依赖系统的精确数学模型,因而对系统参数变化不敏感,具有很强的鲁棒性。另外,它的控制算法是基于若干条控制规则,算法非常简捷,特别适合于像汽车这一类快动态系统。模糊控制的基本原理如图1-11所示。

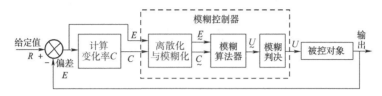

图1-11 模糊控制系统的原理框图

模糊控制的基本方法如下:
(1)将精确量模糊化。
(2)将模糊变量分解成模糊子集。
(3)构造模糊控制规则集。
(4)确定系统的模糊输出量。
(5)进行模糊判决,得出控制量的精确值。

为了提高一般模糊控制的跟踪性能和定位精度,可以增加系统偏差 E 偏差变化率 C 和控制量 U 的档次,但这样又使算法不够简洁,控制表过于烦琐。克服这个缺点的方法是使一般模糊控制和其他控制方式相结合,相互取长补短。

在汽车的制动控制、变速控制、悬架控制、巡航控制等系统中,已经广泛地使用模糊控制技术。

五、神经网络控制

人工神经网络(Artificial Neural Networks,ANN)是指用工程技术手段模拟人脑神经的结构和功能的技术,用电子计算机模拟人脑神经元对信息进行加工,存储和搜索等的技术。采用神经网络基本原理对控制对象进行控制的方法称为神经网络控制。

神经网络模型已有很多种,在汽车控制中,多采用 Rumd-Hart 等人提出的反向传播(Back Propagation,BP)网络,BP 神经网络是应用广泛、自学能力比较强的一种模型。

BP 神经网络由输入节点、中间节点、输出节点以及前向相互的连接所构成。输入和输出节点数目由实际问题确定,中间层的层数及节点数取决于问题的复杂性及分析精度,图1-12所示是一个双隐层 BP 神经网络。

BP 神经网络的学习过程是由前向计算过程、误差计算和误差反向传播过程组成。神经网络的具体学习过程是:当有信息输入时,把输入信号送到输入节点,经过权值的处理传播到隐节点;在隐含层经过作用函数运算后,送到输出节点;得到输出值,让它与期望输出值进行比较,若有误差就反向传播,逐层修改权值和阈值,重复上述过程,直到输出满足要求为止。

神经控制在汽车领域得到了广泛应用与研究,如在自动换挡、转向控制、悬架控制、差速控制、节气门控制、轨迹跟踪控制、故障自诊断、蓄电池 SOC 控制、牌照自动识别等方面取得了不少成果。

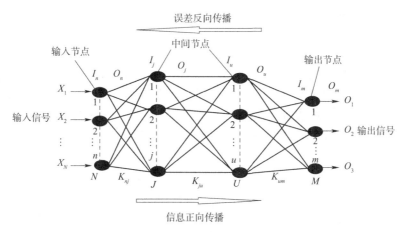

图 1-12 双隐层 BP 神经网络

第四节 汽车综合控制

系统控制的一个重要原则是各个系统的性能简单相加,并不能达到优化整体性能的目的。汽车是一个有机的系统,把其中任何一个子系统变为可控的,那么这种控制会对汽车的各个使用性能产生影响,它们之间必然存在着相互协调的问题。因此,考虑问题必须研究各子系统间的相互制约和相互影响,从整体性和相关性上解决汽车控制问题。

如图 1-13 所示为底盘各控制系统间的相互影响,其中双线表示基本和直接的动作,实线表示对其他功能的间接影响,虚线表示约束条件。由此可以看出:

(1) 汽车的每种运动都是通过轮胎和路面间的接触力而发生紧密联系。

(2) 当由主动悬架来降低侧倾角时,由于不足转向特性被削弱,使得横摆响应特性变坏。

此外,为了避免单独控制的相互干扰,利用汽车的综合控制系统,对每个单独的控制进行协调,方可改善整个汽车的动力学性能,因此,综合控制就是协调控制。

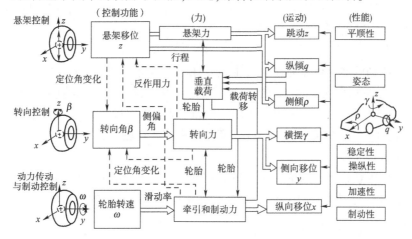

图 1-13 底盘各控制系统间相互影响

一、综合控制的原则

1. 改善汽车性能

改善汽车性能的首要原则,就是把各个单独的系统组合起来以改善汽车的性能,如图 1-14 所示,将主动悬架系统(A-SUS)和主动四轮转向系统(4WS)控制相结合,主动 4WS 系统在小于 $0.5G_y$ 范围内可取得明显的控制效果,而 A-SUS 侧倾刚度分布控制则在较高的 G_y 有着明显的效果,两者的结合可明显改善汽车的操纵性能。

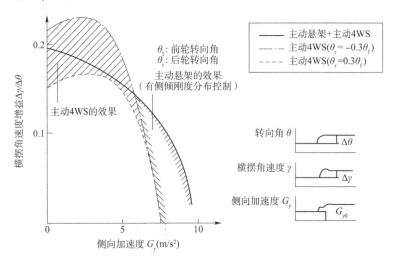

图 1-14　A-SUS 和 A-4WS 综合控制效果(侧倾刚度分布控制和后转向控制效果)

2. 消除干扰

利用主动悬架 A-SUS 系统的姿态控制,可以有效地消除由于汽车采用防抱死制动后引起的汽车"点头"现象,即消除了防抱死控制系统的干扰。

3. 增加控制功能

可通过综合控制来增加控制功能。利用 4WS 系统的横摆角速度的控制,可有效地改善汽车行驶的稳定性,若与 ABS 结合,即使在低附着系数 μ 的路面制动,也可获得良好的稳定性,因而增加了汽车的控制功能。

4. 协调控制

体现这一原则的典型例子是防抱死制动(ABS)和牵引控制(TRC)的结合,对汽车的防滑起到有效的控制作用,如图 1-15 所示。当车轮打滑时,首先利用防抱死制动系统采取制动控制,使滑转的车轮停止打滑,再利用牵引力控制系统通过控制节气门来降低发动机功率,可有效地防止汽车加速时的打滑现象,有效提高汽车行驶的稳定性。

5. 共同使用信号源

共同使用原则意味着不同的控制系统使用同样的信号、信号处理和同样的硬件,如执行机构、传感器、ECU 等,如图 1-16 所示,这样有利于提高控制系统的性价比。

二、综合控制系统的分类

若按系统分类,汽车的综合控制系统可分为动力传动系统综合控制和底盘系统综合控制;若按功能分类,又可分为纵向控制和横向控制,其中纵向控制是指巡驶控制,而横向控制是以转向为核心的综合控制。

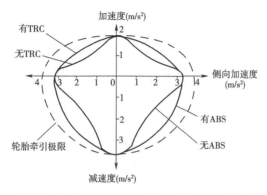

图1-15 在冰雪路面有无ABS和TRC对纵向和侧向加速度利用范围的影响

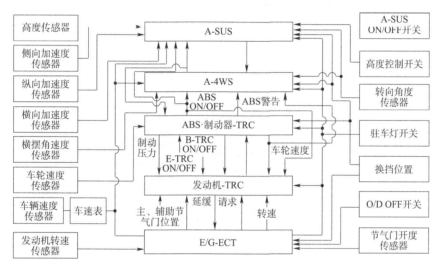

图1-16 汽车综合控制系统ECU框图

1. 底盘系统综合控制

底盘综合控制系统的意义在于驾驶人根据外部环境依靠转向盘、加速踏板或制动踏板等控制转向系统、悬架系统、传动系统和制动系统,实现人-车-环境整体性能优化。如图1-17所示为底盘综合控制系统中的各子系统的组成及功能。

综合控制的效果如图1-18所示,轮胎的牵引力极限分布规律位于最外端、没有综合控制系统的汽车加速度和减速度的分布规律位于最内部,有综合控制系统的汽车的加速度和减速度的分布规律位于中间,由此可以得出结论:

(1)利用综合控制,汽车可获得更高的加速度和减速度。

(2)依靠4WS的前轮转向角的比例控制加上横摆角速度的反馈控制,可极大改善转向响应。

(3)依靠主动悬架的姿态控制,能够使汽车有稳定感,并在横摆和侧倾方面获得良好的频率响应。

(4) 依靠 4WS 与主动悬架的结合,可以提高汽车的操纵稳定性,也可能产生紧急回避性能的效果。

(5) 依靠 4WS 与 ABS 综合控制效果,可同时保证汽车制动时的制动效率和方向稳定性。

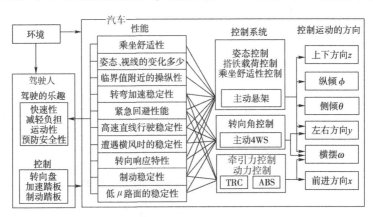

图 1-17　底盘综合控制系统

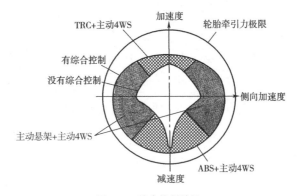

图 1-18　综合控制效果

2. 整车综合控制

整车综合控制系统是以电控全时间式四轮驱动(4WD)为核心,并与四轮转向(4WS)、主动悬架、自动变速器(ECT)、燃油喷射控制(EFI)组合起来进行综合控制,如图 1-16 所示。该整车综合控制系统的功能是:将其他系统与四轮驱动装置的功能协调起来,优势互补以实现更理想的运动性和稳定性。其协调控制包含以下几项内容:

(1) ABS 与 4WD 协调控制。利用控制中央差速器进行协调控制,通过改变 4WD 的直联状态,充分发挥 ABS 的功能,防止 4WD 对 ABS 所产生的转矩干涉现象。

(2) ABS 与主动悬架的协调控制。利用主动悬架来抑制制动时汽车发生的点头现象。

(3) 4WD 与主动悬架的协调控制。利用主动悬架来抑制汽车加速或高速转向的汽车姿态,提高汽车的操纵稳定性。

(4) ABS 与 EFI 的协调控制。在 ABS 工作时,停止 EFI 工作。

(5) ECT 与 EFI 的协调控制。在 ECT 变速换挡时,通过点火延迟来降低发动机输出转矩,以便减小换挡冲击。

(6) ABS 与 4WS 的协调控制。保证汽车在制动时,在获得最短制动距离同时确保其较高的方向稳定性。

(7) 4WD 与 4WS 的协调控制。利用中央差速器,通过改变 4WD 的直联状态来进行协调控制,以获得更高的汽车稳定性和操纵性。

第五节　汽车电子电气架构

汽车电子电气架构(Electrical/Electronic Architecture,EEA)是指集合汽车电子电气系统、中央电气盒、连接器、电子电气分配系统等软件硬件,将其设计为一体的整车电子电气解决方案。

汽车 EEA 属于汽车电子电气系统的顶层设计,目标是在功能需求、法规和设计指标等特定约束条件下,综合对汽车功能、性能、成本、装配等方面进行具体分析,得到最优的电子电气系统技术方案。

随着汽车电子控制单元(ECU)不断增多,控制功能越来越复杂,不断推动了汽车电子电气架构的演进和发展。汽车 EEA 一般有分布式、跨域集中式和中央计算式三种。

一、分布式 EEA

ECU 通常用简单的多点控制器(Multi-point Control Unit,MCU)芯片来实现,每个 ECU 通常只负责控制一个单一的功能单元,各个 ECU 之间通过控制器域网络(Controller Area Network,CAN)总线或者局部互联网络(Local Interconnect Network,LIN)总线连接在一起,通过厂商预先定义好的通信协议交换信息,因此,这个时期的汽车电子电气架构称为"分布式 EEA"。

分布式 EEA 可分为模块化 EEA 和集成化 EEA,如图 1-19 所示。

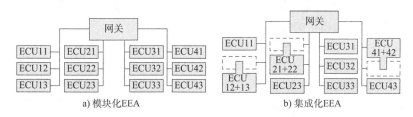

图 1-19　分布式 EEA

1. 模块化 EEA

模块化 EEA 中,每个控制系统均有一个独立的 ECU,与总线连接,ECU 与功能一一对应,ECU 数量多。

2. 集成化 EEA

集成化 EEA 是将原有两个或更多的 ECU 分别执行的功能合并在一个 ECU 中,如将发动机喷油 ECU 与点火 ECU 合并在一个 ECU 中,即发动机 ECU。

二、跨域集中式 EEA

跨域集中式 EEA 是引入了域控制器(Domain Control Unit,DCU),对 ECU 实现进一步集成。域控制器是域主控硬件、操作系统算法、应用软件等组成的一个系统的总称。可分为集中式 EEA 和跨域融合式 EEA，如图 1-20 所示。

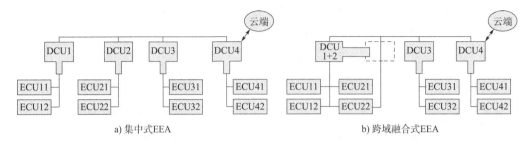

图 1-20　跨域集中式 EEA

1. 集中式 EEA

该架构对 ECU 实现了进一步的集成，引入了 DCU。在集中化阶段，全车共划分为 5~7 个域，每个域配置一个 DCU，每个 DCU 统辖多个 ECU。在 Bosch（博世）经典 5 域架构中，全车被划分为动力域、底盘域、座舱域、自动驾驶域和车身域，集成了所有控制功能。

2. 跨域融合式 EEA

在跨域融合阶段，整车功能在域的层面进一步集成，功能实现具有相似性的多个域实现融合。由于动力域、底盘域、车身域所涉及的计算与通信具有相似性，这 3 个域融合为整车控制域，同智能座舱域、自动驾驶域共同构成了面向汽车新时代的整车架构。

三、中央计算式 EEA

随着功能域的深度融合后，功能域的概念将逐渐消失，域主控处理器演变为更加通用的计算平台，这就是车载"中央 + 区域"，也称为"中央集中式"，或者"区域"。

该架构对 DCU 实现了进一步的集成，所有 DCU 融入一台中央计算机。功能与元件之间的对应关系不复存在，由中央计算机按需指挥执行器。

中央计算式 EEA 又可分为车载计算机式 EEA 和车-云协同 EEA 两类，如图 1-21 所示。

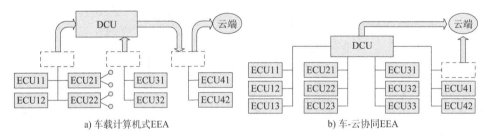

图 1-21　中央计算式 EEA

1. 车载计算机式 EEA

在车载计算机阶段，整车由中央计算机统一管理，但动力、车身、底盘等系统由于执行功能复杂、实时性、安全性要求较高，依然会保留基础控制器，进行边缘计算。

2. 车-云协同 EEA

而在车-云协同阶段，汽车与云端联动，其中车端计算主要用于车内部的实时处理，而云计算则作为车端计算的弹性补充。这一阶段不仅需要对车内系统进行革新,车联专用网络建设也需要进一步完善。

复习思考题

1-1 简述汽车电子控制系统的特征。
1-2 简述汽车电子控制系统的工作原理。
1-3 简述汽车传感器的类型。
1-4 简述汽车传感器的选用原则。
1-5 简述汽车 ECU 的基本组成。
1-6 简述汽车执行器的类型与特点。
1-7 汽车上采用的主要控制理论有哪些?
1-8 为何汽车广泛采用综合控制技术?
1-9 何谓汽车电子电气构架?
1-10 何谓域控制器?汽车上为何要发展域控制器?

第二章　汽油发动机供油控制

本章主要介绍: 汽油发动机电子控制燃料喷射(EFI)系统的基本原理、方式、组成和功能主要控制参数及其在特殊工况下的修正方法和特性,以及各个分系统主要元器件的基本构造和工作原理。

汽油发动机均采用集中控制,为了便于分析,本书将发动机集中控制分解为供油控制、点火控制、辅助控制等进行论述。

汽油发动机的供油控制是发动机基本控制之一,主要包括喷油量(喷油时间)控制和喷油正时控制。

第一节　汽油发动机燃料供给

一、汽油发动机燃油配给及功率调节

1. 汽油发动机燃油配给及其要求

为使汽油发动机正常运转,必须为其提供连续的、特定数量的和具有特定混合比的油空气混合气,该过程称为燃油供给过程。燃油供给过程的质量在很大程度上决定着发动机的性能及其发挥。

燃油配给由油供给系统完成,该系统由燃油供给和空气供给两个子系统组成,向发动机提供特定浓度和数量的可燃混合气,进入汽缸内燃烧。燃烧过程化学反应式为

$$C_xH_b + xO_2 \rightarrow aCO_2 + \frac{b}{2}H_2O \tag{2-1}$$

可燃混合气中的空气与燃油质量之比称作空燃比,其数值用 A/F 值表示。理论上完全燃烧时相应的 A/F 值(约为14.7)称为理论空燃比。但运行过程中由于受到发动机结构与工况变化等因素影响,混合气实际 A/F 值通常大于或小于理论值。

汽油发动机燃料供给系统控制指标为:适时提供特定数量与 A/F 值的可燃混合气。

2. 发动机功率调节方式

内燃发动机功率取决于工作循环过程中进入汽缸内并完全燃烧的燃料数量。功率调节方式有两种类型:量调节式和质调节式。

1) 量调节式

量调节式是指可燃混合气燃料与空气在进气系统中混合而成,每个工作循环进入汽缸的混合气 A/F 值和数量均是变化的,进入汽缸内的燃料数量由此而定,即通过改变混合气供给数量来调节发动机功率。缸外喷射、化油器式燃料供给系统就是按照量调节原理设计的。

化油器式发动机燃料供给系统的最大弊病,是由于其量调节式的原理缺陷而产生的,即无法根据发动机的适时状态和预期变化,对进入汽缸的燃油料数量进行精确计量和控制,从而无法满足汽车性能不断完善与发展的需求,成为汽油机性能进一步提高的"瓶颈"。

2)质调节式

质调节式是指每个工作循环由进气系统进入汽缸的气体数量基本不变,且仅为纯空气,其混合气形成是在缸内完成的,即进入汽缸的燃料数量取决于缸内形成的混合气的浓度(A/F值)。质调节方式燃烧较为充分,热效率高,而且排气有害成分较少,是一种较为理想的功率调节方式。缸内喷射汽油机燃料供给和柴油机的燃料供给方式就是典型的质调节方式。

二、汽油发动机工作过程对可燃混合气的要求

可燃混合气成分空燃比对发动机动力性、经济性及排放性均有较大的影响,如图2-1所示。

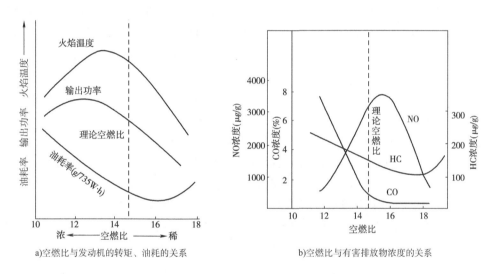

a)空燃比与发动机的转矩、油耗的关系　　b)空燃比与有害排放物浓度的关系

图2-1　空燃比与发动机的转矩、油耗及有害排放物浓度的关系

1. 空燃比对汽油发动机性能的影响

1)空燃比对汽油发动机动力性、经济性的影响

理论与实践均表明,当A/F约为12.5时,燃烧速度最快,汽油发动机所产生的功率与转矩最大,故发动机的动力性最好,所以又称其为功率空燃比。当空燃比约为16时,由于混合气较稀有利于燃料完全燃烧,故可降低发动机的油耗。因为,此时汽油发动机的经济性最好,故又称其为经济空燃比。

2)空燃比对汽油发动机排放性能的影响

汽油机排出的废气成分主要是CO、H_2O和N_2,剩余的O_2以及完全没被燃烧的HC,燃烧不完全的CO及高温富氧条件下燃烧生成的NO_x。其中CO、HC和NO_x是主要的有害成分。如图2-1b)中所示为CO、HC及NO_x三种有害成分的浓度随空燃比而变的规律,其中CO和HC以理论空燃比为界,随着混合气变浓而逐渐上升,而在空燃比略大于理论空燃比的区域内,

CO 及 HC 的浓度均比较低。但由于 NO_x 是高温富氧的产物,故在此范围内将出现最大值。

显然,汽油机的性能与空燃比有着密切的关系,其影响的程度和变化规律较为复杂,因此,如何精确控制混合气的空燃比成为提高汽油机排放性能的关键问题。

2. 汽油发动机工况对混合气空燃比的要求

汽油发动机的工作模式是变工况模式,即在汽车运行过程中,其工况(负荷和转速)在工作范围内是不断变化的,且在工况变化时,汽油发动机对可燃混合气的空燃比要求差异较大。

1)稳定工况对混合气的要求

汽油发动机的稳定工况是指汽油发动机已完全预热,进入正常运转,且在一定时间内转速和负荷没有突然变化的情况,又可分为怠速、小负荷、中等负荷、大负荷和全负荷等几种。

(1)怠速和小负荷工况。怠速工况汽油发动机对外无功率输出且以最低稳定转速运转。怠速工况下,混合气燃烧所做的功只用于克服汽油发动机内部的阻力,维持最低转速稳定运转。汽油发动机怠速转速一般为 300～1000r/min。

怠速工况下节气门处于关闭状态,此时吸入汽缸内的可燃混合气数量极少,且汽油雾化蒸发不良,进气管中的真空度很高。当进气门开启时,缸内压力仍高于进气管压力,结果导致汽缸内的混合气废气率较大。因此,为保证混合气能正常燃烧,必须供给小 A/F 值浓混合气,如图 2-2 中 A 处。

随着负荷的增加,节气门开度逐步增大而转入小负荷工况,此时吸入混合气的品质逐渐改善。所以小负荷工况对混合气成分的要求如图 2-2 中的 AB 段所示,即汽油机在小负荷运行时,供给的混合气也应加浓,但加浓的程度随负荷的增加而减小。

(2)中等负荷工况。汽油发动机的大部分工作时间都处于中等负荷状态,此时,节气门已有足够大的开度,上述影响因素已不复存在,因此可供给发动机较稀的混合气,以获得最佳的燃油经济性。这种工况相当于图 2-2 中的 BC 段,A/F 为 16～17。

(3)大负荷和全负荷工况。大负荷工况节气门开度已超过 3/4,此时应随着节气门开度的开大而逐渐地加浓混合气以满足汽油发动机功率的要求,如图 2-2 中的 CD 段。

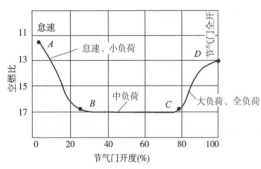

图 2-2 汽油机负荷变化时的混合气空燃比

实际上,节气门未全开时,如需获得更大的转矩,只需进一步加大节气门开度即可实现,没有必要改变混合气 A/F 来提高功率,而应当继续使用经济混合气来达到省油的目的。因此,在节气门全开之前所有的部分负荷工况都应按经济混合气配给,只是在全负荷工况时,节气门已经全开,此时为了获得该工况下的最大功率必须供给功率混合气,如图 2-2 中的 C 处。在从大负荷过渡到全负荷工况的过程中,混合气的加浓也是逐渐变化的。

2)过渡(非稳定)工况对混合气的要求

汽车运行中过渡工况主要包括冷起动、暖机、加速和减速三种状况,其典型特征就是在一定时间内,转速和负荷处于非稳定的工作状况。

(1)冷起动。冷机起动时,燃料和进气温度均很低,汽油蒸发率很小,雾化不良。为了保证冷起动顺利,汽油发动机要求供给很浓的混合气,以保证混合气中有足够的汽油蒸汽。一般要求 A/F 达到2,才能保证在汽缸内形成足够浓度的可燃混合气。

(2)暖机。冷机起动后汽缸开始点火做功,汽油机温度逐渐上升,即为暖机。在暖机过程中,由于温度较低、燃油雾化较差,因此也需要较浓的混合气,而且随着温度增加而逐渐减小,直至达到正常工作温度。

(3)加速和减速。发动机加速是指负荷突然迅速增加的动态过程,此时,驾驶人猛踩加速踏板,节气门开度突然加大,进气管压力随之增加,由于汽油的流动惯性和进气管压力增大后汽油蒸发量的减少,大量的汽油颗粒被沉积在进气管壁面上,形成厚油膜,称之为"附壁"现象。因此进入缸内的实际混合气则被瞬时稀释,严重时会出现过稀,使汽油机转速下降,为了避免该现象发生在汽油机加速时,应向进气系统补充一些附加汽油以弥补加速时的混合气瞬时稀释,以获得良好的加速性。

当汽车减速时,如果在没有脱开传动系统的状况下,迅速松开加速踏板突然关闭节气门,此时由于惯性作用,汽油发动机处于拖动状况,且仍保持很高的转速,因此进气管真空度急剧增高,促使附着在进气管壁面上的汽油蒸发汽化,并在空气量不足的情况下进入汽缸内,造成混合气过浓,严重时甚至熄火。因此在汽油机减速时,应供给较稀的混合气,以避免这一现象产生。

对于汽油发动机燃料供给系统的关键要求是:实时、连续、精确地控制混合气 A/F,以满足发动机在变工况和条件下对混合气的要求。

第二节 汽油发动机供油控制系统的组成

汽油发动机供油控制系统采用电子燃油喷射技术(Electronic Fuel Injection,EFI),又称为 EFI 系统。EFI 系统由传感器、EFI ECU 和执行器组成,如图 2-3 所示。各元件的分布位置如图 2-4 所示,各元件的功能见表 2-1。

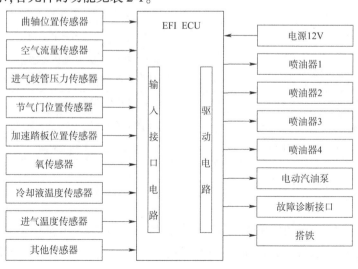

图 2-3 EFI 系统

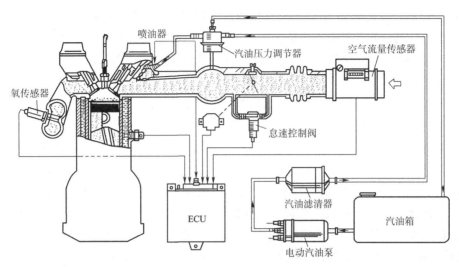

图 2-4 EFI 系统总体组成

EFI 系统组成部件及其功能　　　　　　　　　　　　　　　　表 2-1

	部件	功能
传感器	进气歧管压力传感器	检测发动机的进气压力，用以计算空气量
	空气流量传感器(空气流量计)	检测发动机吸入的空气量
	空气温度传感器	检测进气温度，用以计算空气量
	冷却液温度传感器	检测发动机冷却液温度
	曲轴位置传感器	检测发动机转速及曲轴位置
	节气门位置传感器	检测节气门开度
	氧传感器	检测发动机空燃比
	车速传感器	检测汽车车速
	爆燃传感器	检测发动机有无爆燃产生
	开关量及其信号传感器	检测各用电设备的开关状态，向 ECU 提供信号
ECU		系统控制的核心，根据由传感器确定的发动机运行工况，计算喷油量的大小，并对喷油器进行控制
执行器	主继电器	控制电控燃油喷射系统总电源
	断路继电器	控制燃油泵电源
	冷起动喷油器定时开关	控制冷起动喷油的喷油时间

一、传感器

汽油发动机 EFI 系统的传感器主要有曲轴位置传感器、空气流量传感器、进气歧管绝对压力传感器、节气门位置传感器、加速踏板位置传感器、氧传感器、冷却液温度传感器、进气温度传感器等组成。

1. 曲轴位置传感器

曲轴位置传感器可向发动机 ECU 提供发动机曲轴转角信号、活塞行程位置信号及发动机转速信号,是确定基本喷油器的主要依据之一。曲轴位置传感器可分为光电式、磁电式、霍尔式三大类型。由于磁电式、霍尔式传感器抗污能力和高速时信号识别能力强,因此应用广泛。

1)磁电式曲轴位置传感器

磁电式曲轴传感器结构如图 2-5a)所示,主要由永久磁铁、叶轮(转子)、电磁线圈等组成。转子固定在分电器轴上,线圈被固定在分电器外壳上。永久磁铁的磁力线通过叶轮、托架等构成磁路。

工作原理如图 2-5b)所示。当发动机工作时分电器轴带动叶轮旋转,导致磁路的气隙发生变化,相应改变了磁路的磁阻,即转子的叶片接近托架时(位置 A→位置 B),气隙变得越来越小,使得磁路的磁阻变小,磁通量相应增加;转子的叶片转离托架时(位置 B→位置 C),气隙变得越来越大,使得磁路的磁阻变大,磁通量相应减小。如此在电磁线圈内产生感生电动势成为输出信号。该电动势大小和方向均呈周期变化,频数与齿数相等,可以据此检测曲轴转角位置、活塞行程位置及发动机转速。

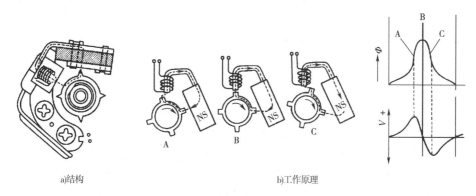

a)结构 b)工作原理

图 2-5 磁电式曲轴位置传感器结构与原理

2)霍尔式曲轴位置传感器

霍尔式曲轴位置传感器是利用霍尔效应产生与曲轴转角、转速和位置相对应的电压脉冲信号。

(1)霍尔效应原理。霍尔效应原理如图 2-6 所示。当电流 I 通过放在磁场中的半导体电基片(称霍尔元件)且电流方向与磁场强度 B 方向垂直时,电荷在洛伦兹力作用下沿电流方向的一侧发生漂移。因此在垂直于电流与磁通的霍尔元件的横向截面上会产生一个与电流和磁场强度成正比的电压,称为霍尔电压 U_H,可用下式表达:

$$U_H = \frac{R_H}{d}IB \tag{2-2}$$

式中:R_H——霍尔系数;
  d——基片厚度;
  I——磁场电流;
  B——磁场强度。

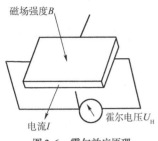

图 2-6 霍尔效应原理

当结构一定且电流 I 为定值时,霍尔电压 U_H 与磁场强度 B 成正比。霍尔式曲轴位置传感器就是利用触发叶片或轮齿通过改变霍尔元件的磁场强度,使霍尔元件产生霍尔电压,从而输出曲轴位置信号。

(2)工作原理。霍尔式曲轴位置传感器一般采用触发叶片结构型。主要由永久磁铁、触发叶轮、导磁板和霍尔集成电路等组成,两个触发叶轮的侧面各安置一个霍尔信号发生器。

如图 2-7 所示,当触发叶片转动时,每当叶片进入永久磁铁与霍尔元件之间的空气隙 a 中时,由于霍尔元件的磁场被触发叶片旁路(或称隔磁),因此不产生霍尔电压。当触发叶片离开空气隙 a 时,永久磁铁的磁通通过导磁板穿过霍尔元件,产生霍尔电压。

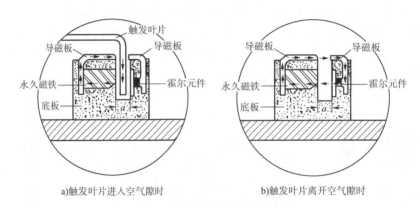

a) 触发叶片进入空气隙时 b) 触发叶片离开空气隙时

图 2-7 霍尔信号发生器工作原理

霍尔电压信号经霍尔集成电路放大整形后,向 ECU 输出曲轴转角位置信号。

外触发叶片每旋转一周产生 18 个脉冲信号,称为 18X 信号,如图 2-8 所示。一个脉冲周期对应 20°曲轴转角,ECU 对 18X 信号进行处理后,即可求得曲轴 1°转角信号。

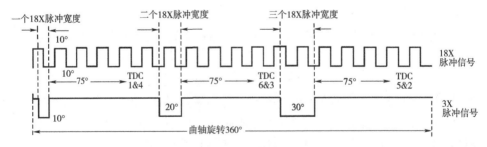

图 2-8 霍尔式曲轴位置传感器输出信号(GM 公司)

内触发叶片每旋转一周产生 3 个不同宽度的电压脉冲信号,称为 3X 信号。各个脉冲信号上升边沿分别相对于一、四缸,三、六缸和二、五缸压缩行程上止点前 75°,可作为 ECU 控制点火与喷油基准信号。

2. 空气流量传感器

空气流量传感器简称为空气流量计。空气流量传感器的作用是:将吸入发动机的空气量转换成电信号送至 ECU,作为确定基本喷油量的主要依据之一。采用该类型传感器检测进气流量的 EFI 系统称为 L 型 EFI 系统。

空气流量传感器主要有:卡门旋涡式空气流量传感器、热线式空气流量传感器、热膜式空气流量传感器。

1)卡门旋涡式空气流量传感器

卡门旋涡式空气流量传感器运用卡门旋涡原理计量进气流量,具有响应速度快、体积/质量小、进气阻力小、无磨损、测量精度高等优点。

进气管道中央设置一个锥体状涡流发生器。当空气流过时,在涡流发生器的后部将会不断产生涡流串,其频率与流量成正比,因此,检测旋涡频率便可感知进气量的大小。检测旋涡频率的方式分为反光镜检测和超声波检测两种,超声波检测方式应用较多。

超声波检测方式是利用旋涡引起的空气密度变化进行测量的,如图 2-9 所示。在空气流动的垂直方向安装超声波信号发生与接收装置,在发动机运行时不断地向接收器发出一定频率的超声波且穿过旋涡,由于受旋涡影响造成空气密度的变化,引起超声波穿越后的相位发生相应偏移,由此形成疏密波,ECU 根据所监测的超声波疏密的频率便可感知系统进气量。超声波检测方式由于没有运动部件,检测精度较高。

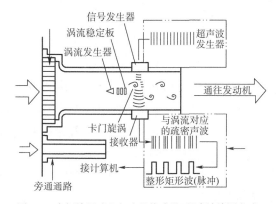

图 2-9 卡门旋涡式空气流量传感器(超声波检测方式)

当通过进气通道的空气流速 v 变化时,将导致卡门频率 f 产生相应变化,其关系为:

$$v = \frac{f}{S_t}d \tag{2-3}$$

式中:d——涡流发生器外径,mm;

S_t——斯特罗巴尔数,约为 0.2。

进气通道结构、形状以及涡流发生器尺寸设计确定后,斯特罗巴尔数 S_t 在特定测量范围内可视为定值。显见,通过测量卡门频率即可计算出空气流速 v,再乘以空气通道有效截面积,即可得出进气系统空气体积流量,再根据进气密度进行修正即可得出进气质量。

2)热线式空气流量传感器

热线式空气流量传感器主要由采样管、铂热线、进气温度传感器、控制回路等组成。根据铂热线在壳体内安装的部位,又分为主流测量和旁通测量两种结构类型。如图 2-10 所示为主流式热线空气流量传感器的典型结构。

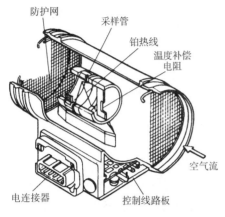

热线为线径 $70\mu m$ 的铂丝,固装于采样管中。采样管置于主空气通道中央,两端装有金属防护网,防止气流中的杂质损伤铂丝。

铂丝阻值随温度变化。热线本身构成惠斯顿电桥的电阻臂 R_H,如图 2-11 所示。采样管内安装一个铂薄膜热敏电阻器,其阻值随进气温度变化,称为温度补偿电阻,构成惠斯顿电桥电阻臂 R_K,取样管塑料护套上安装一只精密电阻,且能用激光修整,构成惠斯顿电桥电阻臂 R_A,该电阻上的电压就是空气流量输出信号,惠斯顿电桥臂上另一电阻 R_B 被装在控制线路板上面,该电阻器在最后调试试验中用激光修整,以

图 2-10 热线主流式空气流量传感器结构图

便对设定空气流量下的空气流量计输出特性进行校正。

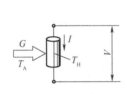 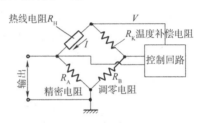

图 2-11 热线式空气流量传感器测量原理

热线式空气流量传感器利用惠斯登电桥平衡原理,设计控制电路使热线电阻温度与进气温度的差值保持恒定。当发动机进气流量增加时,铂热线上被带走的热量就会增加,使其迅速冷却,电阻值随之下降,惠斯登电桥失去平衡,此时,控制电路会自动增加供给热线的电流使热线恢复原设定的温度和电阻,直至电桥恢复平衡。电子控制回路所增加的电流大小取决于热线被冷却的程度,即空气质量流量。发动机进气质量流量增加,将引起热线电流的增加,同时电阻 R_A 的电压也相应增加,ECU 根据该电压信号便可测定空气的质量流量。

由于流量计基于热线表面与空气的热传导,铂热线上的任何污染附着都会造成测量误差,因此控制电路中设置自动"清污"功能。当发动机熄火后的 4s 内,控制电路会自动提供自净电流,使热线迅速升高到 1000℃ 的高温并保持 1s,可将黏附在热线表面污物完全清除干净。

3)热膜式空气流量传感器

热膜式空气流量传感器的结构和原理与热线式空气流量传感器基本相同,只是将发热体由热线改为金属铂热膜,如图 2-12 所示。这种结构可使发热体不直接承受空气流动所产生的作用力,增加其强度,提高了工作可靠性。

4)三种空气流量传感器的比较

热线式和热膜式空气流量传感器能直接测出进气流的质量流量,避免了海拔引起的误差,再加上该空气流量传感器响应时间短,测量精度高,已成为汽

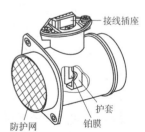

图 2-12 热膜式空气流量传感器

车电子燃油喷射系统较流行的空气流量传感器。表2-2为三种空气流量传感器的性能比较。

空气流量传感器性能对比 表2-2

性能	种类		
	热膜式空气流量传感器	热线式空气流量传感器	卡门旋涡式空气流量传感器
响应特性	○	○	○
怠速稳定性	○	○	○
废气再循环适用性	○	○	○
发动机性能随时间的变化	◎	○	◎
海拔修正	—	—	√
进气温度修正	—	—	√
安装性	○	○	○
成本	◎	○	○

注:◎表示优;○表示良;—表示不要;√表示要。

3. 进气歧管绝对压力传感器

在 D 型 EFI 系统中,发动机进气流量是通过进气歧管绝对压力传感器(简称进气绝对压力传感器)来测量的。与空气流量传感器不同的是,进气绝对压力传感器采用的是间接测量方式即依据发动机的负荷变化测出进气歧管内绝对压力的相应值,进而测算发动机的进气量。进气绝对压力传感器就其信号产生的原理可分为半导体压敏电阻式、电容式、膜盒传动的可变电感式和表面弹性波式等类型。其中电容式和半导体压敏电阻式在目前 D 型发动机电子控制系统中应用较为广泛。

半导体压敏电阻式进气绝对压力传感器是利用半导体的压阻效应测量进气歧管绝对压力。其结构由压力转换元件、混合集成电路等构成,如图2-13所示。

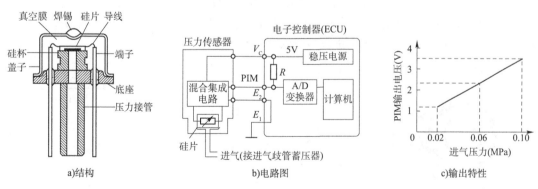

图 2-13 压敏电阻式进气绝对压力传感器

压力转换元件是具有压阻效应的半导体硅膜片,其一面是真空室,另一面导入进气歧管压力,其中部经光刻形成直径约 2mm、厚约 $50\mu m$ 的薄膜,薄膜周围安置有 4 个应变电阻,以惠斯顿电桥方式连接。

压敏电阻式进气绝对压力传感器工作原理如图 2-14 所示。当硅膜片受力变形时，R_2 和 R_4 受拉，其阻值随应力增加而增加；R_1 和 R_3 受压，其阻值则随应力增加而减小，这样造成惠斯顿电桥失去平衡，产生信号输出，而硅膜片受力与变形程度与进气歧管绝对压力成正比，即进气歧管绝对压力越大则硅膜片受力与变形程度越大，输出的信号越强烈，且输出信号电压随进气歧管绝对压力成线性变化。

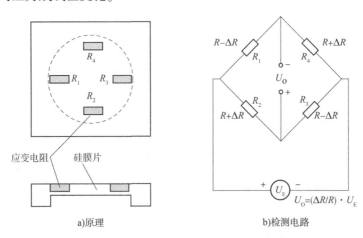

图 2-14　压敏电阻式进气绝对压力传感器工作原理

4. 节气门位置传感器

采用电位器式原理的汽车节气门位置传感器称为线性可变电阻型节气门位置传感器，由节气门轴带动电位计的滑动触点进行转动，如图 2-15 所示。在不同的节气门开度下，电位计的电阻也不同，从而将节气门开度转变为电流或电压信号输送给电控单元 ECU，ECU 通过节气门位置传感器可以获得节气门由全闭到全开的所有开启角度的连续变化的模拟信号，以及节气门开度的变化速率，从而更精确地判定发动机的运行工况，提高控制精度和效果。在装有电控自动变速器的汽车上，该信号作为控制不同行驶条件下的挡位变换的主要依据。线性式节气门位置传感器输出的是线性电压，如图 2-16 所示。其主要特点：角度检测及处理容易；因由开关原点确定绝对角度，所以能获得最恰当的控制；可直接安装在发动机上；环境适应性好；由于内装弹簧，容易与被测物连接。

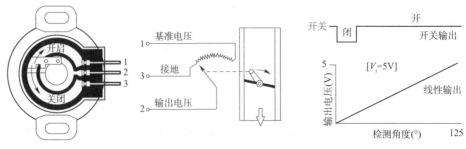

图 2-15　线性可变电阻型节气门位置传感器　　图 2-16　线性式节气门位置传感器的特性

5. 加速踏板位置传感器

加速踏板位置传感器安装在加速踏板上（图 2-17），其工作原理如图 2-18 所示，一个简单的电位计或可变电阻将踏板的踩下情况直接转变为电压信号输出。当驾驶人踩下加速踏板时,与加速踏板位置传感器线圈接触的小型滑臂沿圆弧转动,加速踏板位置传感器从 ECU 接收恒定的 5V 直流基准电压;当抬起加速踏板时(急速),滑臂转动到使基准电压通过全部线圈位置,加速踏板位置传感器产生约为 0.5V 的输出信号,向 ECU 回馈;当加速踏板被踩到底时(节气门全开),滑臂转动到基准电压只通过很少线圈的位置,向 ECU 回馈的信号电压约为 4.5V;加速踏板处于急速和节气门全开之间位置时,加速踏板位置传感器向 ECU 回馈的信号电压将与滑臂在电阻上的位置成正比。ECU 按照程序将回馈电压信号进行查表比较,就能判定驾驶人所要求的节气门开度。

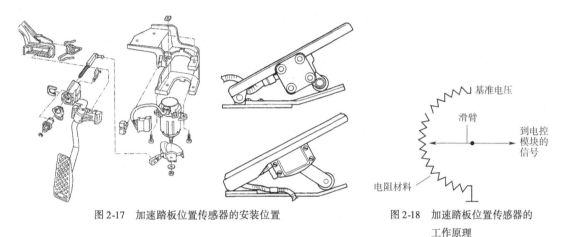

图 2-17　加速踏板位置传感器的安装位置　　图 2-18　加速踏板位置传感器的工作原理

加速踏板位置传感器的输出信号为电压值,数值为 0.5~4.5V,随着加速踏板位置的变化,输出信号电压相应变化,两者之间成线性关系。

6. 氧传感器

氧传感器的功能是通过检测排放气体中氧气的含量,间接反映出混合气空燃比的大小,并将检测结果变为电压或电阻信号,反馈给计算机,计算机根据氧传感器信号,不断修正喷油时间与喷油量,使混合气浓度保持在理想范围内,实现空燃比反馈控制(即闭环控制)。使用氧传感器对混合气的空燃比进行控制后,能够使发动机得到最佳浓度的混合气,从而降低有害气体的排放量,减少汽车排气污染。

氧传感器的传感元件一般采用氧化钛(TiO_2),氧化钛属 N 型半导体材料,其阻值大小取决于材料温度及周围环境中氧离子的浓度,因此可以用来检测排气中的氧离子浓度。

氧化钛式氧传感器与氧化锆(ZrO_2)式氧传感器的结构相似,如图 2-19a)所示,主要由二氧化钛传感元件、钢质外壳、加热元件和电极引线等组成。钢质壳体上制有螺纹,以便于传感器安装。与氧化锆式氧传感器不同的是,氧化钛式氧传感器不需要与大气压进行比较,因此传感元件的密封与防水十分方便,利用玻璃或滑石粉等密封即可达到使用要求。此外电极引线与护套之间设置一个硅橡胶密封线圈,可以防止水汽浸入传感器内部而腐蚀电极由于二氧化钛半导体材料的电阻随氧离子浓度的变化而变化,因此氧化钛式氧传感器的信号源相当于一个可变电阻,其电阻值与过量空气系数的关系如图 2-19b)所示。

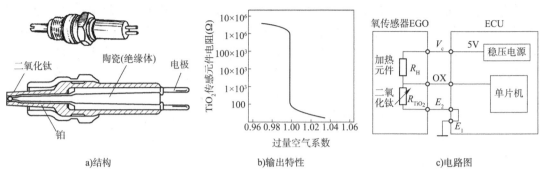

图 2-19 氧化钛式氧传感器

当发动机混合气稀(过量空气系数大于1)时,排气中氧离子含量较多即传感元件周围的氧离子浓度较大,二氧化钛呈现低阻状态;当发动机的可燃混合气浓(过量空气系数小于1)时,由于燃烧不完全,排气中会剩余一定的氧气,传感元件周围的氧离子很少,在催化剂铂的作用下,使剩余氧离子与排气中的 CO 发生化学反应,生成 CO_2,将排气中的氧离子进一步消耗掉,二氧化钛呈现高阻状态,从而大大提高了传感器灵敏度。

由上可见,氧化钛式氧传感器的电阻将在混合气的过量空气系数 λ 约为 1(A/F 约为 14.7)时产生突变。当给传感器施加稳定的电压时,其工作电路如图 2-19c)所示,在其输出端便可得到一个交替变化的信号。该稳定电压一般由 ECU 内部的稳压电路提供。氧化钛式氧传感器必须满足发动机温度高于 60℃、氧传感器自身温度高于 600℃以及发动机工作在急速工况或部分负荷 3 个条件才能正常调节混合气浓度,因此,氧化钛式传感器也安装在温度较高的排气管上,同时采用了直接加热方式使氧化钛传感元件温度迅速达到工作温度(600℃)而投入工作。

7. 冷却液温度传感器

发动机冷却液温度传感器以热敏电阻为检测元件,如图 2-20 所示。该传感器采用的热敏电阻具有负温度系数,如图 2-21 所示。当冷却液温度低时,电阻值大;冷却液温度升高,电阻值减小。

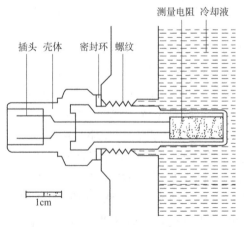

图 2-20 发动机冷却液温度传感器的结构

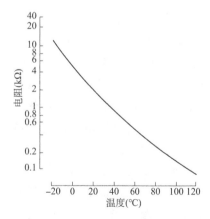

图 2-21 冷却液温度传感器的电阻与温度的关系

发动机冷却液温度传感器将发动机冷却液温度的变化转换为电信号输送到 ECU，ECU 根据输入的信号（发动机冷却液温度的高低）对发动机喷油量进行修正，以调整空燃比，使进入发动机的可燃混合气燃烧稳定，冷机时供给较浓的可燃混合气；热机时供给较稀的混合气。如果传感器损坏，当发动机处于冷机状态时，致使混合气过稀，发动机就不易起动且运转不平稳；暖机时，又致使混合气过浓，发动机也不能正常工作。

8. 进气温度传感器

进气温度传感器一般采用热敏电阻式，热敏电阻安装在进气温度传感器内。

当进气温度升高时，传感器阻值减小，热敏电阻上的分压值降低；反之，当进气温度降低时，传感器阻值增大，热敏电阻上的分压值升高。ECU 根据接收到的信号电压值，便可计算求得对应的进气温度，从而实现实时控制。进气温度传感器的输出电压信号与进气温度之间的关系如图 2-22 所示。

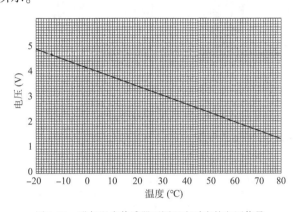

图 2-22 进气温度传感器不同温度对应的电压信号

二、EFI ECU

EFI ECU 是 EFI 系统的核心，具有强大的数学运算、逻辑判断、数据处理、数据管理等功能。通过分析处理各传感器的信息，计算出各缸喷油器的喷油量，并驱动各喷油器喷油。

三、执行器

EFI 的执行器主要有喷油器和电动汽油泵。

1. 喷油器

喷油器是一种加工精度非常高的机械元件，是根据 ECU 发出的喷油脉冲信号，精确计量喷射燃油，要求其动态流量范围大、雾化性能好、抗堵塞能力强。

1）喷油器的结构

如图 2-23 所示，喷油器主要由滤网、接口、电磁线圈、复位弹簧、衔铁、针阀及轴针等组成。喷油器内装有电磁线圈，喷油器头部的针阀与衔铁制成一体，当电磁线圈不通电时，针阀在复位弹簧的作用下将喷油孔封住。当发动机 ECU 接通喷油器电路时，电磁线圈通电，产生的电磁力将衔铁和针阀吸起，使燃油从针阀头部的环形间隙喷出，一般针阀的升程约为 0.1mm，当电磁线圈断电时，在复位弹簧的作用下针阀立即将阀口关闭，喷油器停止喷油。

ECU每次控制喷油器电磁线圈通电的时间称为喷油脉宽,一般为2~10ms,喷油器的喷油量取决于针阀的开启时间,开启时间越长,喷油量越多。

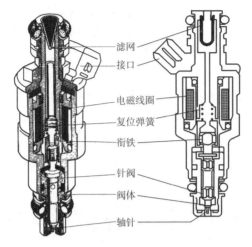

图2-23 喷油器

2)喷油器的驱动方式

喷油器的驱动方式分为电流驱动和电压驱动两种。电流驱动只适用于低阻喷油器,而电压驱动既可用于低阻喷油器,又可用于高阻喷油器,如图2-24所示。低阻喷油器是指电磁线圈的电阻值为1~3Ω的喷油器;高阻喷油器是指电磁线圈的电阻值为12~17Ω的喷油器。

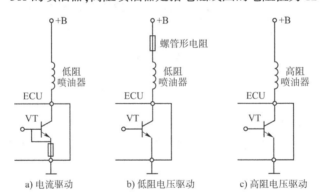

图2-24 喷油器的驱动方式

(1)电流驱动。在电流驱动回路中无附加电阻,低阻喷油器直接与蓄电池连接,通过ECU中的晶体管对流过喷油器电磁线圈的电流进行控制。由于无附加电阻,回路阻抗小开始导通时,大电流使针阀迅速打开,喷油器具有良好的响应性。针阀打开后,需要的保持电流较小,可以防止喷油器线圈发热,减少功率消耗。

(2)电压驱动。在电压驱动回路中使用低阻喷油器时,必须在回路中加入附加电阻。为使喷油器响应性好,在低阻喷油器中减少了电磁线圈匝数以减小电感,在回路中加入附加电阻,可以防止匝数减少后线圈中电流加大,使线圈发热而造成损坏。电压驱动方式较电流驱动方式的构成更简单,但加入附加电阻使回路阻抗增加,导致流过线圈的电流减少,喷油器上产生的电磁力降低,针阀开启迟滞时间长。一般来说,电流驱动喷油器的迟滞时间(无效喷射)最短,其次为电压驱动低阻型,电压驱动高阻型最长。

2. 电动汽油泵

1)结构

由于汽油极易挥发,加上工作温度以及系统产生局部真空的影响,增加了汽油的蒸发汽化,形成燃油供给系统内部气阻。为此在汽车上广泛采用双级泵结构形式的电动燃油泵,并将其安装在油箱内。

双级泵结构如图2-25所示,由初级泵和主输油泵形成组件。初级泵分离进油端产生的蒸汽,并将燃油以低压送到主输油泵内。主输油泵多采用滚柱泵或涡轮泵,主要用以建立所需的泵油压力,该类型燃油泵具有良好的热起动性能。

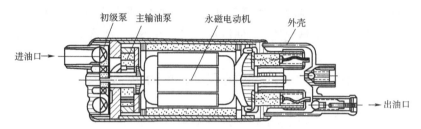

图2-25 双级电动燃油泵

2)电动燃油泵的转速控制

电动汽油泵的控制电路决定了其工作状态。对于不同的汽油喷射系统,有不同的电动汽油泵控制电路,电动汽油泵的控制电路一般具有下列功能:

(1)预运转功能。即接通点火开关而不起动发动机时,油泵能运转3~5s,向油管中预充压力燃油以利于起动。

(2)起动运转功能。即在起动机带动发动机运转的过程中,油泵能同时运转,保证起动供油。

(3)恒速运转功能。即在起动机带动发动机运转过程中,油泵能始终恒速工作,以保证正常的泵油量和泵油压力。

(4)变速运转功能。即根据发动机工况的变化控制油泵高速、低速变换运转。发动机在低转速或中小负荷工况下工作时,燃油消耗量比较小,此时油泵低速运转就可以满足发动机的燃油需求,同时又可减少油泵的磨损、噪声以及不必要的电能消耗;发动机在高速或大负荷工况下工作时,燃油消耗量比较大,如果此时油泵高速运转,就可以增加泵油量,从而满足发动机对燃油的需求。

(5)自动停转保护功能。发动机熄火后,即点火开关仍处于接通位置,油泵也能自动停转。控制电路的这一功能可以防止汽车因撞车等事故造成油管破裂时的燃油大量外溢,从而避免因点火开关仍处于接通位置而引起火灾。

电动燃油泵的转速控制一般是采用ECU通过控制燃油泵继电器来实现的,其控制电路如图2-26所示。

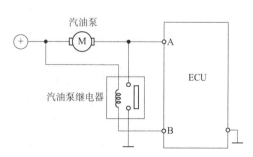

图2-26 电动燃油泵的转速控制电路

当 ECU 根据传感信号检测到发动机处于起动工况时,便控制接通 B 号端子的搭铁电路 30s,汽油泵继电器线圈中有电流通过,继电器触点闭合,使汽油泵工作 30s,进行起动供油。

当发动机起动完毕进入正常运转阶段时,ECU 控制切断 B 号端子的搭铁电路,同时根据发动机工况控制 A 号端子搭铁电路的通断。

当发动机转速较高或负荷较大时,ECU 控制接通 A 号端子搭铁电路的时间长,切断搭铁电路的时间短,加在汽油泵上的平均电压较高,汽油泵的泵油量就较大;反之,当发动机转速较低或负荷较小时,ECU 控制接通 A 号端子搭铁电路的时间较短,切断搭铁电路的时间较长,加在汽油泵上的平均电压较低,汽油泵的泵油量就较小。如此,即可使汽油泵根据发动机工作时的燃油需求量来供油。

发动机熄火 1s 内,ECU 控制汽油泵停止工作。当接通点火开关而不起动发动机时,ECU 控制接通 A 号端子的搭铁电路 5s,使汽油泵工作 5s,提高油路中的压力,以利于起动。

第三节 汽油发动机供油控制原理

汽油发动机的供油方式采用电子控制燃油喷射(Electronics control Fuels Injection,EFI)技术,EFI 的基本原理为:空气进入进气系统时,由传感器检测进气质量并将相关信息输入中央控制单元(ECU)。ECU 按照特定的模式计算确定此时燃烧所需的 A/F 值,进而确定所需的汽油供给数量,并据此发出喷油指令,使喷油器将经过精确计量的燃油,以一定压力喷射至发动机的进气道或汽缸内,与相应空气形成可燃混合气。

燃油喷射式的燃料配给方式可以适时、连续、精确控制可燃混合气的空燃比,有效地提高和改善汽油机的动力性、经济性,并能达到排气净化的目的。

汽油发动机的发展紧紧围绕着完全燃烧这一目标。影响完全燃烧的主要因素是:可燃混合气 A/F 值与燃烧时刻。而 EFI 系统的主控参数为:喷油量和喷油正时。

一、喷油正时控制

喷油正时是指喷油器喷油的正确时间。EFI 系统按照喷油时刻与发动机运转状态之间的联系可分为同步喷射和异步喷射两种类型。

所谓"同步"是指喷射频率与曲轴运动状态(或活塞行程)同步,即喷油时刻与曲轴位置有严格对应关系,且最终喷油信号由曲轴位置传感器信号触发;异步喷射则与曲轴运动无任何相关关系,多属临时性的补充供油性质,如急加速时的异步喷射。

同步喷射又分为同时喷射、分组喷射和顺序喷射三种类型。

1. 同时喷射

同时喷射控制方式控制电路如图 2-27 所示。该电路将所有喷油器并联共用一个喷油驱动回路,ECU 根据曲轴位置传感器信号触发驱动回路,控制功率三极管的导通和截止,同步接通或切断各喷油器电路使喷油器喷油,曲轴每转一圈,喷油器同时喷射一次,即每工作循环喷油两次。如图 2-28 所示为同时喷射系统工作波形图。

同时喷射方式中所有喷油器同步动作,如图 2-28 所示,喷油正时与发动机工作循环无关,因此各缸喷射时刻不可能同时达到最佳,有可能造成各缸混合气的混合浓度不均匀。该方式对各活塞行程位置不需判定,喷射驱动回路通用性好,系统结构、控制电路和控制软件均相对较简单。

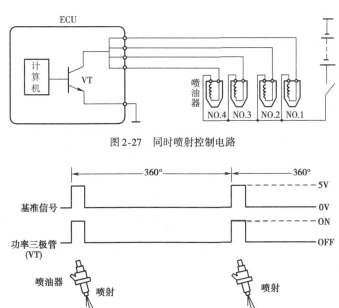

图 2-27 同时喷射控制电路

图 2-28 同时喷射正时波形

2. 分组喷射

分组喷射喷油过程分组进行。如四缸发动机喷油器分成两组,由 ECU 控制交替喷射,每循环喷射一次或两次。其喷油信号也是由曲轴位置传感器信号触发,控制电路如图 2-29 所示。正时图如图 2-30 所示。

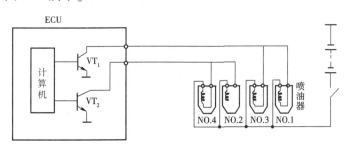

图 2-29 分组喷射控制电路

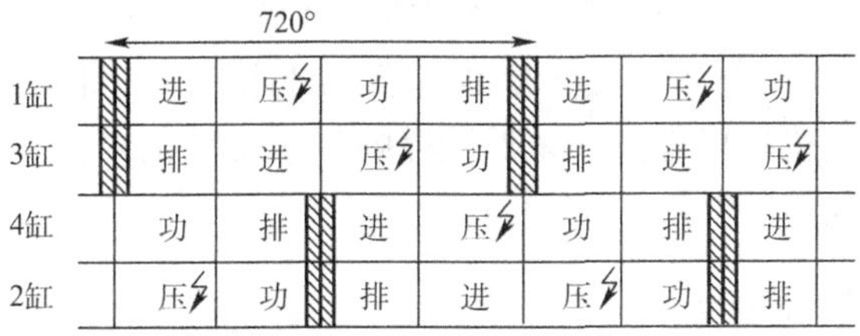

图 2-30 分组喷射正时图

3. 顺序喷射

顺序喷射(独立喷射)每循环各缸喷油器按照特定的顺序依次独立喷射一次,顺序喷射的控制电路如图2-31所示。各喷油器喷油过程分别由ECU单独控制。控制电路的特点是驱动回路与汽缸数相同。

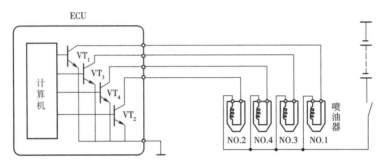

图 2-31 顺序喷射控制电路

顺序喷油控制由曲轴位置传感器提供曲轴转角及活塞行程位置信号,ECU据此信号准确判定工作汽缸位置与活塞行程,发出指令控制驱动电路使相应的喷油器喷油。如图2-32所示为四缸发动机顺序喷射的正时图。

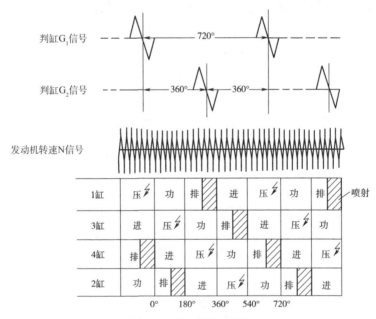

图 2-32 顺序喷射正时图

顺序喷油可在各缸工作循环的最佳时刻进行,控制精度好,对混合气形成和 A/F 控制十分有利,有利于提高发动机各项性能。虽然顺序喷射系统结构以及控制软件相对复杂,但控制精度好,因此被广泛采用。

二、起动喷油量控制原理

当发动机工况和喷油系统结构确定后,每循环喷油量取决于由ECU控制的喷油器工作

(喷射)持续时间。由于 ECU 发出的控制喷油持续时间的指令是脉冲型信号,该脉冲的工作宽度(简称"喷油脉宽")就决定了喷油持续时间,即:喷油量控制实质上是根据特定状况下所设定的目标,对喷油持续工作时间(喷油脉宽)实施控制,确保汽油机处于最佳 A/F 燃烧状况。

起动时,汽油发动机由起动机带动运转,由于转速很低,转速的波动很大,因此这时空气流量计(L 型系统)或进气管压力传感器(D 型系统)所测得的进气量信号有很大的误差,基于这个原因,在汽油发动机起动时,ECU 不以空气流量信号作为喷油量的计算依据,而是按预先给定的起动程序来进行喷油控制。

汽油发动机起动时的喷油量采用开环控制。首先,ECU 根据起动开关及转速传感器的信号,判定汽油发动机是否处于起动状态,以决定是否按起动程序控制喷油,当起动开关接通,且汽油发动机转速低于 300r/min 时,且节气门位置传感器表明节气门处于关闭状态,ECU 就判定汽油发动机处于起动状态,从而按起动程序控制喷油。这时 ECU 根据汽油机冷却液温度由 ROM 中存储的冷却液温度与喷油脉宽(喷油时间或喷油量)查出相应的基本喷油量如图 2-33a)所示,然后根据进气温度和蓄电池电压信号,对基本喷油量进行修正,得到起动时的喷油量如图 2-33b)所示,即:起动喷油量 = 基本喷油量 + 进气温度修正值 + 电压修正值。

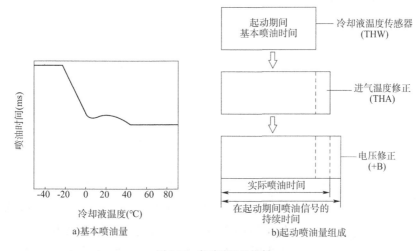

图 2-33 起动喷油量控制

起动时,处于拖动状态的发动机达到一定的转速(200~300/min)时,喷油器的喷油时间应逐渐减少,这是因为拖动状态本身所需的油量是一个不断衰减的过程,另一方面,因为随着发动机转速升高到一定值时才出现节流现象,致使每循环吸入的空气量相对减少,故喷油量也应相应减少。

起动时,无法汽化的燃油过多时,附壁现象会出现在汽缸内部并波及火花塞(俗称火花塞"淹死"),使得起动更加困难,另外,缸内附壁还会导致缸壁上的润滑油膜被稀释与冲刷,磨损加剧。为消除这有百害而无一益的现象,EFI 系统设有清除溢流功能,起动时,当发动机低速运转时,踩下加速踏板使节气门开度大于 80% 时,ECU 将发出指令供给稀混合气

(A/F 可达 20.0 甚至不喷油),以消除缸内附壁现象,直到发动机转速大于 400r/min。

三、起动后喷油量控制原理

当发动机转速超过预定值(如 400 r/min)时,ECU 自动转入起动后喷油控制方式计算和控制喷油量。

在发动机起动后,ECU 首先根据进气量传感器(空气流量传感器或进气歧管压力传感器)和曲轴位置传感器(发动机转速传感器)信号计算基本喷油量,然后根据节气门开度、发动机冷却液温度、进气温度、加减速工况、蓄电池电压等参数来修正喷油量,以提高控制精度。起动后的喷油量为:

$$T = T_P \cdot F_c + T_u \tag{2-4}$$

式中:T_P——基本喷油量,该喷油量为实现既定空燃比(一般为理论空燃比)的喷油量;

F_c——基本喷油量修正系数;

T_u——蓄电池电压修正系数(反映喷油器无效喷射时间)。

1. 基本喷油量的确定

1)质量流量法

空气流量计测量的是单位时间内进入汽缸的空气质量 m_a,喷油器则是按曲轴每转进行喷射的,所以可以导出四冲程发动机喷射持续时间的公式为:

$$T_P = \frac{120 m_a}{n \cdot i \cdot A/F \cdot m_T} \tag{2-5}$$

由此得出:

$$T_P = K' \cdot \frac{m_a}{n} = f(m_a, n) \tag{2-6}$$

式中:i——汽缸数;

m_T——喷油器的质量流量;

m_a——发动机每秒吸入的空气质量流量;

K'——常数,由喷油器结构、喷射方式、汽缸数目及目标空燃比确定。

因此,可以把不同空气进气流量与不同转速 n 时的最佳 T 值形成的三维曲面图存入计算机中。发动机运行时,根据瞬时的进气流量与 n 的信息,用内插法从存储器中查得相应的 T 值,如图 2-34 所示。

空气流量法不受发动机使用磨损或制造工艺引起充气效率变化所带来误差的影响,而且校正误差的速度较快,在汽油机管理系统中应用广泛。

2)速度密度法

吸入进气管内充量的密度可以从理想气体状态方程中求得:

$$\rho_{in} = \frac{p_{in}}{R \cdot T} \tag{2-7}$$

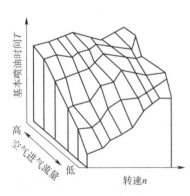

图 2-34 基本喷油量三维图

式中：ρ_{in}——进气歧管内的充量密度；

p_{in}——进气歧管内的充量绝对压力；

T——进气歧管内的气体绝对温度；

R——气体常数。

发动机不是一个理想的抽气泵，在进气行程中进入汽缸内的气体密度与进气管内的气体密度是不一样的。因为在进气行程中，受残余气体、气体流动损失、进排气门重叠度、温度变化等因素影响，使实际吸入汽缸内的气体密度有所改变，即 $\rho_c = \rho_{in} \cdot \eta_V$。

吸入汽缸内的循环充气量为：

$$\Delta m_a = \rho_{in} \cdot V_s \cdot \eta_V \tag{2-8}$$

式中：η_V——充气效率；

V_s——汽缸工作容积。

在汽油喷射系统中，供给喷油器的油压 p_T 经过压力调节器后是不变的。喷油器头部是由电磁线圈的电流通断来控制喷嘴针阀开闭的。因此，喷出的油量 Δm_T 和喷油持续时间 T_P 及喷油器的流量 m_T 之间的关系为：

$$T_P = \frac{\Delta m_T}{m_T} \tag{2-9}$$

因为空燃比 $A/F = \Delta m_a / \Delta m_T$，于是对于固定的空燃比，每缸的喷油量为：

$$\Delta m_T = \frac{p_{in} \cdot V_s \cdot \eta_V}{R \cdot T \cdot A/F} \tag{2-10}$$

也可以写成：

$$m_T = \mu \cdot f \sqrt{2\rho_T(p_T - p_{in})} \tag{2-11}$$

式中：$\mu \cdot f$——喷油器的有效流通截面；

ρ_T——燃油密度；

p_T——供油压力（恒定）。

式(2-9)和式(2-10)中的变量有 η_V、p_{in}、T 三个，其中充气效率 η_V 又是进气歧管绝对压力 p_{in} 和发动机转速 n 的函数。因此，喷油持续时间是由 p_{in}、T 与 n 三个变量所决定的。为了便于计算和安排存储数据，可以忽略其中的次要因素 T，在发动机与喷油器等结构一定的情况下，基本喷油时间 Δt 的公式可简化为：

$$T_P = K \cdot p_{in} \cdot \eta_V = f(p_{in}, n) \tag{2-12}$$

其中：

$$K = \frac{V_s}{R \cdot T \cdot A/F \cdot m_T} \tag{2-13}$$

K 可设定为常数。

因此，可以把不同进气歧管压力 p_{in} 与不同转速 n 时的最佳 Δt 值形成的三维曲面图存入计算机中。发动机运行时，根据瞬时的进气压力 p_{in} 与 n 的信息，用内插法从存储器中查得相应的 T_P 值。

2. 基本喷油量修正系数 F_c

基本喷油量修正系数 F_c 代表冷却液温度、加速、减速、大负荷、空燃比反馈多种修正系数

的综合影响,可以表示为:

$$F_c = f(F_{ET}, F_{AD}, F_O, F_L, F_H, \cdots) \tag{2-14}$$

式中: F_{ET}——冷却液温度修正系数;

　　　F_{AD}——加、减速修正系数;

　　　F_O——理论空燃比反馈修正系数;

　　　F_L——学习空燃比控制修正系数;

　　　F_H——大负荷、高转速修正系数。

1)与冷却液温度相关的燃油修正

发动机工作温度较低时汽油雾化不良,较高时易产生汽油蒸汽,如果在此两种工况下仍然按基本喷油量进行燃料配给,所配制的混合气 A/F 将大于目标值,造成混合气过稀,使得发动机怠速运转不稳定甚至熄火,因此,须根据发动机工作温度对基本喷油量进行相应修正,增加燃油喷射量,即所谓"温度修正"。须实行温度修正的特殊工况主要有冷起动后加浓修正、暖机燃油加浓修正和高空燃油加浓修正。

(1)冷起动后加浓修正。实施工况为冷发动机低温起动后的一段时间。此时即使按照理想 A/F 实行燃油配给,但由于低温导致的汽油雾化不良和"附壁"效应的存在,仍会造成实际混合气 A/F 较大。必须在基于理想 A/F 配给的基础上增加喷油量,且发动机温度越低,所需的喷油增量越大,修正时间也越长,目的是克服低温造成燃油供给不足导致的发动机起动困难。

ECU 对冷起动后加浓修正按以下程序处理,根据发动机工作温度确定起动后加浓修正系数的初始值,如图 2-35a)所示。发动机完成爆发后,每隔一定时间,对起动后燃油加浓修正系数进行衰减,其过程如图 2-35b)所示。

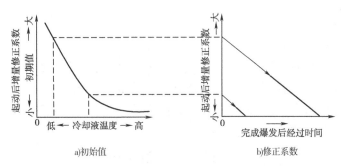

a)初始值　　　　　　　b)修正系数

图 2-35　起动后增量系数 FET 的初值和衰减系数

(2)暖机燃油加浓修正。冷车起动后即进入暖机阶段,暖机时加浓修正的目的是补偿冷态时汽油汽化不足而导致的实际供油数量的不足,如图 2-36 所示,发动机起动运转之后,机件温度和冷却液温度会不断上升,修正系数随发动机工作温度的上升而逐渐衰减。

起动后燃油加浓修正与暖机加浓修正同时开始。不同之处在于:起动后燃油加浓修正在发动机完成爆发后数十秒内就会结束,而暖机加浓修正过程将一直持续到冷却液温度达到规定值为止。

(3)高温燃油加浓修正。针对发动机高温起动进行一种补偿供油措施。例如:夏天汽车长时间高速行驶之后熄火后的 10~30min 内再起动,一般应进行高温燃油加浓修正。汽车高速行驶时,由于风冷作用,汽油温度通常不会太高(约 50℃),如此时熄火,发动机将成为热源,使燃油总管和喷油器内的温度上升至 80~100℃,出现沸腾现象产生汽油蒸汽,致使喷油器喷射工作过程中的实际燃油喷射量较计算值减少,造成 A/F 值偏大。为此而采用高温起动燃油加浓修正措施,一般当发动机工作温度上升到某一设定值(如 100℃)以上时才进行,修正值范围与变化规律如图 2-37 所示。

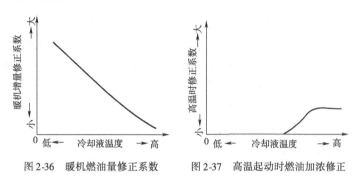

图 2-36 暖机燃油量修正系数　　图 2-37 高温起动时燃油加浓修正

有的发动机在进行高温起动燃油加浓修正时,不是检测发动机工作温度信号,而是直接检测燃油总管内的汽油温度传感器发出的汽油温度信号,再根据其值确定高温燃油加浓修正的范围。

2) 非稳定(过渡)工况燃油修正

汽车处于加速、减速等非稳定(过渡)工况时,如果仅采用基本喷油量进行燃料配给,则燃料"附壁"效应导致混合气 A/F 实际值会相对于计算值产生偏移。其趋向是:加速时 A/F 增大(混合气变稀),减速时 A/F 变小(混合气变浓)。如果不进行相应的燃油量修正,发动机和汽车本身均会产生"喘振"现象,排气有害成分也会因此而增加。因此 EFI 系统必须根据发动机燃料调整特性对基本喷油脉宽进行修正,即非稳定(过渡)工况燃油修正。

(1) 加速燃油修正。燃料附壁的数量受到进气系统压力及附壁表面温度的影响,进气系统压力越高或附着部位表面的温度越低,附壁燃油汽化速度越慢,附壁燃料数量越多。

加速时节气门突然开大,进气系统压力骤增,附壁燃油数量增加,造成实际供给燃油量相对不足,致使实际 A/F 大于目标值。考虑压力与温度的共同影响,燃油修正系数 F_{AC} 应由两部分组成,即:

$$F_{AC} = F_{DL1} \cdot F_{TH1} \tag{2-15}$$

式中:F_{DL1}——负荷变化率修正系数;

F_{TH1}——冷却液温度修正系数。

F_{DL1} 是针对发动机加速负荷(节气门开度)变大时进气系统内压力升高的修正系数。如图 2-38 所示为发动机加速时,负荷变化率与修正系数 F_{DL1} 之间的关系。显见,负荷变化率 $\Delta Q/n$ 越大,意味着进气管压力变化越大,则修正系数 F_{DL1} 越大,供油增量也就越大。

如图 2-39 所示,在发动机加速工况下,负荷变化率相同时,冷却液温度越低,F_{TH1} 越大,F_{AC} 越大,供油增量也就越大。

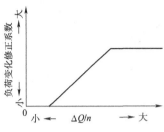
图 2-38 加速时负荷变化率修正

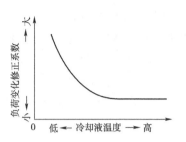
图 2-39 加速时冷却液温度修正

(2) 减速燃油修正。减速时节气门开度减小,进气系统压力降低,附壁汽油加速汽化,因此与加速工况恰恰相反,这时混合气的浓度显然会变稀。同样考虑进气系统压力与发动机工作温度的影响,减速燃油修正系数 F_{DC} 为:

$$F_{DC} = -F_{DL2} \cdot F_{TH2} \tag{2-16}$$

式中:F_{DL2}——发动机负荷率变化的修正系数;

F_{TH2}——冷却液温度修正系数。

其变化分别如图 2-40、图 2-41 所示。

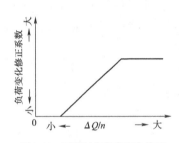
图 2-40 减速时负荷率变化修正

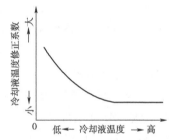
图 2-41 减速时冷却液温度修正

(3) 急加速时异步喷射。由于急加速工况突然增大的负荷会使燃油供给产生滞后现象,因此为了确保急加速工况发动机反应灵敏,过渡迅速,则需实施临时性异步燃油增量喷射。

急加速时节气门开度、吸入空气质量与活塞行程的对应关系如图 2-42 所示。图中 G_{a1} 为加速初始时测定的空气质量流量,T_A 为依据目标 A/F 和 G_{a1} 确定的同步喷射脉宽。

由图 2-42 可见,急加速时,1 号汽缸在进气行程Ⓐ中实际吸入的空气质量为 G_{a2},所对应的空气质量增量为 ΔG_{a1}。对应燃油喷射持续时间 T_A 所喷射的汽油量明显不足,进而引起 A/F 增大,使汽车加速过程缓慢;同理,3 号汽缸在

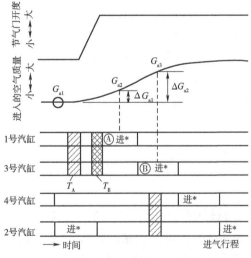
图 2-42 异步喷射的时序

进气行程Ⓑ中,实际吸入的空气质量为 G_{a3},所对应的空气质量增量为 ΔG_{a2},因此也会产生同

样的结果。所以,为补充与空气增量 ΔG_{a1} 及 ΔG_{a2} 相对应的汽油喷射量,必须进行异步喷射。异步喷射时间在图中用 T_B 表示。

异步喷射量是根据发动机的节气门开度变化率确定的。假设节气门初始开度用 T_{HA} 表示,以 10~20ms 内的 T_{HA} 变化量 ΔT_{HA} 为依据,确定异步喷射量。如图 2-43 所示,节气门开度变化量 ΔT_{HA} 越大,吸入的空气质量增量越大,所需的异步喷射油量也就越大。

3) 大负荷、高转速稳定工况燃油增量修正

发动机稳定运行于部分负荷时,A/F 控制的原则为:在保持排放性能前提下,尽量提供经济混合气,以提高发动机经济性。

而当汽车在大负荷、高速度行驶时,应追求发动机的动力性。根据图 2-44 中所示空燃比变化规律,控制系统应根据负荷与转速信号,将 A/F 控制中心设定在与转矩峰值相对应的 12.5 处,并实施时开环控制,以提高发动机动力性。

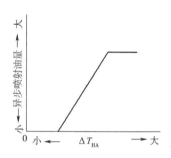

图 2-43 加速时异步喷射量修正　　图 2-44 转矩、排气温度与空燃比的关系

4) 空燃比(A/F)反馈控制修正

为满足排放法规要求,汽车上一般都装有三元催化转换器。为充分利用三元催化转换器净化排气,必须将混合气 A/F 控制在理论值附近,才能使 CO、HC 的氧化作用与 NO_x 的还原作用同时、有效地进行。为此需提高 A/F 的控制精度,使其尽可能收敛于以理论值 (14.7) 为中心的非常狭窄的理想状态范围内,以获得催化转换器的最佳净化效果。

EEI 系统仅依靠空气流量传感信号进行开环控制,是达不到上述预期要求的,必须借助氧传感器进行反馈控制,如图 2-45 所示,才能达到此目的。

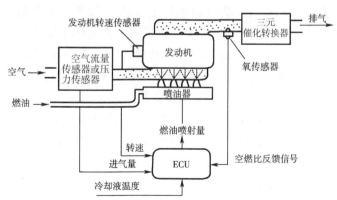

图 2-45 反馈控制系统

(1)空燃比(A/F)反馈控制。EFI 系统利用氧传感器输出信号电压在 $A/F=14.7$ 时发生临界跃变,将其与基准电压(4.5V)进行比较,即可判定适时混合气 A/F 值并以此进行反馈控制。如果氧传感器输出信号电压大于基准电压,则判定 A/F 过小,进而减小喷油脉宽;反之则增大喷油脉宽。A/F 反馈控制的实质就是通过氧传感器信号使 A/F 回归理论值的控制,如图 2-46 所示,假设混合气 A/F 偏小,则氧传感器输出高电位信号,EFI 系统可据此使反馈修正系数减小(先骤降,再缓降),减少喷油脉宽;喷油量的减少使得 A/F 增大,混合气随之又很快变稀,当 A/F 低于预定值时,氧传感器输出低电位信号,EFI 系统据此又使反馈修正系数增大(先骤升,再缓升),增大喷油脉宽,混合气随之又很快变浓,如此周而复始,A/F 不断地被施以负反馈控制,最终收敛于 14.7 左右。

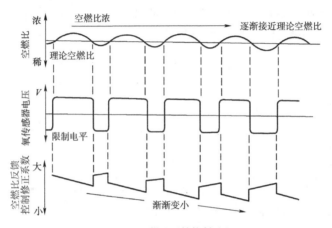

图 2-46　空燃比反馈控制过程

如图 2-46 所示为 A/F、氧传感器电压信号和 A/F 反馈修正系数三者之间宏观上的相应关系。从整体上看,在特定周期中,如果实际 A/F 较小,由于混合气处于"浓"状态所占的时间比处于"稀"状态所占的时间相对较长,故氧传感器输出信号处于高电位的时间也相对较长,修正系数使 A/F 向着减小的方向移动,反之则相反,最终使 A/F 在理论值附近获得平衡。

闭环控制系统反馈控制过程需经过一定时间,才能使 A/F 稳定收敛于理论值附近。该时间段包括混合气从进入汽缸直至废气到达氧传感器,以及氧传感器的响应时间等,因此,实际控制将致使混合气 A/F 逐步收敛于 14.7 附近的一个狭窄范围内。

(2)反馈控制的实施条件。闭环控制在发动机的某些工况下不适宜采用,如发动机起动时以及暖机过程未完成的状况下,发动机温度低,附壁现象严重,汽油汽化较差,这时都需要较浓的混合气。此时如果仍按反馈控制原则使供给的混合气 A/F 值收敛于理论值附近,会造成发动机起动困难;又如发动机在大负荷或高转速运转时,需要较浓的功率混合气,此时如果 A/F 仍收敛于理论值附近,将造成发动机运转不良,动力不足,所以,在某些情况下应停止反馈控制,即进入开环控制。

反馈控制自动解除的条件主要有:发动机起动与暖机时;起动后燃油增量修正(加浓)时;节气门全开(大负荷、高转速)时;发动机处于非稳定工况(加、减速)时;燃油中断停止供油时;氧传感器检测的 A/F 信号过小且持续时间大于规定值(如 10s 以上)时;氧传感器检测

的 A/F 信号过大且持续时间大于规定值(如 4s 以上)时等。

此外,由于氧传感器在 400℃ 温度以下不会产生相应的电压信号,故反馈控制也不会发生作用。当开环控制时,令其修正值等于 1,而闭环控制时,其值在 0.8~1.2 范围内变化。

5)学习空燃比控制修正

学习空燃比控制修正(图 2-47)可进一步提高 A/F 控制精度。特定发动机各种工况下的基本喷射时间标准数据可根据计算机 ROM MAP 中存储的理论值数据得出,但实际运行中由于发动机各子系统性能的劣化,会增大实际 A/F 相对于理论值的偏离。虽然反馈修正可以修正该偏差,但修正范围有限(一般为 0.8~1.2),如在反馈修正过程中,反馈修正的中心线偏向稀或浓的一侧(图 2-47a)中的 A、B、C 线),且修正值超出修正范围时(图 2-47a)的 C 线),就会造成控制困难。为使该修正值回到可控范围内,并使反馈修正中心线回到 A/F 理论值的位置上(图 2-47a)的 A 线),带有学习控制功能的 EFI 系统 ECU 可根据反馈修正值的偏离情况,设定一个学习修正值(学习修正系数),以实现燃油喷射时间的总修正。

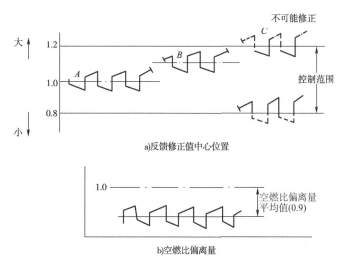

图 2-47 学习空燃比控制修正过程

学习控制基本过程分为三个阶段:

(1)求出实际 A/F 值与理论值的偏离量。

(2)求出适时 A/F 偏离的学习修正值并由 ROM MAP 可靠保存。

(3)将适时学习修正值与各修正系数综合,对喷射时间施以总体修正。例如:由于某种原因(如空气滤清器因异物堵塞),造成空气流量传感器或旁通空气道中的空气量相应变化(减少),引起实际 A/F 较理论值偏小,假若无反馈控制时的发动机实际 A/F 较理论值小 10%,经反馈控制后其反馈修正值的中心线将偏离理论中心约 0.9(减少 10%),即实际反馈修正值的中心将偏离 A/F 理论值 0.1,如图 2-48b)所示,若使反馈修正值的中心回到理论 A/F 值 1.0 的位置上,即可确定学习控制修正值约为 0.1。

ECU 求出该学习修正值并将其存储于 ROM MAP,以便在后续过程将符合当前条件的学习修正值及时反映到基本喷射脉宽上,即为学习修正,这种方式会使 A/F 控制精度提高。

检测 A/F 的偏离量并求出正确的学习修正值需要一定时间。每当断开点火开关、切断

ECU 电源时，所求得的学习控制修正值会立即被清除，以后再遇到相应特性变化引起的空燃比偏离时，学习修正值不会立即反映到喷射时间脉宽上，这会降低空燃比的控制精度。为做到及时修正，实现 A/F 高精度控制，ECU 中存储学习控制修正值的存储器（如 RAM）不应受点火开关控制，而由一根备用电源线与蓄电池直接连接。

图 2-48a）是无学习控制系统的反馈修正情况。通常反馈控制的积分速度是百微秒级，当 A/F 出现偏移时，在工况变化条件下，用几十毫秒的指令不能实现 A/F 的控制目标。

图 2-48b）是有学习控制的反馈修正情况。由于学习修正量能随运转条件变化立即被反映出来，所以当 A/F 发生偏移时，能及时将其收敛控制于理论值范围内，如图 2-49 所示。

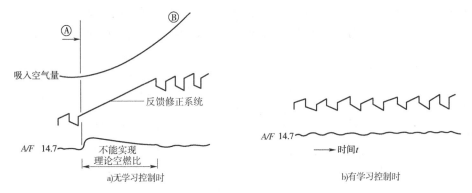

图 2-48 有或无学习控制的控制精度比较图

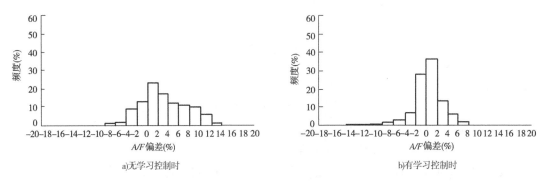

图 2-49 空燃比学习控制效果

6）蓄电池电压修正系数

由于喷油器实际打开的时间比 ECU 控制喷油器的时间要晚，即存在一段滞后（也称为喷油器的无效喷油时间），如图 2-50 所示，这意味着喷油器打开的时间比 ECU 计算所需要打开的时间短，致使实际空燃比要比发动机所要求的空燃比大，混合气偏稀，蓄电池电压越低，滞后的时间也越长，因此，ECU 根据蓄电池电压的高低相应地修正喷油信号的持续时间，使实际喷油时间接近于 ECU 的计算值，蓄电池电压越低，则修正系数越大，即喷油持续时间得到适当的延长，以此弥补了较长的滞后时间，如图 2-51 所示。

通过以上分析可知，发动机 EFI 系统可在各种工况和环境条件下，通过动态修正控制 A/

F,确保实现完全燃烧。为适应发动机不同工况的需要,EFI 系统控制 A/F 的数据见表2-3。

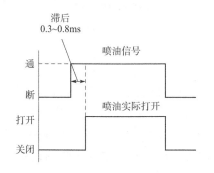

图 2-50　喷油信号与喷油器实际开启时间的差别

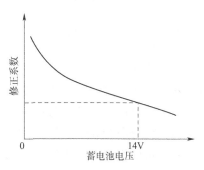

图 2-51　蓄电池电压修正系数

发动机各种况时的空燃比　　　　表 2-3

发动机工况	空燃比	发动机温度	氧传感器
起动阶段	2∶1~2∶2	由冷到凉	无信号
暖机阶段	2∶1~15∶1	渐热	无信号直到发动机热起
开环控制阶段	2∶1~15∶1	冷或热	可能有信号,但计算机不处理
闭环控制阶段	14.7∶1	热	有信号
急加速	不同浓度混合气依据驾驶人的需要	热	有信号,但计算机不处理
减速	不同浓度混合气	热	有信号,但计算机不处理
急速	浓或稀取决于校正情况	热	有信号,计算机可能不处理,取决于校正情况

第四节　缸内直喷式汽油发动机供油控制

汽油机缸内直喷(Gasoline Direct Injection,GDI)系统是采用直接将燃油喷入汽缸内与进气混合的技术,又因为燃油是分层燃烧,也称为 FSI(Fuel Stratified Injection)系统。

为了满足对汽车发动机经济性和排放日益严格的要求,人们提出了多种新的燃烧方式,其中汽油缸内直喷技术得到了广泛重视和发展。

在汽油机中采用缸内直接喷射后,能有效提高缸内充气系数,降低爆震极限,提高压缩比,改善发动机性能,使其燃油经济性提高 25% 左右,动力输出也比进气道喷射的汽油机增加将近 10%。

缸内喷注的关键技术在于产生与传统发动机不同的缸内气流运动状态,通过技术手段使喷射入汽缸的汽油与空气形成一种多层次的旋转涡流,因此采用了立式吸气口、弯曲顶面活塞、高压旋转喷射器三种技术手段。

一、GDI 汽油发动机燃烧模式

GDI 汽油发动机燃烧模式主要有分层稀燃模式和均质稀燃模式。

1) 分层稀燃模式

分层稀燃是指在中小负荷时，通过在压缩行程后期喷油和燃烧系统的合理配合实现分层燃烧，并采用质调节以避免节流阀的节流损失，以达到与柴油发动机相当的燃油经济性。

2) 均质稀燃模式

均质稀燃是指在大负荷和全负荷工况下，通过较早地把燃油在进气行程中喷入汽缸，保证在点火时刻形成预混燃烧的均质混合气，以保持汽油机升功率高的优点，此外，也可采用分段喷油技术完成分层燃烧，即在进气早期开始喷油，使燃油在汽缸中均匀分布，在进气后期再次喷油，最终在火花塞附近形成较浓的可燃混合气，这种将一个循环中的喷油量分两次喷入汽缸的技术可以很好地实现混合气的分层，且使发动机在整个负荷范围内均具有较好的动力性、经济性和排放性能。

二、GDI 汽油发动机供油控制系统的组成

GDI 汽油发动机供油控制系统的典型结构如图 2-52 所示。

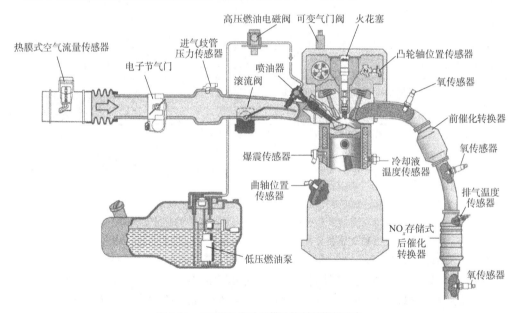

图 2-52　GDI 汽油发动机供油控制系统的组成

GDI 发动机的共有控制系统主要由传感器、GDI ECU 和执行器（高压油泵、喷油器等）构成。

1. 传感器

传感器主要由发动机转速传感器、空气流量传感器、凸轮转动位置传感器、爆震传感器、进气歧管压力传感器、轨道燃油压力传感器等构成。各传感器的构造原理与进气管喷射发动机的传感器相同。

2. 执行器

执行器与进气管喷射发动机不同，主要采用高压喷油器、高压燃油泵等。

1) 高压喷油器

安装在发动机汽缸盖上，采用 65V 高电压控制喷油，为强劲高频量化控制方式，频率响

应性高。由 ECU 直接用脉冲电流控制喷油量的多少,利用特殊的喷孔形状,喷出旋转的油雾,与挤压涡流快速混合,以便点火燃烧。

2)高压燃油泵

采用往复柱塞泵,由凸轮轴驱动,使轨道的油压不断堆积,产生 5MPa 的喷射油压,经油器高速喷入汽缸,提高雾化质量,形成旋转的燃气涡流。

三、GDI 汽油发动机的控制原理

1. 燃烧模式选择

GDI 发动机在不同工况下,可选择不同的燃烧模式,如图 2-53 所示。

在低速和部分负荷时,采用分层燃烧的模式;而在高速和大负荷或全负荷时,则采用均质当量比燃烧模式;在两者之间,则采用弱分层燃烧和均质燃烧两个区域。

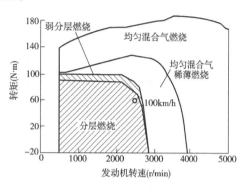

图 2-53 缸内直喷式稀燃发动机燃烧模式

2. 转矩控制原理

ECU 在任何工况下都要首先识别发动机对转矩的需求,然后再对不同工况采用不同的转矩调节方式,见表 2-4。例如,发动机在起动、怠速时要求对转矩进行补偿;在汽车或发动机进行减速时,要求减少转矩。ECU 主要根据节气门的位置确定转矩调整模式,当发动机工作在低工况(低速、低负荷工况)区域,此时发动机处在分层燃烧模式,节气门处于全开状态,电子控制装置只能通过质调节方式控制转矩;反之,发动机处在均质燃烧模式,电子控制装置只能通过调整节气门开度的量调节方式控制转矩。质调节模式时,点火提前角和进气量不会影响发动机的转矩。

按工况区分控制模式   表 2-4

工况	主要目标	空燃比	节气门	转矩调节	充量	喷油正时	喷油压力	燃油雾化	油束窗穿透
低	经济型	25~40	全开	质调节	分层	压缩行程的晚期	高	好	浅
高	动力性	14.7	节气	量调节	均质	吸气行程的早期	低	差	深

此外,当转矩控制发生模式切换时(图 2-54),为保持转矩的恒定,必须对切换点进行如下控制。

(1)节气门应先行关闭,在切换点处增加稍许喷油量,使空燃烧比避开 19~22 的禁区(分层燃烧模式时,若 $A/F < 22$,则会产生黑烟;均质燃烧模式时,若 $A/F > 19$,则会发生燃烧不稳定甚至缺火等现象)。

(2)为保持转矩恒定,必须适当地减小点火提前角,以抵消减小空燃比对转矩的影响。

3. 喷射正时控制原理

两种控制模式对油束和喷油正时有不同的要求。低工况时,采用分层燃烧,要求油束集

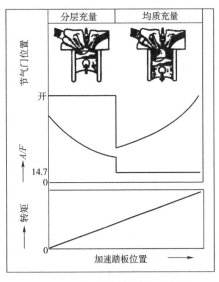

中,雾化好,对燃烧的穿透深度有一定的要求,且喷油推迟到压缩行程后期,使火花塞附近能形成易于点燃的浓混合气;高工况时,采用均质燃烧,要求油束分散,并有适中的穿透深度,且喷油提前到吸气行程的前期,以此避免燃油沾湿活塞或汽缸壁面。

此外,在质调节时,当转速发生变化时,喷油提前角随转速增加而增加,以保证喷油和点火之间保证足够的间隔时间。

4. 喷射压力控制原理

喷油压力对油束的雾化及穿透深度有明显的影响,在油束涡流相同的情况下,提高喷油压力,能改善燃油雾化程度,使油束穿透深度减小,此类现象适合分层燃烧情况;反之,均质燃烧模式,应适当降低喷油压力,以满足混合气形成的要求。

图 2-54 转矩控制策略的两种模式

复习思考题

2-1 名词解释:空燃比、理论空燃比、功率空燃比、经济空燃比、发动机稳定工况、发动机过渡工况(非稳定工况)、同步喷射、异步喷射、同时喷射、分组喷射、顺序喷射、喷油脉宽、开环控制、闭环控制、反馈控制。

2-2 起动时喷油量是怎样控制的?

2-3 起动后喷油量是怎样控制的?

2-4 起动后喷油量的修正值有哪些?

2-5 分析热膜式空气流量计的工作原理。

2-6 磁感应式发动机转速传感器是如何感知发动机转速的?

2-7 分析负温度热敏电阻特性曲线。

2-8 节气门位置传感器是怎样工作的?

2-9 氧化锆式氧传感器与氧化钛式氧传感器有何不同?

2-10 喷油器是如何控制的?

2-11 燃油压力调节器是如何保持喷油压力稳定的?

第三章　汽油发动机点火控制

本章主要介绍：汽油发动机点火系统的基本组成与原理；点火系统控制过程与控制参数分析；点火提前角控制过程以及特殊工况下的修正方法；汽车点火系统典型系统分析；无分电器点火系统基本原理、结构以及不同类型的特性分析。

第一节　点火系统的基本要求

为保证汽油发动机在各种工况和使用环境条件下均准确、可靠地点火，点火系统应满足下列三方面基本要求。

一、能产生足以击穿火花塞电极间隙的电压——电火花

击穿火花塞电极间隙的电压俗称"击穿电压"。起动时，击穿电压为 9~17kV，正常工况时为 15kV 以上。击穿电压的影响因素主要有：火花塞间隙、汽缸内混合气的压力与温度、电极的温度和极性、发动机的运行工况等。

1. 火花塞间隙

电极间隙越大，电场力作用越小，气体中的电子和离子距离增大，发生碰撞电离的概率越小，因此火花塞的击穿电压越高，如图 3-1a) 所示。

2. 汽缸内混合气的压力与温度

实际上击穿电压与混合气密度直接有关。密度越大则单位体积中的气体分子数量越多，离子自由运动的距离就越短，不易产生碰撞电离。只有提高加在电极上的电压，增大作用于离子上的电场力，使离子加速才能发生碰撞电离击穿火花塞间隙，因此混合气密度越大，击穿电越高，如图 3-1b) 所示。

混合气的压力及温度实际上影响的是混合气密度，当混合气压力减小或温度升高时，混合气的密度会相应变小，使火花塞的击穿电压变低，反之，则会变高。

3. 电极的温度和极性

实践证明，当火花塞的电极温度超过混合气的温度时，击穿电压约降低 30%~50%，这是由于电极的温度越高，包围在电极周围的气体密度越小，越容易发生碰撞电离的缘故。此外，当受热电极(中心电极)为负极时，火花塞的击穿电压约可降低 20%，如图 3-1c) 所示。

4. 发动机的运行工况

发动机工况不同时，火花塞的击穿电压将随发动机的转速、负荷、压缩比、点火提前角以及混合气浓度变化。

起动时的击穿电压最高，因为起动时汽缸壁、活塞及火花塞的电极都处于冷态，吸入的

混合气温度低、雾化不良,压缩时混合气的温度升高不大,加之火花塞电极间可能积存汽油或机油,因此所需击穿电压最高。此外,在汽车加速时,由于大量低温混合气被突然吸入汽缸内,会降低进气系统温度,因此也需要较高的击穿电压,如图 3-1d) 所示。

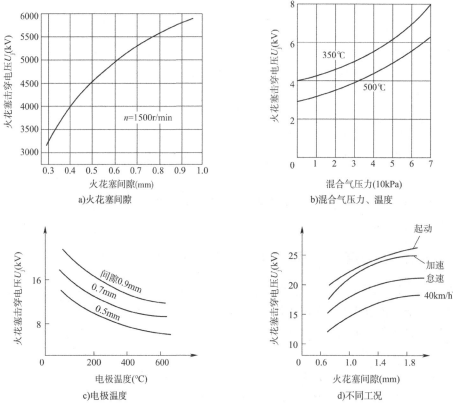

图 3-1 影响击穿电压的因素

为了保证点火可靠,点火系统必须具备一定的高压储备,以保证在所有情况下送往火花塞电极间的电压均大于该工况下火花塞的击穿电压值,但电压过高,又会造成绝缘困难,成本提高,一般次级电压限制在 50kV 以内,但某些汽车发动机或者为了提高对各种性能燃料的适应性,可将次级电压提高。特殊的发动机系统设计可以产生大于 150kV 的高压。

二、火花塞应具有足够的能量

要使混合气可靠点燃,火花塞产生的电火花必须具有一定的能量,汽油发动机工况变化范围宽广,所需的点火能量变化较大。

另外,为了提高经济性及减少有害排放物,当代汽油发动机广泛采用稀薄燃烧技术,在工作时尽量提供 $A/F > 17$ 的稀混合气,由于稀混合气难于点燃,也需要增加火花的能量。基于上述原因,为了保证可靠点火,一般需要点火系统可靠提供 50~80mJ、最大可达 150mJ 的点火能量,即所谓高能点火系统。

三、点火时刻应适应发动机的工作情况

变工况发动机工作模式对点火时刻(点火提前角)的要求相当高,点火提前角是指点火

瞬时,汽缸中心线与曲柄中心线的夹角。

最佳点火提前角随发动机结构、工况和使用条件而变化,几乎所有发动机运行与结构参数均能够对点火提前角产生影响,包括转速、负荷、汽油辛烷值、压缩比、混合气的成分、进气压力、火花塞的数量等(图3-2)。

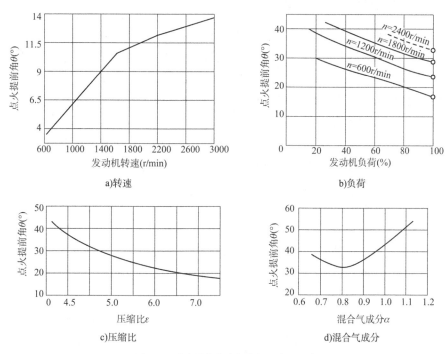

图3-2　影响最佳点火提前角的主要因素

显见,变工况发动机对点火提前角的要求是多变的、复杂的、随机的和相互制约的,而且提高发动机性能的许多措施,比如稀薄燃烧技术和追求"微爆"的临界工况,均会对点火系统提出新的要求,现代发动机点火系统控制的目的,就是在集中控制的框架下,对上述因素变化在点火系统中引起的反应实施控制,追求发动机工作状态的最佳效应。

第二节　点火控制系统的配电方式与组成

一、点火控制系统的特点

汽车发动机点火控制系统实现了点火提前角的自适应性自动控制,即当发动机运行工况以及使用环境变化时,可对点火提前角进行实时控制,最大限度地改善和提高发动机的各项性能,其具体特点有如下:

(1)在所有的工况及各种环境条件下,均可自动获得理想的最佳点火提前角,从而使发动机动力性、经济性、排放性及工作稳定性等特性均处于最佳匹配状态。

(2)在整个工作范围内,均可提供足够的点火能量,提高了点火的可靠性,有效地减少能源消耗和废气有害成分。

(3) 配合稀薄燃烧技术,在整个工作范围内提供所需的恒定点火能量。

(4) 配合闭环反馈控制技术,与燃料供给系统实行综合控制,可使点火提前角控制在刚好不发生爆震的临界状态,以此获得较高的燃烧效率,有利于发动机各种性能的提高。

二、点火控制系统的配电方式

电子配电方式是指在 ECU 和点火控制器的控制下,点火线圈的高压电按照一定的点火顺序,直接加到火花塞上的直接点火方式。采用电子配电方式分配高压电的点火系统称无分电器点火系统(Distributor-Less Ignition,DLI)。

常用电子配电方式分为双缸同时点火和各缸单独点火。

1. 双缸同时点火的控制

双缸同时点火是指点火线圈每产生一次高压电,都使两个汽缸的火花塞同时跳火。次级绕组产生的高压电将直接加在两个汽缸(四缸发动机的1、4缸或2、3缸,六缸发动机的1、6缸,2、5缸或3、4缸)的火花塞电极上跳火。

在双缸同时点火时,一个汽缸处于压缩行程晚期,是有效点火;另一个汽缸处于排气行程晚期,缸内温度较高而压力很低,火花塞电极间隙的击穿电压很低,对有效点火汽缸火花塞的击穿电压和火花放电能量影响很小,是无效点火。曲轴旋转一圈后,两缸所处行程恰好相反。双缸同时点火时,高压电的分配方式又分为二极管分配和点火线圈分配两种形式。

1) 点火电圈分配式双缸同时点火控制

如图 3-3a)所示,该方式采用两个火花塞共用一个点火线圈且同时点火,故只能用于缸数为双数的发动机。与单独点火配电方式比较,其结构和点火控制电路相对简单,仍保留了点火线圈与火花塞之间的高压线,因此线路能量损失略大。串联在高压回路中的二极管,可用来防止点火线圈在初级绕组导通瞬间所产生的次级电压(1000~2000V)加在火花塞上后发生的误点火。

此外,双缸同时点火配电方式要求共用一个点火线圈的两个汽缸工作相位相差 360°曲轴转角,以确保点火线圈点火时,同时点火的两个汽缸中,处于排气行程的汽缸由于缸内气体的压力较小,且缸内混合气又处于后燃期,易产生火花,故放电能量损失很少,而点火高压和点火能量的大部分被加在处于压缩行程的汽缸的火花塞上,故该缸的火花状况与单独点火时的情况基本相同。

2) 二极管分配式双缸同时点火控制

如图 3-3b)所示,该方式为 4 个汽缸共用一个点火线圈,内装双初级绕组、双输出次级绕组的特制点火线圈,且利用 4 个二极管的单向导电性交替的完成对 1、4 缸和 2、3 缸配电过程。这种点火配电方式与点火线圈双缸同时点火配电方式相比,具有相同的特性,但对点火线圈要求较高,而且发动机的汽缸数应是数字 4 的倍数。

2. 各缸单独点火控制

点火系统采用单独点火方式时,每个汽缸都配有一个点火线圈,并安装在火花塞上方(图 3-4)。在点火控制器中,设置有与点火线圈相同数目的大功率晶体管,分别控制每个线圈初级绕组的接通与切断,其工作原理与双缸同时点火方式基本相同。

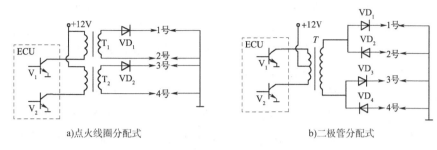

a)点火线圈分配式　　　　　　b)二极管分配式

图 3-3　双缸同时点火控制

单独点火控制的优点是省去了高压线,点火能量损耗进一步减少,此外,所有高压部件都可安装在发动机汽缸盖上的金属屏蔽罩内,点火系统对无线电的干扰可大幅度减弱。

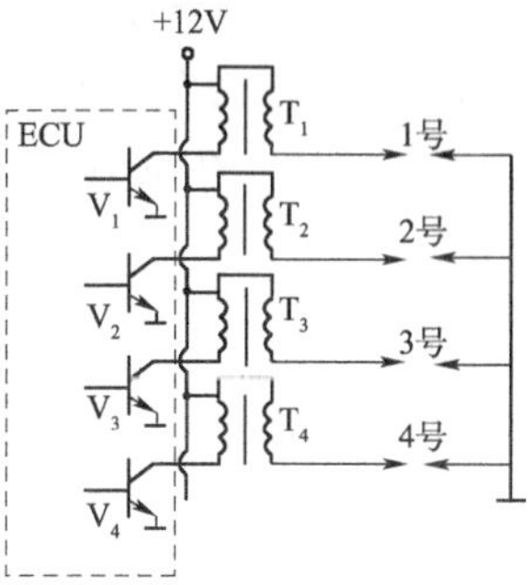

三、点火控制系统的组成

汽油发动机点火控制系统由传感器、发动机 ECU 和点火线圈等组成,如图 3-5 所示。

1. 传感器

点火控制系统的传感器与 EFI 系统的传感器基本相同,其中,凸轮轴位置传感器(上止点位置传感器)和爆震传感器是专有的。

图 3-4　各缸单独点火控制

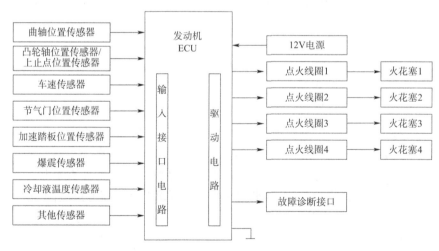

图 3-5　点火控制系统的组成

1)曲轴位置传感器

对于点火控制系统,曲轴位置传感器除了感知发动机转速之外,还需要获得曲轴位置信号,即每转 1°的信号,用于精准控制点火提前角。

曲轴位置传感器检测曲轴每转 1°信号的原理通常采用高精度多缝隙光电式原理。

2)凸轮轴位置传感器

凸轮轴位置传感器(Camshaft Position Sensor,CPS)的作用是采集配气凸轮轴的位置信号,并输入 ECU,以便 ECU 识别第 1 缸压缩上止点,从而进行顺序喷油控制、点火时刻控制和爆燃控制。凸轮轴位置传感器能够识别哪一个汽缸活塞即将到达上止点,因而又称为汽缸识别传感器。按照传感器的结构不同,凸轮轴位置传感器分为磁感应式、光电式和霍尔式,其中,霍尔式在凸轮轴位置传感器中的应用较多。

霍尔式凸轮轴位置传感器是利用霍尔效应原理,产生与凸轮轴位置相对应的电压脉冲信号的传感器,其工作原理如图 3-6 所示。当转子转动时,转子的触发凸齿便从霍尔集成电路与永久磁铁之间的气隙中转过;当凸齿离开气隙时,永久磁铁的磁通便经霍尔集成电路和导磁钢片构成回路,此时霍尔元件产生电压(1.9 ~ 2V),霍尔集成电路输出极的晶体管导通,传感器输出的信号电压为低电平;当凸齿进入气隙时,霍尔集成电路中的磁场被凸齿旁路,霍尔电压为 0,集成电路输出级的晶体管截止,传感器输出的信号电压为高电平,ECU 根据霍尔电压产生的时刻确定凸轮轴位置。

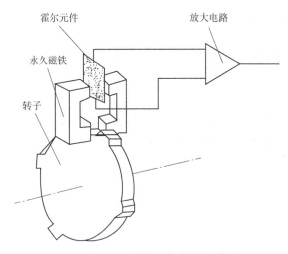

图 3-6 霍尔式凸轮轴位置传感器的工作原理

凸轮轴位置传感器输出的信号电压与曲轴位置传感器输出的信号电压之间的关系如图 3-7 所示,发动机曲轴每转两圈(720°),霍尔式传感器的转子就转过一圈(360°),对应产生一个低电平信号和一个高电平信号(其中低电平信号对应于第 1 缸压缩上止点前一定角度),即上升沿信号和下降沿信号,上升沿信号用于检测第 1 缸压缩上止点,下降沿信号用于检测第 4 缸压缩上止点。

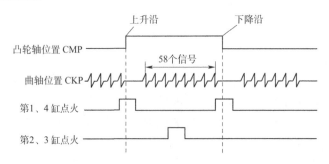

图 3-7 凸轮轴位置传感器与曲轴位置传感器输出的信号电压关系图

3) 爆震传感器

爆震传感器用于检测发动机的爆震趋势与程度,以实现发动机点火时刻的闭环控制,从而有效地抑制爆震现象的发生。此外,由于闭环控制系统可将发动机的燃烧过程控制在微爆状态,故能有效地提高发动机的工作性能。爆震传感器是点火闭环控制系统中不可缺少的信号反馈元件。发动机爆震检测方法通常有:汽缸压力法、发动机机体振动法及燃烧噪声法。其中汽缸压力检测法的精度最佳,但传感器直接接触爆震源,耐久性差且安装困难,一般仅用于试验研究型发动机,燃烧噪声检测法采用非接触式检测法,故耐久性很好,但精度和灵敏度偏低,最常见的是用发动机机体振动法来判断爆震强度。

采用检测发动机机体振动法的爆震传感器有磁致伸缩和压电式两种类型,压电式又分共振型和非共振型结构,几种爆震传感器的性能比较见表3-1。

几种爆震传感器的性能比较　　　　表3-1

特性	磁致伸缩式爆震传感器（共振型）	压电式共振型爆震传感器	压电式非共振型爆震传感器
外形	稍大	小	小
结构	复杂	较复杂	简单
机电变换效率	小	大	大
阻抗	小	大	大
爆震信号判别	传感器输出信号可识别	回路中不需有滤波器	回路中需有滤波器
调整	需要调整共振点	不需要调整	不需要调整
适应性	随发动机而变更	可适用各种发动机	可适用各种发动机

(1) 磁致伸缩式爆震传感器。这种传感器用于检出爆震产生的振动,通常安装在发动机的机体上,可将机体振动信号转换成电压信号以此检测发动机的爆震强度。应用最早的首推磁致伸缩式爆震传感器,其结构如图3-8a)所示,主要由磁芯、永久磁铁及感应线圈等组成。

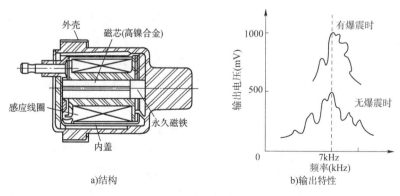

图 3-8　磁致伸缩式爆震传感器的结构与输出特性

当发动机产生振动时,磁芯受振动偏移,致使感应线圈内磁通量发生变化,由此在感应线圈内产生感生电动势,其大小与发动机振动的频率有关。当传感器的固有振动频率与发动机发生爆震时的振动频率一致且产生谐振时,传感器将输出最大电压信号。爆震传感器的信号输出特性如图3-8b)所示,ECU根据谐振点输出的电压信号,即可判断出发动机爆震强度。

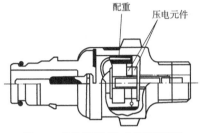

图3-9 非共振型压电式爆震传感器

(2)非共振型压电式爆震传感器。这种爆震传感器用于根据振动加速度信号来判断发动机爆震强度,如图3-9所示。其组成元件主要有:同极性相向对接的两个压力元件和固定于壳体上的配重。发动机工作时,配重首先将机体加速度信号转换成压力信号,作用于压电元件上,压力元件再将压力信号转换成电压信号。

当发动机振动时,安装在发动机缸体上的爆震传感器内部配重因受振动影响而产生加速度,因此,在压电元件上就会受到振动加速时力的作用,而产生电压信号。

非共振型压电式爆震传感器信号输出特性如图3-10所示,其特点是较为平缓。即使在爆震发生的频率及其附近,输出电压也不会很大,因此,必须将反映发动机振动频率的输出电压信号送至能识别爆震信号的滤波器中,通过滤波处理后便可判别是否有爆震信号产生及其强度。传感器的检测频率范围设计成由零至数十千赫兹,可检测具有很宽频带的发动机振动频率。当用于不同发动机上时,只需将滤波器的过滤频率调整即可使用,而不需更换传感器,此为非共振型压电式爆震传感器的突出优点。

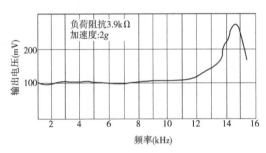

图3-10 非共振型压电式爆震传感器输出频压特性

2. 点火线圈

点火线圈是将低压电源转变为高压电源,通常采用闭磁路式点火线圈。

闭磁路式点火线圈的结构如图3-11a)所示。铁芯由浸有绝缘漆的导磁钢片叠合成"口"字形或"日"字形,分别如图3-11b)、图3-11c)所示。铁芯内绕初级绕组,其电阻为$0.5 \sim 1 \Omega$,外绕次级绕组。壳体采用热熔性塑料注塑而成,填充剂采用热熔性树脂作为绝缘填充物,因此具有较好的绝缘性能和密封性能。为了减少磁带现象,铁芯设有一个微小的气隙,如图3-11c)所示。因为磁路几乎是闭合回路,所以被称为闭磁路式点火线圈。

闭磁路式点火线圈的显著优点是漏磁少、磁阻小,因此能量损失小,其能量转换效率可达75%(开磁路式点大线图只有60%)。与开磁路或点火线圈相比,在产生相同次级电压的条件下,绕组匝数大大减少,除此之外,它还有体积小、结构紧凑的优点。

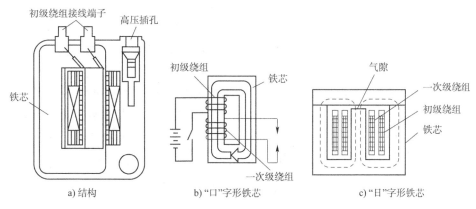

图 3-11 闭磁路式点火线圈的结构

第三节 点火控制原理

点火控制包括点火提前角控制和点火导通角控制。

一、点火提前角控制原理

影响点火提前角的主要因素是发动机转速和负荷,但点火提前角的控制本身属于相当复杂的多元求解问题,人们普遍采用了试验法,通过大量的台架与道路试验,并采用特定算法对试验数据进行处理后,可获得发动机在不同转速、不同负荷时所对应的最佳点火提前角的点(集),以此绘出电火提前角的三维控制脉谱(MAP)图,如图 3-12a) 所示,再将该图转换成二维表,并将这些数据储存在 ECU 的 ROM 存储器中,如图 3-12b) 所示。

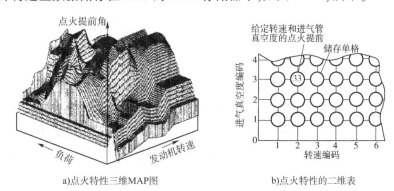

图 3-12 发动机点火最佳特性图与二维表

在发动机实际运行中,ECU 根据各传感器输入的信息与 ROM 存储器 MAP 中的预存数据进行逐点对比,再根据结果从二维表中找出点火提前角的最佳值,然后再对点火系统进行适时控制。

点火提前角控制系统,因制造厂家开发点火装置的型号不同而各异,以下根据具有典型意义的实例来分析计算机点火提前角控制过程。

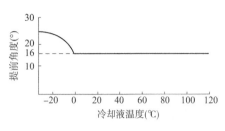

图3-13 发动机起动时的点火时刻控制

1. 起动时点火提前角控制原理

起动时为使发动机尽快着火运转,应根据冷却液的温度选择最佳点火提前角,如图3-13所示。

从图3-13中看出,当发动机在冷却液温度0℃上起动时,其点火提前角为设定16°。而当冷却液温度在0℃以下时,则应根据冷却液温度适当地增加点火提前角。但是当起动转速低于100r/min时,为了可靠点火,应根据起动转速的下降而适当降低点火提前角,其点火提前角为:

$$\text{平常起动时的点火提前角} \times \frac{\text{起动转速}}{100} \tag{3-1}$$

2. 起动后点火提前角控制原理

汽油发动机起动后,点火提前角一般由基本点火提前角和修正点火提前角构成(图3-14)。

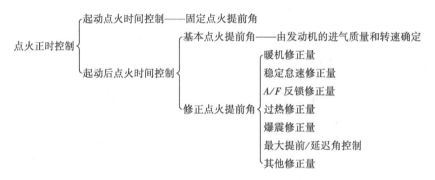

图3-14 起动后点火提前角的控制

1)基本点火提前角

基本点火提前角储存在ECU/ROM存储器中的控制MAP中,又分为怠速基本点火提前角和正常工况基本点火提前角。

(1)怠速基本点火提前角。怠速基本点火提前角是指传感器有怠速信号输出时所对应的基本点火提前角。其值根据空调或其他辅助系统是否工作及怠速转速略有不同,如图3-15所示。若空调工作,怠速目标转速应提高,可适当增加点火提前角,以使发动机稳定运转,相应的基本点火提前角定为8°,空调不工作时怠速基本点火提前角则定为4°,即该两种工况所对应的实际点火提前角分别为18°和14°。

(2)正常工况基本点火提前角。该值主要依据发动机的转速和负荷确定。ECU根据相关传感器的输出信号从ROM存储器中找出基本点火提前角的最佳值,如图3-16所示。

2)修正点火提前角

通过上述方法得到基本点火提前角后,再通过修正方可得到最终实际控制的最佳点火提前角。点火提前角修正可分为:暖机修正、怠速稳定修正、过热修正、A/F反馈修正等情况。

(1)暖机修正。暖机修正是指怠速工况ECU根据冷却液温度进行的点火提前角修正。如图3-17所示为点火提前角暖机修正特性。当冷却液温度较低时,混合气燃烧速度较慢,应适当的增大点火提前角,以缩短发动机暖机时间,随着冷却液温度的升高点火提前角修正值应逐渐减小。

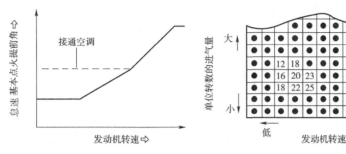

图 3-15　急速时的基本点火提前角　　图 3-16　正常行驶时的基本点火提前角

(2) 急速稳定修正。急速时发动机负载和环境的变化(如空调、动力转向等系统工作,环境温度、压力的变化等)会引起急速转速变化。ECU 可根据转速差(实际转速-目标转速)动态地修正点火提前角如图 3-18 所示。若急速转速低于目标转速时,控制系统将发出指令相应地增加点火提前角,以利于发动机稳定运转。

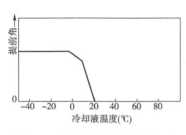

图 3-17　点火提前特性的暖机修正　　图 3-18　点火角的急速稳定性修正

(3) 过热修正。发动机处于正常运行工况(无急速信号)时若冷却液温度过高,为避免爆震,应适当减小点火提前角,但当发动机处于急速运行工况时,若冷却液温度过高,为了避免发动机过热,则应增加点火提前角,其过热修正特性如图 3-19 所示。

(4) A/F 反馈修正。当 EFI 系统进入闭环控制时,ECU 通常根据氧传感器反馈信号对 A/F 进行修正。随着喷油量修正值的变化,发动机转速在一定范围内产生波动,为提高发动机运转的稳定性,当反馈修正油量减少而导致混合气变稀时,点火提前角应适当地增加,反之相反,如图 3-20 所示。

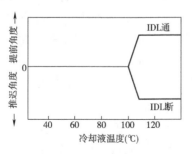
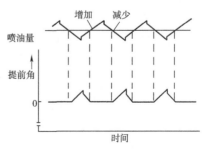

图 3-19　点火提前角的过热修正　　图 3-20　点火提前角的 A/F 反馈修正

发动机在不同工况下的实际点火提前角,就是基本值与各项修正值之和。当发动机工作时,曲轴每旋转一圈,ECU 就会根据所获得的工况与环境信息及其变化确定点火提前角,并适时发出指令控制执行机构运行,对点火提前角进行动态控制调整。

当 ECU 给出的实际点火提前角超过允许范围时,发动机将难以运转。由于初始点火提前角已被固定,受 ECU 控制的部分只是各项修正值之和,且只能在某一允许范围之内变化,超过此范围时,则 ECU 就按照预先设定的点火提前角最大或最小值进行控制。

二、点火导通角控制原理

点火导通角是指点火线圈初级电路的大功率晶体管导通期间发动机曲轴转过的角度。点火导通角的控制方法是:ECU 首先根据电源电压高低,从预先试验并存储在存储器 ROM 中的导通时间数据 MAP 中查询得到导通时间,然后根据发动机转速确定点火导通角的大小。设电源电压为 14V 时,导通时间为 7.5ms;当发动机转速为 2000r/min 时,7.5ms 则相当于曲轴转角为 $7.5 \times \dfrac{2000 \times 360°}{60 \times 1000} = 90°$,即在上述发动机工作条件下,功率管 VT 从开始导通至截止时刻经历的这段时间内,必须保证曲轴转过 90°转角。因为四缸发动机跳火间隔角度为 180°曲轴转角,所以在功率管截止期间,需要曲轴转过的角度 = 跳火间隔角度 − 导通角 = 180° − 90° = 90°。实际控制时,1°信号从 ECU 发出功率管截止指令开始对曲轴位置传感器信号进行计数,当计数 90 次后,在第 91 个 1°信号上升沿到来时向点火控制器发出控制指令,使晶体管导通(ON),接通点火线圈初级电流,保证导通角具有 90°。

第四节 爆 震 控 制

理论与实践均表明,发动机工作于爆震临界状态将获得最佳燃烧性能,但该状态极不稳定,其控制过程也必须是动态的。爆震控制系统的目的就是使发动机稳定地工作在无限逼近爆震临界状态区域,对于爆震控制而言,点火时刻控制具有重要的作用。

一、爆震与点火时刻的关系

爆震的产生和发动机点火时刻密切相关,如图 3-21 所示。如点火时刻早,燃烧的最高压力会过高,爆震就容易发生。通常发动机发出最大转矩对应的点火时刻将处在产生爆震对应的点火时刻附近(MBT 曲线)。传统点火系统除根据油料品质选择点火提前角外,并无其他爆震控制系统。点火时刻设定远离爆震界限,点火时刻滞后,将导致发动机转矩和功率下降,燃料消耗增加,如图 3-22 所示。

因此,在设置爆震传感器的点火系闭环控制系统中,可利用反馈控制把点火时刻控制在爆震界限点附近,即所谓"微爆"状态,有利于提高发动机各项性能。

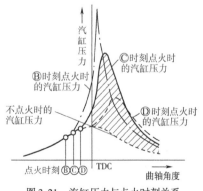

图 3-21 汽缸压力与点火时刻关系

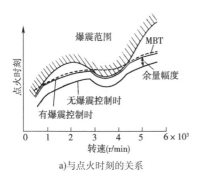 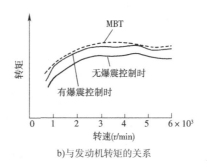

a) 与点火时刻的关系　　　　　　　b) 与发动机转矩的关系

图 3-22　爆震与点火时刻及发动机转矩的关系

装有废气涡轮增压的发动机,由于与汽油混合的是绝热增压的空气,提高了进气行程终了缸内的温度与压力,使发生爆震的概率增加,更需要采用闭环控制系统以抑制爆震倾向。有的系统中除了控制点火提前角外,还同时控制废气旁通阀的动作,从而更有效地抑制爆震的产生。

二、爆震控制原理

安装在发动机缸体上的爆震传感器可感应出发动机不同频率范围内的振动,当发动机发生振动时,传感器可产生较大振幅的电压信号,如图 3-23 所示。发动机产生振动是否一定会发生爆震,还必须利用 ECU 中的爆震信号识别系统进行判定,如图 3-24 所示。先用滤波电路将传感器输入的发动机振动信号进行过滤,只允许特定频率范围的振动信号通过滤波电路,再将滤波后信号的峰值电压与爆震强度基准值进行比较,若其值大于或等于爆震强度基准值,ECU 即可据此判定发动机处于爆震状态。

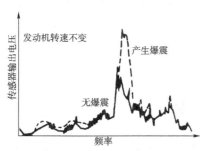
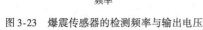
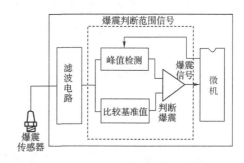

图 3-23　爆震传感器的检测频率与输出电压　　　图 3-24　ECU 中的爆震信号识别电路

判定发动机存在爆震状态后,ECU 发出控制指令,点火系统执行机构以某一固定值(1.5°~2°曲轴转角)逐渐减小点火提前角,直至爆震信号消除,且在一段时间内保持在最后点火提前角值不变,此后若又有爆震发生,继续前一个控制过程;若无爆震就此消除,则又开始以相同固定值逐渐增大点火提前角,一直到爆震重新产生,周而复始,使得发动机始终工作于"微爆"临界状态。其实际点火提前角控制过程如图 3-25 所示。

爆震强度通常是根据爆震信号超过基准值的次数来判定,其次数越多,爆震强度越大,次数越少,则爆震强度越小,如图 3-26 所示。

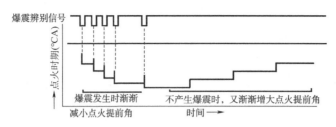

图 3-25　爆震反馈控制原理

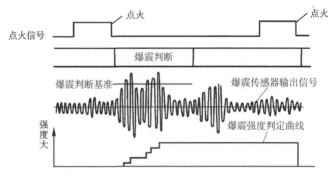

图 3-26　爆震强度的判定

值得注意的是：由于发动机运行时的振动频率繁杂而多变，为提高控制系统的可靠性，避免误操作，ECU 通常为控制系统设定控制范围，只有在发动机工作于易于产生爆震且能够进行识别的转速与负荷范围时，才允许对爆震信号进行识别并施行爆震控制。当发动机转速与负荷处于控制范围之外时，爆震趋势渐弱，此时点火控制系统处于开环控制状态；当发动机转速与负荷处于控制范围之内时，ECU 将自动转入闭环控制模式。爆震控制系统设置了一个安全电路，一旦发生线缆断裂、传感器失灵、检测电路发生故障等意外情况，安全电路将推迟点火时刻，并且接通仪表板警告灯，警示驾驶人发生了故障。随着控制技术的发展，爆震控制精度日益提高，在实施爆震反馈控制时，可以个别汽缸实施独立点火时刻反馈控制，允许工作区域逼近爆震区域的程度极大提高。

复习思考题

3-1　名词解释：击穿电压、点火提前角、点火导通角、基本点火提前角、修正点火提前角磁致伸缩效应、压电效应。

3-2　汽油发动机对点火系统的基本要求是什么？

3-3　影响点火电压的因素有哪些？

3-4　为何稀混合气需要较高的点火能量？

3-5　为何点火应适当提前？

3-6　影响最佳点火提前角的因素有哪些？

3-7　为何最佳点火提前角应随发动机转速升高而增大？

3-8　在同一转速下，为何最佳点火提前角随负荷的增大而应减小？

3-9 为何最佳点火提前角应随压缩比的增大而减小?

3-10 为何混合气过稀或过浓的均需增加点火提前角?

3-11 为何在高原地区行车应适当加大点火提前角?

3-12 点火过迟或过早对发动机性能有何影响?

3-13 在发动机起动初始,为何将点火提前角固定在某一值?

3-14 急速时基本点火提前角是怎样控制的?

3-15 正常运转时基本点火提前角是怎样控制的?

3-16 修正点火提前角通常根据哪些信号进行修正?

3-17 发动机暖机时,点火提前角是怎样修正的?

3-18 发动机急速稳定时,点火提前角是怎样修正的?

3-19 发动机温度过高时,点火提前角是怎样修正的?

3-20 当进行空燃比反馈控制时,点火提前角是怎样修正的?

3-21 为何要控制点火导通角?

3-22 微机点火控制系统有哪些种类?

3-23 微机点火控制系统的组成部件有哪些?

3-24 为何说曲轴传感器的精度越高,控制点火提前角的精度也越高?

3-25 曲轴位置传感器如何获得1°信号?

3-26 在点火控制系统中,为何要有第一缸上止点信号?

3-27 点火控制系统怎样采用闭环控制?

3-28 影响爆震的因素有很多,如点火提前角、发动机转速、负荷、冷却液温度等,为何一般采用改变点火提前角来控制发动机爆震,有没有其他的方式来控制发动机爆震?

第四章　汽油发动机辅助控制

本章主要介绍：汽油发动机怠速控制、进气控制、排放控制的原理、结构与过程，以及故障自诊断系统的诊断功能与诊断原理。

汽油发动机除了供油和点火两大控制之外，还有许多辅助控制系统，以进一步提高汽油发动机的动力性、经济型和排放性，怠速控制、进气控制、排放控制和故障自诊断系统是辅助控制的主要内容。

第一节　怠速控制

汽油发动机的怠速控制主要有怠速转速控制和怠速起停控制。

一、怠速转速控制

怠速转速控制，通常简称为怠速控制。

1. 怠速控制目的与原理

1）怠速控制的目的

汽车在交通密度大的城市道路上行驶时，约有30%的燃油消耗在怠速工况，且怠速工况下，发动机排放污染程度相当高。发动机冷车运转，空调、电器负荷，自动变速器，动力转向伺服和主动悬架机构等耗能系统的介入，都会引起怠速转速变化，使发动机运转不稳甚至引起熄火现象，导致排放污染和燃油消耗增加，因此对怠速工况控制是非常必要的。

2）怠速工况控制应满足的基本要求

怠速工况控制应满足以下基本要求：

(1) 动力平衡。

(2) 较低的燃油消耗。

(3) 良好的排放特性。

(4) 快速平稳的过渡特性。

3）控制指标

(1) 稳定性。怠速实际转速的波动值不能超过某一设定值，不能使驾驶人有异常的感觉。

(2) 抗干扰性。外界条件突变（空调、动力转向、节气门变化等）时，发动机不能熄火或失速，发动机能恢复怠速稳定（例如空调不使用时，怠速在800r/min工作，使用空调后怠速可在850r/min稳定工作）。

(3) 过渡性能。从怠速到驱动挡和驱动挡到怠速都能平滑过渡。

(4)排放性能。HC、CO、NO_x 排放物不超过法规的限值。

(5)冷却液温度特性。冷却液的温度决定基本目标怠速的转速值。

4)怠速控制系统应具备的功能

怠速控制系统应具备的主要功能有：

(1)在所有怠速工况下发动机保持目标怠速转速值。

(2)当负荷突变时能补偿负荷的变化。

(3)防止失速。

(4)将燃油消耗量降到最低。

(5)学习功能,能自动补偿发动机由于老化或制造上造成的差异。

(6)节气门全闭减速时,增加额外的空气,以减少有害排放物。

(7)改善汽车低速驾驶性能。

(8)避免系统在其自振频率附近发生振荡。

怠速控制通常用转速作为反馈信号进行闭环控制,当节气门关闭或汽车的行驶速度低于设定值(例如6km/h)时,都按怠速进行控制。

5)怠速控制原理

怠速控制原理如图4-1所示,传感器感知怠速工况和负载设备的工作状况并将相应信息传送给ECU,ECU根据信息将内存控制目标转速与发动机的实际转速进行比较,再根据其差值确定相应的控制量,发出指令控制执行机构动作。

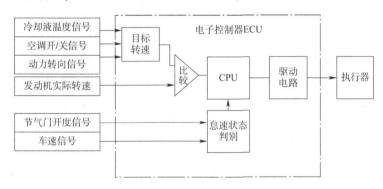

图 4-1　怠速转速控制原理

ECU根据传感器信号经处理后发出指令,改变进气系统怠速旁通通道的流通截面,通过控制进入发动机的充气量,实现怠速转速的控制。总速时油量控制,一般仍是由EFI系统根据与空气量相匹配的原则进行增减,以达到由ECU确定的预期 A/F。

6)怠速控制方式

怠速控制方式是通过控制节气门开度实现怠速控制的。节气门开度控制方式主要有节气门旁通式控制和节气门直动式控制两种,如图4-2所示。

节气门旁通式怠速控制又可分为步进电机式怠速控制和电磁阀式怠速控制。

2. 步进电动机式怠速控制

汽车广泛采用的是步进电动机式怠速控制系统,通过步进电动机驱动的怠速控制阀改变进气系统怠速旁通通道的流通截面,如图4-3所示,该系统主要由步进电动机驱动的怠速控制阀、传感器及 ECU 组成。发动机怠速运行时,ECU 首先根据发动机的"怠速"信号、车速信号进行工况确认,然后再根据冷却液温度传感器、空调、动力转向机构及自动变速器等机构的工作状态,依据 CPU 的 ROM 存储器中的脉谱数据,确定目标转速。一般正常情况下,多采用发动机怠速反馈控制方式,即将发动机实际转速与目标转速进行比较,根据比较得出的差值,确定相应于目标转速的控制量(步长)并向步进电动机发出驱动指令。

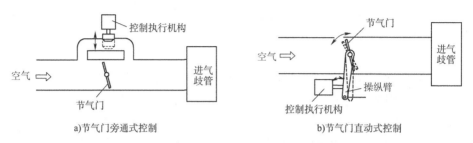

图 4-2 怠速转速控制方式

步进电动机式怠速控制阀的结构如图 4-4 所示,主要由永久磁铁构成的转子、励磁线圈构成的定子和能把旋转运动变成直线运动的进给丝杆机构及阀门等组成。步进电动机和怠速控制阀做成一体,装在进气总管内。

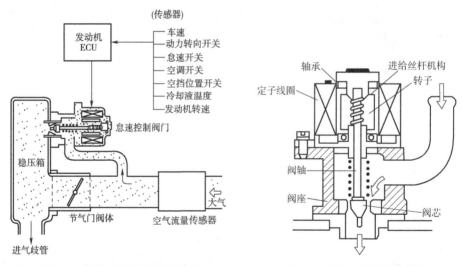

图 4-3 步进电动机式怠速控制系统　　　　图 4-4 步进电动机怠速控制阀

步进电动机控制电路如图 4-5 所示,ECU 按"相"序使功率三极管 $VT_1 \sim VT_4$ 依次导通,分别给步进电动机定子线圈 S1、S2、S3、S4 供电,驱动步进电动机转子按照特定步长旋转,带动怠速调整装置的阀门轴向移动,改变阀门开启程度进而改变怠速旁通通道的流通截面,调节旁通空气流量,即可调节怠速转速。

步进电动机式怠速控制系统的主要控制内容如下。

1)起动初始位置确定

为改善发动机起动性能,发动机起动时,怠速控制阀预设在全开位置(相当于步进电动机 125 步位置),此时,经过怠速控制阀的旁通空气量最大,发动机容易起动,为达此目的,当点火开关断开时,主继电器由 ECU 的 M-REL 端子继续供电 2s,保持接通状态,待步进电动机进入起动初始位置后才断电。

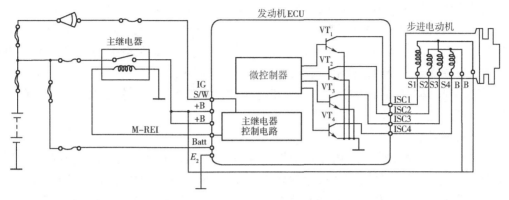

图 4-5　步进电动机控制电路

2)起动控制

发动机起动后怠速迅速升高,当转速达到规定临界值(此值由冷却液温度确定)后 ECU 开始根据冷却液温度来控制怠速机构阀门位置。如图 4-6 所示,起动时冷却液温度为 20℃,当发动机转速达到 500r/min 时,ECU 将控制怠速控制阀从全开位置(125 步)的 A 点到达 B 点位置。

3)暖机控制

如图 4-7 所示,暖机时系统根据冷却液的温度来确定步进电动机的运动步数,随着温度上升,怠速控制阀开始逐渐关闭,当冷却液温度达到 70℃时,暖机控制过程结束。

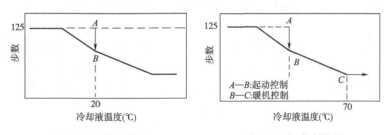

图 4-6　起动控制特性　　　　图 4-7　暖机控制特性

4)反馈控制

如果发动机怠速运转的实际转速与 ROM 存储器中的相应目标值相差超过一定值(如 20r/min)时,ECU 将通过步进电动机控制怠速控制阀增减旁通空气量,使发动机的实际转速逐渐收敛于目标转速。

5)发动机负荷变化预控制

发动机怠速运转时如空挡起动开关、空调开关接通或断开,都将使发动机的负荷立刻发生变化。为了避免发动机怠速时转速波动或熄火,在发动机转速出现变化前,ECU 使控制怠速控制阀事先开大或关小一个固定数值。

6)电器负载增多时的怠速控制

在怠速运转时,如使用的电器负载增大到一定程度时,蓄电池电压就会降低,为了保证向 ECU 和点火开关提供正常的供电电压,需控制步进电动机,相应地增加旁通道空气量,以提高发动机的怠速转速,提高发电机的输出功率。

7) 学习控制

发动机经过长期使用,其进气性能会发生一定变化,虽然步进电动机控制阀门的位置未变,但怠速转速会与初设的数值略有不同,因此利用 ECU 反馈控制,可使发动机转速回归到目标值(学过程),此时,ECU 还可将步进电动机的步进"步数"(学习结果)同时存储在 ROM 存储器中以便在怠速控制过程中出现相同"点"时直接调用。

显而易见,具有反馈和自学习功能的步进电动机控制系统控制精度高、灵敏性好、可靠性好及自适应能力强,故在汽车怠速控制系统中得到广泛应用。

3. 电磁阀式怠速控制

电磁阀式怠速控制主要采用旋转滑阀,不控制进气通道开度。旋转滑阀式怠速控制系统主要由电磁控制的旋转滑阀式怠速调整装置、传感器及 ECU 组成,其控制原理大同小异,ECU 根据传感器的输出信号来判断发动机的怠速运行状况,进而控制怠速旋转滑阀的动作,使发动机保持在最佳怠速转速。

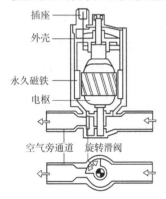

图4-8 旋转滑阀式怠速调整装置

旋转滑阀式怠速调整装置的结构如图4-8所示,主要由永久磁铁、电枢、旋转滑阀、螺旋回转弹簧及电刷等组成。

旋转滑阀固装在电枢轴上,与电枢轴一起转动,用以向电磁线圈 L_1 和 L_2 提供磁场电流,如图4-9所示,永久磁铁固定在外壳上,其间形成磁场,电枢位于永久磁场中,电枢的铁芯上绕有两组反相的电磁线圈,线圈 L_1 通电时,电枢带动滑阀顺时针偏转,线圈 L_2 通电时,电枢带动滑阀则逆时针偏转。

ECU 根据各传感器的输入信号采用占空比控制方式控制线圈 L_1 和 L_2 导通与截止,进而控制电枢轴(滑阀)的偏转角,以此改变旁通的空气量,调整发动机的怠速转速。占空比的调整范围为18%(旋转滑阀关闭)~82%(旋转滑阀打开)之间,滑阀的偏转角度限定在90°内。

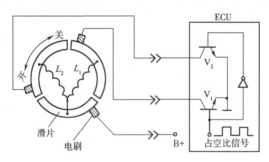

图4-9 旋转滑阀式怠速调整装置基本原理

虽然旋转滑阀式怠速调整装置采用占空比控制方式,而步进电动机式怠速控制阀采用的是相位控制方式,但控制原理基本相同。

旋转滑阀式的怠速控制电路如图4-10所示。

在整个怠速范围内,ECU 根据冷却液温度等传感器输入的信号,确定发动机所处怠速工况的占空比,对怠速转速进行控制。

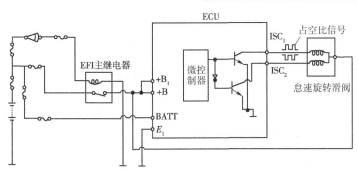

图 4-10　旋转滑阀式怠速控制电路

1) 起动控制

在发动机起动时，ECU 根据发动机运行情况，从 ROM 存储器中取出相应的设定数据，以此控制电磁滑阀的偏转角，调整旁通的空气量。

2) 暖机控制

在发动机起动后，ECU 根据冷却液温度，控制发动机在暖机过程中调整怠速转速。

3) 反馈控制

发动机起动后，当满足反馈控制条件（怠速触点闭合、车速低于 2km/h、空调开关断开）时，ECU 将根据发动机实际转速与存储器中预先设定的目标转速进行比较，如果发动机的实际转速低于目标转速，ECU 控制怠速控制阀将阀门开大；反之，如果发动机的实际转速高于目标转速时，将阀门关小。

4) 发动机负荷变化时的预控制

在发动机怠速运转时，若空挡起动开关接通或某种负载较大电器立即工作，会使发动机的负荷改变，此时，为避免由此引起的转速波动或熄火，在发动机转速出现变化前，ECU 控制怠速控制阀开大或关小一定角度。

5) 学习控制

同样，ECU 亦可用反馈控制的方法，进行学习修正，将怠速转速调整到目标值。当目标怠速达到后，ECU 将相应的占空比值存入备用的存储器中，以便在今后的怠速控制中作为相同工况控制点的占空比的基准值。

4. 节气门直动式控制

上述的旁通空气式是通过控制旁通空气通道的空气流量来实现的，此外，节气门直动式则是通过直接控制节气门开启程度，调节发动机充气量，实现怠速控制。节气门直动式怠速控制执行机构的结构如图 4-11 所示。

怠速执行机构主要由直流电动机、减速齿轮、丝杠等部件组成。怠速执行机构的传动轴与节气门操纵臂的全闭限制器相接触。当 ECU 控制直流电动机的通电时，电磁力矩通过减速齿轮被增大，再通过丝杠机构将角位移转换为传动轴的直线运动，通过传动轴的旋入或旋出，调节节气门全闭限制位置，达到调节节气门处空气流通截面，进而实现怠速转速控制。

其控制原理如图 4-12 所示，图中 α_V 为节气门目标控制转角。ECU 主要根据发动机冷却液温度对发动机的怠速转速进行反馈控制，根据怠速的转速差控制发动机怠速调节执行机构的动作，通过改变节气门的开度（转角），实现对发动机的怠速转速的控制。

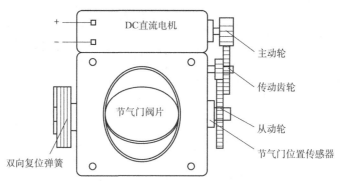

图 4-11 节气门直动式怠速控制执行机构

(1) 发动机的怠速转速主要取决于发动机的冷却液温度,发动机起动、暖机、正常工作时的怠速目标转速,如图 4-12a)所示。

(2) 自动变速汽车的发动机怠速转速(曲线1)较手动挡或空挡的怠速转速低(曲线2),以便降低挂上前进挡时汽车的爬行倾向;当空调工作时(曲线3),则保持较高的怠速转速,防止空调压缩机起动或停机时引起怠速不稳的现象。

(3) 如图 4-12b)所示为发动机负荷变化时预控线。预控线限制了节气门的最小转角,主要是用于避免发动机的负荷突然改变引起的转速波动或熄火,用以防止发动机的工况过渡时,引起的转速突然下降的现象。

(4) 如图 4-12c)所示,还可利用进气管的真空度来修正节气门的开度。对节气门开度进行真空修正,可避免发动机急减速时,由于转速突然下降,引起发动机缸内混合气过浓熄火,测量转速下降时的发动机转速,以此控制节气门的开度可达到上述目的。

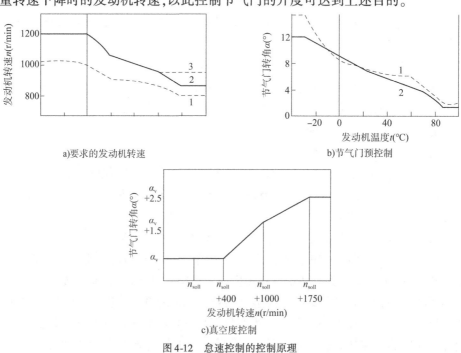

图 4-12 怠速控制的控制原理
1-前进挡;2-空挡;3-空调接通;α_v 为节气门目标控制转角

二、怠速起停控制

怠速起停(Start/Stop)控制的工作原理是发动机怠速时,当满足怠速停机条件时发动机自动停机;当驾驶人有重新起动汽车的意图时,发动机自动起动以驱动汽车行驶。怠速起停控制能够有效提高城市行驶汽车的燃油经济性,减少汽车污染物排放。

怠速起停控制策略根据车速、发动机转速、变速器挡位和离合器等输入信号以及驾驶人的挡位、离合器等信号做出判断,在特定的情况下给出自动停机指令或者自动起动指令。判断驾驶人真正的意图,并且能够迅速做出响应,迅速起动或停止汽车,并且不会对驾驶人的正常操作产生影响,综合考虑所有相关情况,确保起停操作的安全,合理安排停机的时机,尽可能提高再次起动的速度,同时要求不会对空调等功能使用产生影响。

怠速起停控制系统不断采集信号及驾驶人指令,判断驾驶人是否有停机意图,若有,再判断系统是否允许停机,系统允许则停机,否则结束系统,等待下一次检测。

怠速起停控制系统是一个综合多项输入信号,经过分析,再输出信号的系统,可以将其分解成起停条件判断、起停需求判断、起停协调策略这3个相对独立又相互联系的模块,通过各模块之间互相合作,使怠速起停功能得以实现,如图4-13所示为怠速起停系统控制策略结构图。

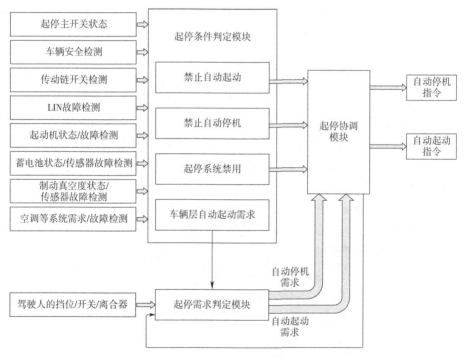

图4-13 怠速起停系统控制策略结构图

第二节 进气控制

进气控制主要用来在发动机汽缸容积不变的情况下,尽量增加进入汽缸的空气量、喷油量,增加混合气总量,提高发动机功率。提高进气量的进气控制系统主要包括进气谐波增压控制系统、废气涡轮增压系统、可变气门控制、电子节气门控制系统。

一、进气谐波增压控制系统

1. 进气谐波增压的基本原理

进气谐振增压系统又称为声控进气系统(Acoustic Control Induction System,ACIS)是利用进气流惯性产生的压力波来提高充气效率。

当气体高速流向进气门时,如果进气门突然关闭,进气门附近的气体流动突然停止,由于惯性作用,进气管中气体仍继续流动,将使进气门附近的气体压缩,压力上升,随即被压缩的气体又开始膨胀,向与进气气流相反的方向流动,压力下降,膨胀气体波传到进气管口又被反射回来,如此反复就形成压力波。

如果使进气压力脉动波与进气门的配气相位很好配合,即可使进气管内的空气产生谐振利用谐振效果在进气门打开时就会形成增压进气效果,有利于提高发动机性能。

一般而言,谐振压力波的波长与进气管的长度成正比,波长较长的谐振压力波有利于发动机中低转速区转矩增加;波长较短的谐振压力波有利于发动机高速范围内输出功率的增加。但进气管长度是不能改变的,因此早期惯性增压一般都是按最大转矩所对应的转速区域来进行设计。

2. 进气谐波增压控制过程

进气谐振增压系统(ACIS)是在进气管中部增设了一个大容量的空气室和电控真空阀,以实现压力波传播有效长度的改变,从而同时兼顾了发动机低速和高速的谐波增压效应。

当发动机转速较低时,大容量空气室出口的控制阀关闭,进气管内的脉动压力波传动长度为由空气滤清器到进气门的距离,这一距离较长,是按发动机中低速进气增压效果要求设计的。当发动机转速较高时,则空气室出口的控制阀打开,由于大容量的空气室的参与,在进气道控制阀处形成气帘,使进气压力脉动波只能在空气室出口和进气门之间传播,这样便等效缩短了压力波传播距离,使发动机在高速区也能得到较好的气体动力增压效果。

ACIS 系统的工作原理如图 4-14 所示,其控制原理如图 4-15 所示。

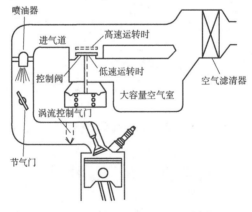

图 4-14　ACIS 系统工作原理

第四章 汽油发动机辅助控制

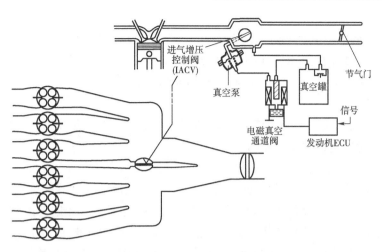

图 4-15 ACIS 系统控制原理

ECU 根据发动机转速信号控制电磁真空阀的动作,低速时电磁真空阀由于不通电而关闭,真空罐无法与真空泵的管路连通,真空泵不动作,进气增压控制阀关闭,此时进气压力波传播距离较长,以适应低速区形成气体动力增压效果;高速时,ECU 接通电磁真空阀的电路,真空阀打开,真空罐与真空泵连通,真空泵动作,将进气增压控制阀打开,缩短了进气压力波传播距离,使发动机在高速区也能得到较好的气体动力增压效果。

二、可变进气歧管长度增压控制系统

可变进气歧管长度增压系统可以根据发动机的转速和负荷的变化来自动改变进气歧管的有效长度,其结构如图 4-16 所示。当发动机中低速运行时,发动机 ECU 控制转换阀控制机构关闭转换阀,空气将沿着弯曲而细长的进气歧管进入汽缸,如图 4-14 中实线所示,当发动机高速运转时,转换阀开启,空气经空气滤清器和节气门直接进入进气歧管,路径较短,如图 4-14 中虚线所示,粗短的进气歧管进气阻力小,波长短,与进气门的开启频率相适应,可提高进气量。

图 4-16 可变进气歧管长度增压系统结构

三、可变正时控制系统

1. 目的

在发动机高速时,同时改变进气门的正时与升程,以改善汽车的动力性和使用经济性。

2. 理想的配气相位

1)低速时

采用较小的气门叠开角以及较小的气门升程,防止出现缸内新鲜充量向进气系统的倒流,以增加低速转矩,提高经济性。

2) 高速时

应具有最大的气门升程和进气门迟闭角,以最大限度地减小流动阻力,并充分利用过后充气,提高充量系数,满足发动机高速时动力性的要求。进气门从开启到关闭的进气持续角相应地调整,以实现最佳的进气正时,将泵气损失降到最低。

3. 控制原理

可变正时控制系统简称为 VVT-i 系统,主要由传感器、发动机 ECU、凸轮轴液压控制阀等组成,主要是对进气正时进行控制。

基本进气正时是根据节气门位置和空气流量信号确定的,并储存在发动机 ECU 中的只读存储器。发动机工作时,根据节气门位置传感器和空气流量传感器的信号,实时确定基本进气正时,然后根据冷却液温度、车速等确定修正量,并计算出最佳进气正时。发动机 ECU 根据最佳进气正时,发出指令到凸轮轴正时液压控制阀,控制根据 ECU 指令控制机油槽阀的位置,也就是改变液压流量,把提前、滞后、保持不变等信号指令选择输送至 VVT-i 控制阀的不同油道上,使进气凸轮轴转动一个角度,以实现进气正时控制。控制系统通过凸轮轴位置传感器信号反馈信号给发动机 ECU,以便监控系统工作,实现进气正时的闭环控制(图 4-17)。

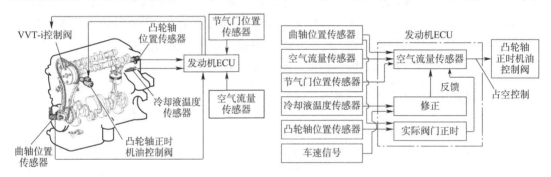

图 4-17 可变正时控制系统(进气正时)

四、废气涡轮增压控制

1. 废气涡轮增压控制的目的

废气涡轮增压系统在发动机进气管外安装了一个废气涡轮增压器,进入汽缸的气体预先被压缩,再以高密度被送入汽缸,使发动机得到更多的新鲜空气、提升发动机功率。增压可使发动机功率比非增压可提高 40%~60%。

2. 废气涡轮增压控制系统的组成

废气涡轮增压系统如图 4-18 所示,主要由废气涡轮增压器(包括动力涡轮和增压轮)、膜片式放气控制阀、废气旁通阀等组成。发动机的废气在动力涡轮中降压、降温、增速、膨胀,其压力能变为动能,推动涡轮旋转,并带动增压器轴和增压涡轮一起旋转。空气经过空滤器进入增压涡轮,在增压涡轮中减速增压,大部分动能转化为压能,使进气密度增加,从而提高发动机功率。

3. 废气涡轮增压控制原理

废气涡轮增压压力闭环控制系统如图 4-19 所示。ECU 依据发动机的加速、爆震、冷却液温度、进气量等信号确定增压压力的目标值,并通过进气歧管压力传感器来反馈发动机的实际增压压力值,ECU 根据两者的差值控制脉冲信号的占空比,进而分别控制电磁阀的相对开启时间,以此调节可变喷嘴环的角度和废气放气阀的开度,从而控制废气涡轮的转速,以此产生发动机所需要的目标增压压力。

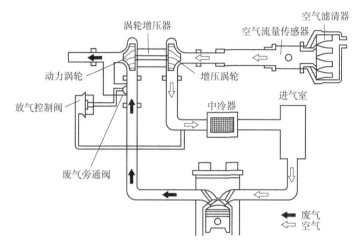

图 4-18　废气涡轮增压系统

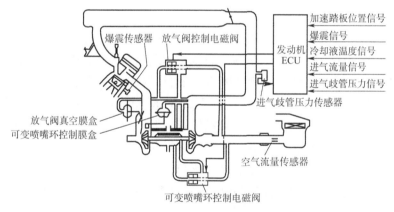

图 4-19　废气涡轮增压压力闭环控制系统

五、电子节气门控制系统

为了提高汽车行驶的安全性、动力性、平稳性及经济性,并减少排放污染,世界各大汽车制造商推出了各种控制特性良好的电子节气门及相应的电子控制系统,组成电子节气门控制系统(Electronic Throttle Control System,ETCS)。采用电子节气门控制系统,取消了传统的用拉索控制节气门开度,取而代之的是电动机根据 ECU 的指令对节气门开度进行控制,使节气门开度更加精确,从而提高了汽车的动力性、经济性、安全性及舒适性。

1. ETCS 的特点

电子节气门控制使加速踏板与节气门之间无机械连接,它主要通过传感器、电子控制器及节气门驱动装置实现电子控制连接,使发动机节气门的开度不完全取决于驾驶人对加速踏板的操纵,而控制系统可根据发动机的工况、汽车的行驶状态等对节气门的开度做出实时的调节,使发动机在最适当的状态下工作。电子节气门控制系统的主要特点如下：

(1) 电子节气门控制系统去掉节气门拉索,驾驶人不再直接控制节气门的开度,"踩加速踏板"的意图通过电子加速踏板转化成转矩需求输入,系统响应迅速,可获得满意的操控性能。

(2) 取消了怠速执行器,通过对节气门开度的精确控制来实现怠速稳定控制。

(3) 易于扩展,可轻松实现巡航控制和汽车稳定控制等,并简化了控制系统的结构。

2. ETCS 的组成

电子节气门控制系统主要由节气门总成、加速踏板位置传感器和电子控制器等组成,如图 4-20 所示。

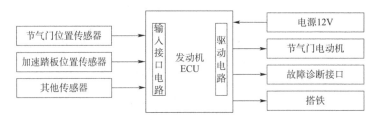

图 4-20　电子节气门控制系统的组成

3. ETCS 的工作原理

发动机工作时,驾驶人操纵加速踏板,加速踏板位置传感器产生相应的电压信号并输入发动机 ECU,ECU 首先对输入的信号进行滤波,以消除环境噪声的影响,再根据当前的工作模式、踏板移动量和变化率解析驾驶人意图,计算出对发动机转矩的基本需求,得到相应的节气门转角的基本期望值。然后经过 CAN 总线和整车控制单元进行通信,获取其他工况信息以及各种传感器信号,如发动机转速、挡位、节气门位置、空调能耗等,由此计算出整车所需要的全部转矩,通过对节气门转角期望值进行补偿,得到节气门最佳开度,并把相应的电压信号发送到驱动电路模块,驱动控制电动机使节气门达到最佳的开度位置。节气门位置传感器则把节气门的开度信号反馈给节气门控制单元,形成闭环的位置控制。

第三节　排　放　控　制

汽车排放的主要有害气体有 CO、HC、NO_x 等。汽车产生的废气主要通过排气管、曲轴箱以及汽油蒸发等排入大气,其中 65%～85% 的有害气体来自排气管排出的废气。为了满足日益严格的排放要求,汽车普遍同时采用多种排气净化措施,如废气再循环控制、三元催化转换、活性炭罐蒸发控制、二次空气控制等。

一、废气再循环控制

废气再循环简称 EGR。

1. EGR 控制的目的和原理

1）EGR 控制的目的

废气再循环（Exhaust Gas Recirculation，EGR），是指在发动机工作时将一部分废气引入进气系统，与新鲜空气混合后吸入汽缸内再次进行燃烧的过程。EGR 是用于降低排气中 NO_x 含量的一种有效方法，它是通过降低燃烧室的燃烧温度来抑制 NO_x 的生成。

2）EGR 控制指标

废气再循环程度用 EGR 率来表示，其定义为：

$$EGR 率 = \frac{EGR 流量}{吸入空气量 + EGR 流量} \times 100\%$$

如图 4-21 所示，当 EGR 率达到 15% 时，NO_x 的排放量即可减少 60%，但 EGR 率增加过多时，会使发动机动力性能下降，HC 含量上升，因此，必须对 EGR 率实行适时控制，既能降低 NO_x 含量，又可保证发动机的动力性。废气再循环电子控制系统的主要功能，就是选择 NO_x 排放量多的发动机运行工况，进行适量（范围可达 15%～20%）EGR 率控制。

3）EGR 控制的原理

(1) 冷机或怠速、小负荷时：NO_x 的排放量本来就很小，发动机为了稳定的运行，要求缸内充分充气，EGR 阀关闭。

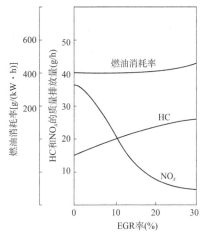

图 4-21　EGR 率与燃油消耗率、NO_x、HC 的关系

(2) 轻微加速或低速巡航控制期间：可以使用小量的 EGR，减少 NO_x 的浓度，保持良好的动力性。

(3) 中等发动机负荷时：NO_x 的排放量是较高的，尽最大可能地使用 EGR 循环量，从而大量减少 NO_x 排放物，随负荷的增加，EGR 率也可相应增加。

(4) 发动机要求大功率、高转速时：较好的动力性，此时混合气也较浓，NO_x 排放生成物相对较少，可不用 EGR 或少用 EGR。

EGR 率与发动机负荷、发动机转速之间的关系如图 4-22 所示。

(5) EGR 率与点火提前角的关系：EGR 率对排放和油耗的影响还受到点火提前角的影响。在增大 EGR 率时，同时适当地增加点火提前角（图 4-23），进行综合控制，就能得到较好的排放、燃油消耗率等发动机性能。

4）EGR 控制系统的工作条件

EGR 工作条件当满足以下条件，EGR 系统才进入工作状态。

(1) 进气温度 >17℃。

(2) 冷却液温度 >50℃。

(3) 发动机转速 <3500r/min。

(4) 处于轻负荷区。

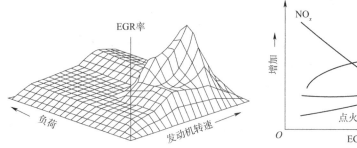

图4-22 EGR率与发动机负荷、发动机转速之间的关系

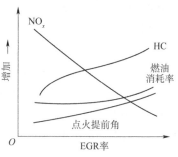

图4-23 EGR率与点火提前角的关系

5) EGR 不工作条件

在下面任一工况,都不进行 EGR 工作。

(1) 发动机起动时。

(2) 节气门位置传感器的怠速触点接通。

(3) 发动机温度低时。

(4) 发动机转速 <900r/min。

(5) 发动机转速 >3200r/min。

2. 普通 EGR 控制系统

如图 4-24 所示为典型的 EGR 控制系统,主要由电磁阀、节气门位置传感器、废气再循环控制阀、曲轴位置传感器、ECU、冷却液温度传感器起动信号等组成。

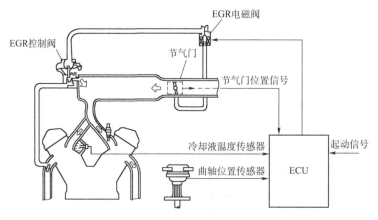

图4-24 普通 EGR 控制系统

其工作原理为:发动机工作时,ECU 根据点火开关、曲轴位置、冷却液温度、节气门位置以及传动系统等传感器信号,经处理后确定发动机运行工况并发出指令,控制电磁阀电磁线圈的导通与截止,同时利用进气歧管真空来控制废气再循环控制阀开启或闭合动作,使废气再循环进行或停止。

具体工作过程见表 4-1。在表中所列的各种工况下,当 ECU 向废气再循环电磁阀发出"接通"信号,电磁阀被接通(ON),其阀门关闭,切断了控制废气再循环控制阀膜片室的真空通道,使废气再循环系统不起作用;反之,当电磁阀处于 OFF 时,其阀门打开,通往控制废气再循环控制阀膜片室的真空通道打开,废气再循环系统再次起作用。

废气再循环的控制过程　　　　　　　　　　　　表 4-1

工况	废气再循环电磁阀	废气再循环系统
发动机起动时 节气门位置传感器的怠速触点接通时 发动机温度低时 发动机转速 低于 900r/min 高于 3200r/min	ON (电磁阀"接通"阀门关闭)	不起作用
除以上工况外	OFF(断开)	起作用

普通废气再循环(EGR)电子控制系统的控制特点是:EGR 阀工作其 EGR 率是不可调节的。

3. 可变 EGR 率的废气再循环控制系统

如图 4-25 所示为可变 EGR 率废气再循环控制系统。该系统主要由 EGR 控制阀、VCM 控制阀、ECU 及各类传感器等组成。

EGR 控制阀内有一膜片,膜片在弹簧及两侧压差作用下可上下移动,同时带动其下方的锥形阀移动,将阀门关闭或打开。阀门打开时 EGR 阀将排气管和进气管连通,废气即可从排气管中流入进气歧管,EGR 阀门的开启高度由真空控制阀(VCM)来控制,VCM 阀的构造及原理如图 4-26 所示。可变 EGR 率的废气再循环控制系统也是通过控制 VCM 真空电磁阀相对通电时间,来控制 EGR 阀膜片室的真空度,进而改变 EGR 阀的开启度以调节 EGR 率。由于占空比越大,则电磁线圈通电相对时间越长,膜片室的真空度越小,EGR 阀开启高度越小,进入汽缸中的废气越少,EGR 率越低。因此,ECU 只要控制施加在 VCM 阀电磁线圈上脉冲电压的占空比,就可实现对 EGR 率的控制。

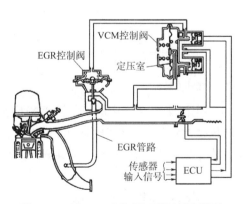

图 4-25　可变 EGR 率的废气再循环控制装置

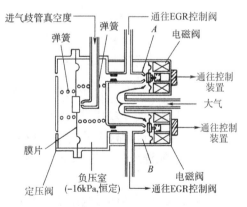

图 4-26　真空控制阀 VCM 的基本结构

4. 闭环式 EGR 控制系统

上述两种形式的 EGR 控制系统均属开环控制,EGR 率只能预先设定,不能检测并控制发动机各种工况下的实际 EGR 率。在 EGR 控制系统中广泛采用的是闭环反馈控制式 EGR 系统,以 EGR 率或 EGR 阀的开度作为反馈信号实行闭环控制。

1) EGR 阀开度反馈控制

如图 4-27 所示,与普通 EGR 系统相比,EGR 阀开度反馈控制在 EGR 阀上增加了一个用于检测其开启高度的、电位计式的 EGR 位置传感器,该传感器可将 EGR 阀开启高度转换为相应的电压信号反馈给 ECU,ECU 根据反馈信号控制真空电磁阀的动作,进而调节 EGR 阀膜片室的真空度,以此改变 EGR 率。

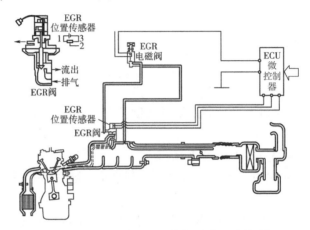

图 4-27 具有 EGR 阀开度反馈信号的闭环控制系统

2) EGR 率反馈控制

EGR 率作为反馈信号的 EGR 闭环控制系统的控制原理如图 4-28 所示。

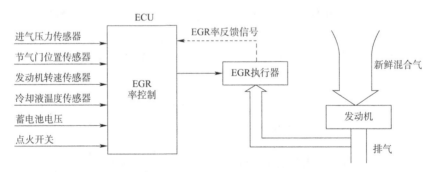

图 4-28 具有 EGR 率反馈信号的闭环控制系统

EGR 率传感器安装于稳压箱(进气总管)上,可利用测量混合气中的氧气浓度来检测混合气的 EGR 率,并将其检测信号反馈给 ECU,ECU 依据此信号发出控制指令调整 EGR 阀的开启高度,以此控制混合气中的 EGR 率,使其始终保持在最佳状态,从而有效地减少 NO_x 的排放量。

闭环控制式废气再循环控制系统技术先进,效果较好,因此被广泛使用。

5. 内部 EGR 控制系统

通常把发动机排气经过 EGR 阀进入进气歧管,与新鲜混合气混合在一起的方式称为外部 EGR。

第四章 汽油发动机辅助控制

由于配气相位重叠角进气门同时开启,造成一部分废气滞留在缸内,稀释了新鲜混合气的方式称为内部 EGR。

滞留在缸内的废气量决定重叠角的大小,重叠角大,内部废气再循环量也大,可变配气相位,内部 EGR 将可取代外部 EGR。

二、汽油蒸发污染控制

1. 汽油蒸发污染控制的目的

汽油蒸发污染控制系统又称为汽油蒸气排放控制系统,是汽车发动机排放控制系统之一。其主要作用是将燃油箱中的汽油蒸气收集于炭罐中,并在发动机工作时,通过流经的空气将汽油蒸气送入进气管参与燃烧,以免燃油箱中的汽油蒸气直接排放到大气中而造成污染。汽油蒸气应在发动机处于闭环控制时导入燃烧室燃烧,只有在闭环控制时才能针对因额外蒸气作用导致混合气变浓的情况而调节喷油量,同时,还必须根据发动机工况,控制导入汽缸内参加燃烧的汽油蒸汽量。

2. 汽油蒸发污染控制原理

汽油蒸发污染控制系统的控制原理框图如图 4-29 所示。

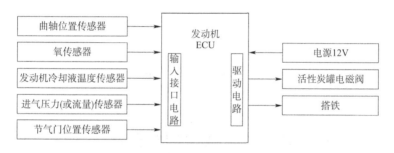

图 4-29 汽油蒸发污染控制系统的控制原理框图

ECU 根据有关传感器的信号判断发动机的工况与状态,并输出相应的控制脉冲,通过控制活性炭罐电磁阀的开关占空比来调节炭罐真空控制阀的开度,使流经活性炭罐进入进气歧管的空气流量适应发动机工况、状态变化的需要。

3. 汽油蒸发污染控制系统的结构组成

汽油蒸发污染控制系统主要由活性炭罐、炭罐真空控制阀、活性炭罐电磁阀及 ECU 等组成。典型的汽油蒸发污染控制系统的结构组成如图 4-30 所示。

活性炭罐中装有活性炭,活性可吸附燃油箱中的燃油蒸气,但这种物质吸附力不强,当有空气流过时,蒸气分子又会脱离,随空气一起进入进气歧管。炭罐真空控制阀内部膜片的上部为真空室,其真空度由活性炭罐电磁阀控制。当真空度增大时,阀膜片向上拱,主通气口通气量增加。

活性炭罐电磁阀的结构及工作原理与 EGR 电磁阀相似,其作用是根据 ECU 输出的占空比控制脉冲工作,调整炭罐真空控制阀真空室的真空度,以控制炭罐真空控制阀的开度。

发动机不工作时,燃油箱中的燃油蒸气通过单向阀进入活性炭罐的上部,被罐内的活性炭吸附,不使其进入大气,新鲜空气从活性炭罐的下部进入清洗活性炭。当发动机工作时,

ECU 根据传感器信号判断发动机工况,并向活性罐电磁阀输出电流信号使其开启,用来调整炭罐真空控制阀的开度,使活性炭罐中的燃油蒸气通过炭罐真空控制阀及真空管进入发动机的进气歧管内,再进入发动机汽缸燃烧。

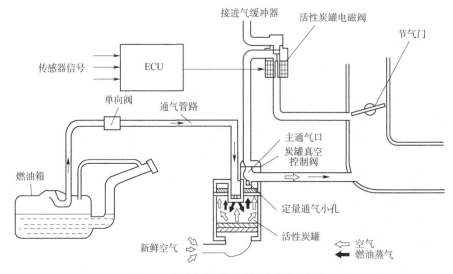

图 4-30 汽油蒸发污染控制系统的结构组成

4. 汽油蒸发污染控制条件

满足以下条件,汽油蒸发污染控制系统才进行工作。

(1) 热机(冷却液温度为 65~110℃)。

(2) 前进挡。

(3) 发动机的转速高于怠速(节气门开度为 1.2%~100%)。

(4) 氧传感器功能正常(发动机已进入闭环工作模式或断油时间小于 2s)。

(5) 系统电压低于 17V。

在某些车型上,为抑制发动机爆震,当 ECU 判断发动机即将产生爆震时,即刻关闭炭罐电磁阀,切断真空,关闭排放控制阀,直至爆震趋势消失后且超过 150ms 后,再使炭罐电磁阀恢复工作。

三、排气管二次空气喷射控制

排气管二次空气喷射方法是使用空气泵将一定量的新鲜空气经空气喷管喷入排气管或催化转化器中,使废气中的 CO 和 HC 进一步氧化或者燃烧成为 CO_2 和 H_2O,达到减少 CO 和 HC 排放的目的。

排气管二次空气喷射系统主要由空气泵、旁通网、真空管、空气分配管、单向网等组成,如图 4-31 所示。空气泵通常由发动机驱动,其产生的低压空气称作二次空气,分流网与排气管之间以及分流阀与催化转化器之间装有单向止回阀,以防废气进入二次空气喷射系统。分流线圈及旁通线圈由 ECU 控制,当接通发动机点火开关之后,电源电压便加到两个线网的绕组上,ECU 通过对每个绕组提供接地使线圈通电。

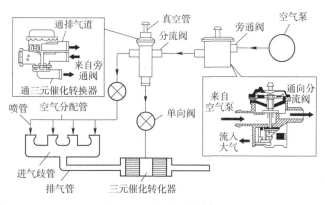

图 4-31 二次空气喷射系统

第四节 故障自诊断系统

汽车发动机控制系统中都设有故障自诊断系统。该系统可监测、诊断发动机的工作情况及工作中出现的故障,并具有安全保险功能和应急备用系统。

一、故障自诊断功能

当电子控制系统出现故障时,ECU 中的故障检测电路可将该故障以代码的形式储存在 ECU 中的 RAM 中,便于查找故障时调用。与此同时,点亮安装在仪表板上的故障警告灯,以提醒驾驶人及时检修。故障警告灯通常为带有发动机标志或印有"CHECK ENGINE"字样的方框形的黄色信号灯,并装在仪表板上。

此外,在仪表板下方或熔断器盒内设有专用接口,即故障自诊断接口。该接口直接与 ECU 相连,将解码器或检测设备插入此专用接口,便可将故障码或诊断的数据流由此读出,以便在控制系统出现故障时,能及时、快速地查找和排除系统中的故障(图 4-32)。

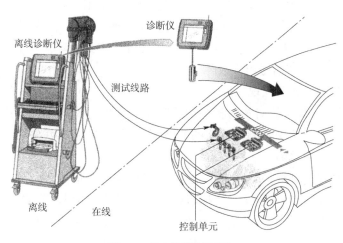

图 4-32 汽车故障诊断系统

二、OBD 系统工作原理

1. 传感器故障自诊断原理

传感器是向发动机 ECU 输送信号的电控系统基础元件,自诊断系统不需设计专门电路即可对各种传感器进行故障自诊断,其基本原理是基于各种传感器正常工作时输入 ECU 的信号电压都是在一定范围内变化的。当某一传感器输入 ECU 的信号出现下面任何一种情况时,自诊断系统均判定为"故障信号"。

1) 超出正常范围

当某一电路出现超出标准数据库规定范围的信号时,故障自诊断系统就判定电路信号出现故障。如冷却液温度传感器正常工作时其输出电压信号在 0.1~4.8V 范围内变化,即若冷却液温度传感器输出电压低于 0.1V(相当于冷却液温度高于 139℃)或高于 4.8V(相当于冷却液温度低于 -50℃)时,如图 4-33 所示,ECU 即判定为故障信号,存入存储器。

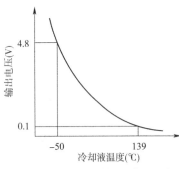

图 4-33 冷却液温度与输出信号的关系

2) 在一定时间内 ECU 接收不到某传感器信号

在汽车行驶时,当 ECU 在一定时间段内接收不到某一传感器的输入信号时,即判定该传感器出现故障。如汽车发动机在正常工作温度下运转时,ECU 在 1min 以上的时间内检测不到氧传感器信号,则判定为氧传感器电路有故障。

3) 传感器输入 ECU 的信号在一段时间内不发生变化

在汽车正常行驶时,其工作状况不断变化,ECU 监测的传感器信号也是不断变化的。当 ECU 监测的某传感器信号在一段时间内不发生变化时,即判定该传感器电路有故障,如监测到氧传感器信号在 1min 以上的时间内都不发生变化,则 ECU 诊断为氧传感器电路有故障。

值得注意的是,如果偶然出现一次不正常信号,ECU 不会诊断为故障,只有当"故障信号"持续出现超过一定时间或多次出现,ECU 才会诊断为该传感器有故障,并将此故障以故障码的形式输入到 ECU,同时把"故障指示灯"电路接通。例如,汽车发动机在某一转速下工作时转速信号丢失 3~4 个脉冲(脉冲个数由发动机的要求定,不同发动机有可能不一样),ECU 不会诊断为转速信号出现故障。

2. 执行机构故障自诊断原理

汽车行驶时,自诊断系统对执行机构的故障诊断原理与控制方式有关。开环控制系统通常都需要增加专用电路来监测执行器的故障信息,而闭环控制电路则可以利用执行机构的反馈信号进行故障自诊断。

在没有反馈信号的开环控制系统中,执行器只接收输入信号,即只接收 ECU 的控制指令信号而没有其他的反馈信号,因此,执行器或其电路是否有故障,自诊断系统只能根据 ECU 的输出指令信号来判断,而没有来自执行机构的信号,此时要增设专用电路来检测执行机构的工作信息,例如,如图 4-34 所示为某电子控制点火系统中点火器的故障诊断电路实例,当点火电路中控制点火线圈初级电路通断的功率三极管出现故障时,点火监控电路就得不到功率三极管正常工作的信号(功率三极管正常工作就是不断地交替导通和截止),也就不能向 ECU 反馈点火监控信号。ECU 在一定时间内接收不到该反馈信号,即判定点火系统出现故障,此时,ECU 立即切断喷油脉冲信号,停止喷油器的喷油。

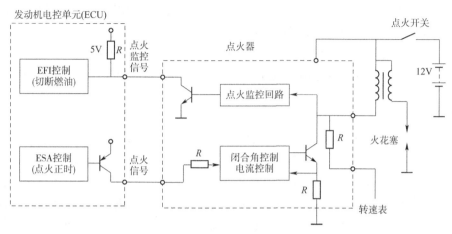

图 4-34　点火器故障诊断电路

在具有反馈信号的闭环控制系统中,执行器不仅接收 ECU 的指令信号,同时还输出反馈信号给 ECU,因此,自诊断原理类似于传感器的自诊断原理。

此外,与传感器故障诊断一样,如果由于某种原因偶尔出现一次不正常信号,ECU 并不会判断为故障,只有当点火器多次没有将点火监控信号反馈给 ECU 时,自诊断系统才判定点火系统发生故障。

3. 配线电路的故障自诊断

故障信号的出现并不只是与传感器或执行器本身发生故障有关,而且很有可能还与配线电路的故障有关。如图 4-35 所示,当冷却液温度传感器与 ECU 之间的配线开路时,其输出的电压信号就会高于 4.8V,ECU 也会判定为冷却液温度传感器故障,同理,当冷却液温度传感器与 ECU 之间的配线短路时,其输出的电压信号就会低于 0.1V,ECU 也会判定为冷却液温度传感器故障。

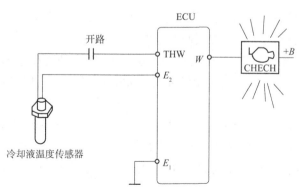

图 4-35　冷却液温度传感器电路故障

值得一提的是,控制系统中某些故障现象可能会影响发动机的工作性能,因没有进行检测,故不会产生故障码,但这些故障有可能引起其他形式的故障码,如配气正时、汽缸压力等参数的变化会直接影响混合气的形成过程,并对燃烧过程造成影响,其故障现象可能会以与氧传感器有关的故障码存储在存储器中。此外,自诊断系统不能确定控制电路中接头松动或损坏的故障,但可能产生一个作为故障结果的故障码,因此,ECU 判断出某一系统发生故障时,只是提供了故障的性质和范围,要最后确定是传感器、执行器还是相应配线电路的故障,还需要进一步检查配线、插头、ECU 和相关的元器件才能准确确定故障源。

此外,自诊断系统还会根据故障性质,自动启动失效保护系统或应急备用系统等。

三、安全保险功能

安全保险功能是 ECU 在检测出故障后采取的一种保险措施,又称为"故障模式效能管理"。

当任何一个元件或其电路出现故障时,如果仍继续按通常方式控制发动机运转,就可能使发动机或其他部件也出现问题。为避免这种情况,当 ECU 诊断出故障时,除前面提到的故障报警、内存故障代码外,还会立即启动安全保障功能,此时,ECU 不再使用已发生故障的元件及其信号,而采用存储器中预先存入的代用值来替代,使控制系统以特定的工况继续工作,确保汽车仍能继续行驶。对于个别重要的信号发生故障有可能危及发动机安全运转时,则 ECU 立即采取强制性措施,切断燃油喷射,发动机停止运转,确保汽车安全。

下面分别介绍各传感器及其电路发生故障时的情况及安全保障功能的作用。

(1) 当冷却液温度、进气温度传感器信号电路发生故障时,ECU 会检测到低于 -50℃ 或高于 139℃ 的温度信号,这将引起空燃比过小或过大(混合气过浓或过稀),导致发动机转速不稳、工作粗暴,此时,安全保障功能将自动采用正常运转值(标准值),通常按发动机冷却液温度 80℃、进气温度 20℃ 控制发动机工作,防止混合气过浓或过稀。

(2) 如果点火系统发生故障造成不能点火,ECU 接收不到点火控制器反馈的点火确认信号时,如喷油器继续喷油,大量未燃的混合气就会吸入汽缸后排出流入三元催化转换器,使其温度很快升高并超过许用温度,为避免这种情况发生,此时 ECU 安全保障功能立即切断燃油喷射,使发动机停止运转。

(3) 节气门位置传感器(线性型)信号电路故障时,安全保障功能将采用正常运转值(标准值),通常按节气门开度为 0° 或 25° 值控制发动机工作。

(4) 爆震传感器(KNK)信号或爆震控制系统故障,无论是否产生爆震,点火提前角控制会无法由爆震控制系统控制执行,从而导致发动机损坏,此时安全保障功能将点火提前角固定在一个适当值。

(5) 曲轴位置传感器(G1 和 G2)信号电路故障。由于 G 信号用于识别汽缸和确定曲轴基准角,当出现开路或短路时,发动机无法控制,会造成发动机不能起动或失速。安全保障功能会使 ECU 接通系统后备工作状态,如果仍能收到 G1 或 G2 信号,则曲轴基准角还能由保留的 G 信号判别。

(6) 空气流量传感器信号电路故障导致不能检测进气量,ECU 无法计算基本喷油时间,从而引起发动机失速或不能起动。安全保障功能将由起动信号和急速触点接触情况确定的固定值(标准值)控制喷射时间和点火正时,保证发动机能够运转。

(7)进气歧管压力传感器信号电路故障导致 ECU 也不能计算基本喷油时间,从而导致发动机不能起动或失速。安全保障功能将进入备用状态或采用标准值保证发动机运转。

(8)安全保险功能主要依靠 ECU 内的软件完成,可使控制系统继续工作或停机,但继续工作时发动机性能有所下降。

四、应急备用系统

应急备用系统又称后备功能,它是当 ECU 内的 CPU 出现故障时,ECU 可把燃油喷射和点火正时控制在预定的水平上,并作为一种备用功能使汽车继续行驶,该系统只能维持基本功能,而不能保证发动机按正常性能运行。

当控制系统遇到下列情况之一而汽车无法行驶时,ECU 在点亮"检查发动机"灯的同时将接通后备系统工作状态,自动启用后备系统。

(1)ECU 中的中央微处理器、输入/输出(I/O)和存储器发生故障。
(2)曲轴转角传感器信号电路开路或短路。
(3)空气流量传感器或进气歧管绝对压力传感器信号电路开路或短路。

应急备用系统的工作原理如图 4-36 所示。当 ECU 监测到满足启用应急备用系统的条件之一时,在点亮故障灯的同时,接通备用电路,发出转换信号使转换电路转接到备用输出信号通道。ECU 输出的备用系统的喷油脉宽和点火信号是根据起动(STA)信号和怠速(IDL)触点状态(闭合或断开),选择起动、怠速和非怠速三种不同工况预先设定的固定数值,替代正常控制时的最佳喷油脉宽和最佳点火提前角。后备系统只能简易控制,维持最基本的功能,使汽车能继续行驶而不能保持正常运行时的最佳性能,故不宜长期在"后备"状态下行驶,应及时进行检修。

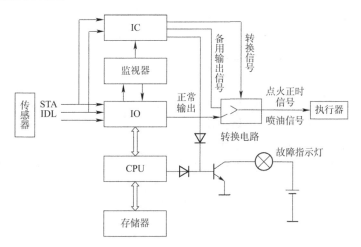

图 4-36 应急备用系统工作原理

备用系统中预先设定的固定数值,因发动机型号不同而异。表 4-2 所示是某发动机后备系统工作的固定数值实例。

后备系统控制数据一览表　　　　　　　　　　　　　　表 4-2

参数	CPU 备用系统			曲轴转角传感器备用系统		
	起动	怠速	非怠速	起动	怠速	非怠速
喷油脉宽	12.0ms	2.3ms	4.1ms	1.0ms	与进气空气量成正比例	
喷油频率	每转一次			每隔 65.3ms	每隔 69.9ms	每隔 30ms
点火提前角	上止点前 10°	上止点前 10°	上止点前 20°	每隔 50ms	每隔 23ms	每隔 5ms
停顿间隔	5.12ms			3ms	4ms	3ms

复习思考题

4-1　名词解释：步进电动机、动态效应、惯性效应、波动效应、VVT-i、ETCS。

4-2　怠速转速控制系统应具备哪些功能？

4-3　简述三相反式步进电动机的工作原理。

4-4　论述步进电动机式怠速转速控制策略。

4-5　论述旋转滑阀式怠速调整装置的构造原理

4-6　论述旋转滑阀式怠速控制策略。

4-7　简述直动式节气门体的构造原理。

4-8　简述节气门直动式怠速控制策略。

4-9　简述怠速起停控制原理。

4-10　简述进气共振增压原理。

4-11　简述可变进气歧管长度增压原理。

4-12　简述废气涡轮增压的基本原理。

4-13　简述排放控制的基本原理。

4-14　简述减少 NO_x 排放环控制原理。

4-15　简述废气再循环控制原理。

4-16　简述废气再循环闭环控制原理。

4-17　废气再循环的工作条件是什么？

4-18　简述汽油蒸发污染控制原理。

4-19　汽油蒸发污染控制的工作条件是什么？

4-20　三元催化转换装置的功能与工作条件是什么？

第五章 柴油发动机控制

本章主要介绍:柴油机控制系统的特点、结构、分类和控制原理及方法;柴油机主要电子控制系统功能分析;电子控制直列泵喷射系统、电子控制分配泵喷射系统、电子控制泵喷嘴系统和电子控制共轨系统的基本原理、特性、组成结构、控制方法和特性分析。

柴油发动机控制包括喷油控制、怠速控制、进气控制、排放控制、故障自诊断系统等内容。其中,最核心的控制技术是喷油控制,且不同于汽油发动机。而怠速控制、进气控制、排放控制等技术与汽油发动机类似,本章不做介绍,只介绍柴油发动机的喷油控制。

柴油机燃油喷射具有高压、高频、脉动等特点,其喷射压力高达 60~150MPa,甚至 200MPa,为汽油喷射的几百倍,上千倍,因此对于燃油高压喷射系统实施喷油量的电子控制,相比于汽油机困难大得多。而且柴油喷射对喷射正时的精度要求很高,相对于柴油机活塞上止点的角度位置远比汽油机要求准确,这就导致了柴油喷射的电子控制执行器要复杂得多。因此,柴油机电子控制技术的关键和难点是在柴油喷射电子控制执行器,即电子控制柴油喷射系统上,主要控制量是喷油量和喷油正时。

根据其产生高压燃油的机构,电子控制柴油机喷射系统可分为电子控制直列泵喷射系统、电子控制分配泵喷射系统、电子控制泵喷嘴喷射系统、电子控制单缸泵喷射系统、电子控制共轨式喷射系统。

由于电子控制直列泵喷射系统和电子控制单缸泵喷射系统,应用较少,本章主要介绍电子控制分配泵喷射系统、电子控制泵喷嘴喷射系统和电子控制共轨式喷射系统。

第一节 电子控制分配泵喷油系统

一、系统组成与类型

1. 系统组成

电子控制分配泵都是在 VE 型分配泵的基础上实现电子控制的。

电子控制分配泵系统如图 5-1 所示,和其他电子控制燃油系统一样,该系统可分为三大部分:传感器、电子控制单元(ECU)和执行器。

传感器主要有加速踏板位置传感器、冷却液温度传感器、发动机转速传感器、燃油温度传感器、控制套筒位置传感器等组成。

执行器主要有旋转式电磁铁、电磁溢流阀等。

电子控制分配泵燃油系统是根据各种传感器的信息检测出发动机的实际运行状态,由计算机完成如下控制:(1)喷油量控制;(2)喷油时间控制;(3)怠速转速控制;(4)故障诊断功能;(5)故障应急功能。

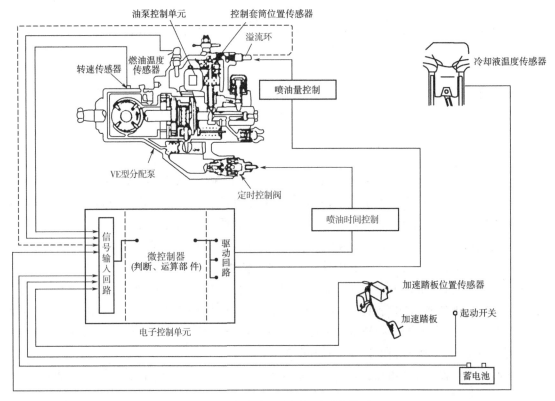

图 5-1　电子控制分配泵喷射系统的结构原理

根据不同的机型电子控制的具体内容不同,有些机型可以实现上述的(1)、(2)、(3)的三项控制,有些机型仅只对(2)项,即只对喷油时间进行控制。

2. 类型

电子控制分配泵系统按喷油量、喷油时间的控制方法可以分为位置控制式和时间控制式两类。

二、位置控制式分配泵的喷油控制原理

位置控制式电子控制分配泵系统是将 VE 型分配泵中的机械调速器转换成电子控制的执行机构,其基本特点是:保留了机械分配泵的溢油环,采用旋转式电磁铁,因此,不用杠杆,电磁铁中控制轴旋转改变了控制轴下端偏心球的位置,直接控制溢油环,控制喷油量。

1. 喷油量控制

喷油量的控制方式如图 5-2 所示,ECU 根据发动机的状态计算出目标喷油量,并将结果输出到驱动回路,驱动回路根据 ECU 的指令边反馈控制执行机构的位置,边控制输出,这样将 VE 型分配泵的溢油环控制在目标位置,从而控制喷油量。

2. 喷油时间控制

喷油时间的控制方式如图 5-3 所示。VE 型分配泵的提前器活塞内设有连通高压腔和

低压腔的通道,按占空比控制定时调节阀,使定时活塞两侧的压力差变化,从而控制喷油时间,由传感器检测出定时活塞的位置,从而进行反馈控制。

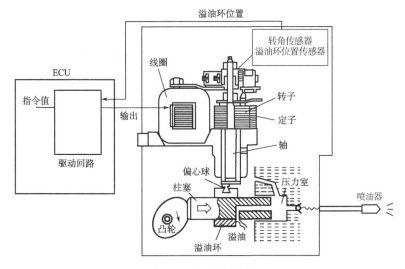

图 5-2　喷油量控制原理

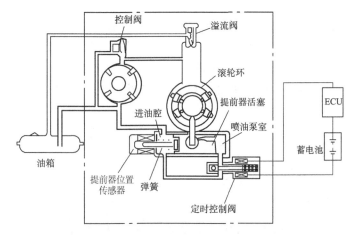

图 5-3　喷油时间控制原理

三、时间位置式电子控制分配泵柴油喷射系统

这种系统的微处理器内设有时钟,通过时钟控制喷油终了时间,从而控制喷油量。控制喷油终了的执行机构是电磁阀,对每次喷油都可以进行控制,因此取消了其他的喷油控制机构,另外,时间控制方式的电子回路比较简单。

时间控制式电子控制分配泵喷射系统的显著特点是取消了原 VE 型分配泵上的溢油环,在泵的进油通路上设置一个电磁溢流阀,其油量控制原理如图 5-4 所示。

在柱塞泵油阶段,当电磁溢流阀断电时,溢流阀打开,高压燃油立即卸压,停止喷油。喷油始点并不取决于电磁溢流阀关闭的时刻,而是取决于分配泵端面凸轮的行程,与采用溢油环改变喷油终点以控制油量的方式一样,电磁溢流阀打开越晚,喷油量越多,端面凸轮行程始点就是喷油泵角度信号上的无齿段终点的信号,喷油泵角度传感器装在滚轮环上,这样,即使喷油正时有变化,由于喷油泵角度信号传感器随着滚轮环一起移动,因此,喷油泵角度也并不改变,泵油始点与无齿段终点相对位置始终不变。

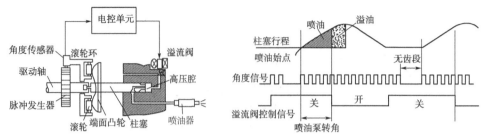

图 5-4　喷油量的时间控制原理

第二节　电子控制泵喷嘴喷油系统

一、系统组成与结构特点

1. 系统组成

泵喷嘴就是将泵油柱塞泵和喷油器合成一体安装在缸盖上。喷油器由于无高压油管,所以可以消除高压油管中压力波和燃油压缩的影响,使高压容积大大减小,因此,喷射压力可很高,电子控制泵喷嘴压力已达 200MPa,它的驱动机构比较特殊,必须是顶置式凸轮驱动机构。

电子控制泵喷嘴系统主要由泵喷嘴、驱动摇臂机构、电子控制单元、各种传感器等组成(图 5-5)。

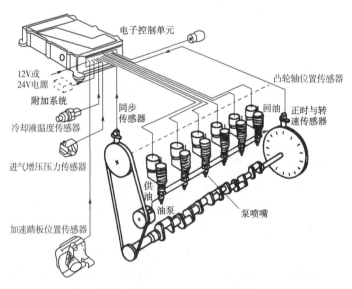

图 5-5　电子控制泵喷嘴系统的组成

2. 结构特点

电子控制泵喷嘴系统的最大特点是:燃油压力升高仍然是机械式的,喷油始点和终点由电磁阀控制,即喷油量和喷油时间由电磁阀控制。

电子控制泵喷嘴系统的结构特点如下:

(1)为了使供油泵将燃油稳定地供到安装在汽缸盖内部的喷油器内,采用大容量齿轮式供油泵。

(2)自供油泵压送来的燃油经高效滤清器滤除杂质后,送入汽缸盖上的主供油管内,主供油管和汽缸盖上的各个喷油器之间由支管连接,溢出燃油通过连接各喷油器的溢油管经调压阀排到汽缸盖外部。

(3)ECU 打开或关闭喷油器的电磁阀,控制喷油量和喷油时间,必须向各个喷油器布置导线,为了缩短线束长度,ECU 直接安装在发动机机体上,为了减小因发动机引起的振动,采用橡胶固定,同时,采用燃油冷却 ECU 的背面。

(4)ECU 根据安装在飞轮以及凸轮相关部位的两个转速传感器检测到的发动机转速和曲轴转角及各传感器信号进行最佳燃油喷射控制。

(5)柱塞通过摇臂由凸轮轴驱动,压缩燃油,喷油器的高速电磁阀是常开的,燃油通过汽缸盖内部的油路流动,但电磁阀关闭时,柱塞开始向喷油器压油,燃油从喷油器喷入汽缸,当电磁阀打开时,溢油开始,喷油结束。该电磁阀的开闭由计算机控制,根据发动机的运行状态,可以实现最佳控制喷油量和最佳控制喷油时间。

(6)因为没有喷油管,没有"死"容积,不仅可以实现高压喷射,而且可以通过适当组合喷油器的喷孔流通截面积和驱动凸轮的形状,使喷油率的形状徐徐上升,减少预混合期间的喷油量,从而达到控制预混合燃烧。

二、喷油嘴

1. 泵喷嘴的结构

泵喷嘴安装在柴油机原喷油器的位置上,其外形也与普通喷油器相似。如图 5-6 所示为泵喷嘴的结构示意图,泵喷嘴实际上是由喷油泵、喷油器和电磁控制阀三部分组成,其主要部件为:喷油凸轮、摇臂、球头螺栓、泵油柱塞、泵油柱塞复位弹簧、电磁控制阀阀体、电磁控制阀针阀、电磁控制阀针阀复位弹簧、辅助栓塞、喷油针阀、喷油针阀复位弹簧和喷油针阀阻尼器等。喷油凸轮安装在控制气门打开和关闭的凸轮轴上,其上升段为陡峭的直线(有利于快速提高喷油压力),而下降段较平缓(有利于在喷油结束后向高压油腔缓慢进油,避免在燃油中产生气泡)。高压燃油由泵喷嘴上部的泵油柱塞喷生,电磁控制阀位于泵喷嘴的中部,由柴油机电子控制系统控制,电磁控制阀针阀用于接通和切断高压油腔与低压油道之间的通道,辅助柱塞的上部为圆台,实际上是两个阀门,圆台的锥面用来开启和关闭高压油腔与辅助柱塞腔之间的通道,而圆台的底面则用来开启和关闭辅助柱塞腔与喷油针阀复位弹簧腔之间的通道。喷油针阀阻尼器为倒"工"字形,其作用是控制燃油的预喷量。

2. 泵喷嘴的控制原理

泵喷嘴的喷油过程可分为预喷油和主喷油两个阶段,也可分为预喷油、预喷油结束、主喷油、主喷油结束及高压油腔进油 5 个过程。喷油时间和喷油量由辅助柱塞、喷油针阀、喷油针阀复位弹簧、喷油针阀阻尼器与电磁控制阀共同控制。下面按 5 个过程来描述泵喷嘴的工作原理。

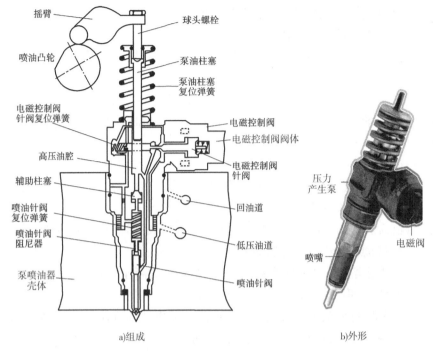

图 5-6 泵喷嘴结构

1) 预喷油

当凸轮的直线段与摇臂接触时,电子控制单元向电磁控制阀供电,使电磁控制阀针阀向左移动,切断高压油腔与低压油道之间的通道,与此同时,泵油柱塞在摇臂的作用下,克服泵油柱塞复位弹簧的弹力而向下运动,使高压油腔中的油压迅速上升,当油压上升到 18MPa 时,燃油在喷油针阀中部锥面上产生的向上推力大于喷油针阀复位弹簧的预紧力,从而顶起喷油阀,开始预喷油,如图 5-7a) 所示。

2) 预喷油结束

预喷油开始后,喷油针阀继续向上运动,当凸轮转过喷油行程的 1/3 时,喷油针阀阻尼器下端进入喷油针阀阻尼器孔内,喷油针阀顶部的燃油就只能通过细小的缝隙流向喷油针阀复位弹簧腔内,这样,在喷油针阀的顶部形成了一个所谓的"液压垫圈",阻止喷油针阀继续向上运动,使燃油的预喷量受到限制。

随着泵油柱塞的继续向下运动,高压油腔里的油压继续上升,当油压达到规定值时,辅助柱塞在高压燃油的作用下向下运动后,高压油腔的体积突然增大,燃油压力瞬间下降,此时,喷油针阀中部锥面上的向上推力随之下降,喷油针阀在喷油针阀复位弹簧的作用(由于受辅助柱塞的压缩而弹力增大)下复位,预喷油结束,如图 5-7b) 所示。

3) 主喷油

预喷油结束后,泵油柱塞继续向下运动,导致高压油腔内的油压迅速上升,当油压上升到大于预喷油的油压(30MPa)时,喷油针阀向上移,主喷油开始。由于高压油腔内燃油油压上升的速度极快,所以高压油腔内的油压继续上升,直到 205MPa 左右,如图 5-8a) 所示。

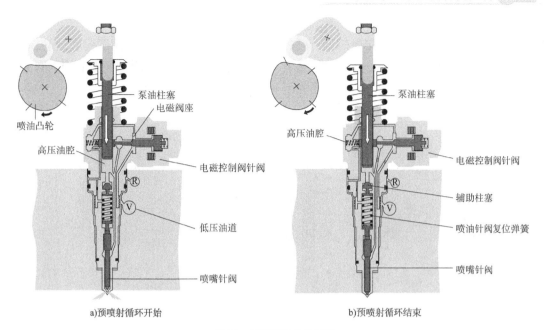

图 5-7 预喷射工作示意图

4) 主喷油结束

当电子控制系统停止向电磁控制阀供电时,电磁控制阀针阀在电磁控制针阀复位弹簧的作用下向右移动,接通高压油腔与低压油道,这时,高压油腔内的燃油经电磁控制阀流向低压油道,高压油腔里的燃油压力下降,喷油针阀在喷油针阀复位弹簧的作用下复位,辅助柱塞则在喷油针阀复位弹簧的作用下关闭高压油腔与喷油针阀复位弹簧之间的油道,主喷油结束,如图 5-8b) 所示。

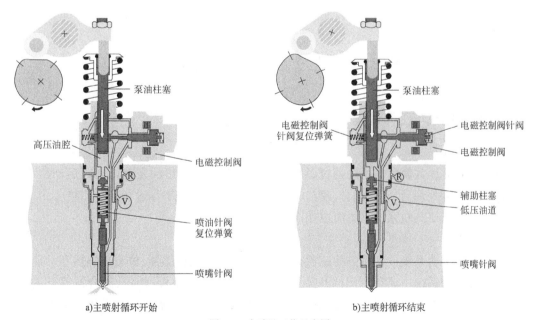

图 5-8 主喷油工作示意图

5)高压油腔进油

当凸轮的下降段与摇臂接触时,泵油柱塞在泵油柱塞复位弹簧的作用下向上运动,高压油腔因体积增大而产生真空,这时,低压油道(与进油管相连接)内的燃油经电磁控制阀流向高压油腔,直到充满高压油腔为止,从而为下一次喷油做好准备(图5-9)。

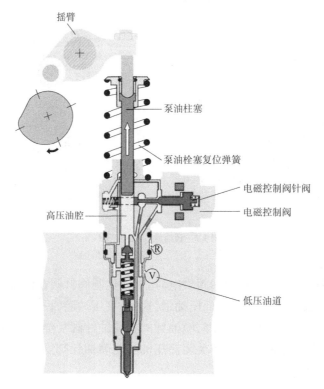

图 5-9 高压油腔充注燃油

第三节 电子控制共轨喷油系统

一、系统组成与工作过程

1. 系统组成

电子控制高压共轨喷油系统通过各种传感器和开关检测出的发动机实际运动状态,并通过计算机计算处理后,对喷油量、喷油时间、喷油压力和喷油率等进行最佳控制。

电子控制高压共轨系统基本组成如图5-10所示。

1)传感器

在柴油机共轨系统中常用的传感器有压力传感器、温度传感器、位置传感器和转速传感器,另外,在电控系统中还有专门的开关采集电路,用于检测空调、挡位、离合器等开关量的状态信息。所有的信息最后都经过电控单元(ECU)的信号采集模块处理后提供给发动机管理系统,作为发动机控制的基本依据。

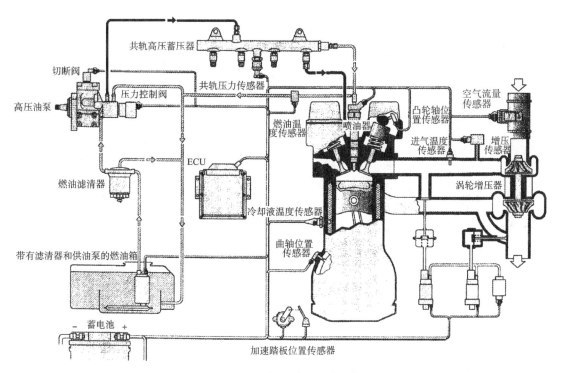

图 5-10　电子控制共轨系统的组成

2）执行器

执行器是接收电控单元传来的指令,并完成所需调控任务的元器件,如电控高压共轨系统中的 PCV 阀和喷油器电磁阀,以及空气动力与排放系统中的各种阀门控制器等。前述的各种形式电控高压共轨燃油喷射系统、空气与排放系统中,执行器是关键核心之一,可以说执行器的水平决定了最终柴油机能够达到的性能。

3）ECU

ECU 的作用是接收和处理传感器的所有信息,按照控制软件进行运算,并驱动执行器使发动机达到所需要的性能指标。它是发动机电控系统的核心部件,由微控制器及其外围硬件和一整套的控制软件组成。一个典型的 ECU 的硬件(图 5-11)包括电源模块信号处理、数字核心、通信接口、驱动电路等部分。柴油机的 ECU 软硬件设计和匹配标定,是柴油机电子控制的关键技术之一。

2. 工作过程

电子控制共轨系统的工作原理如图 5-12 所示。

柴油由发动机凸轮轴(或电动机)驱动的供油泵经滤清器从油箱中泵出,通过一个电磁紧急关闭阀流入高压泵,此时的压力约为 0.2MPa,然后,油流分为两路,一路经安全阀上的小孔作为冷却油通过高压泵的凸轮轴流入压力控制阀,然后流回油箱,另一路充入高压泵。在高压泵内,燃油压力上升到 135MPa,送入共轨。共轨上装有一个压力传感器和一个通过切断油路来控制流量的压力控制阀,以此来调节控制单元设定的共轨压力。高压燃油从共轨流入喷油器后又分为两路,一路直接喷入燃烧室,另一路在喷油期间,与针阀导向部分和控制柱塞处泄漏出的燃油一起流回油箱。

图 5-11 共轨柴油机 ECU 结构

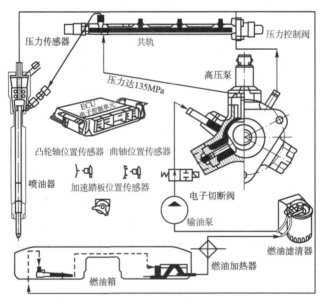

图 5-12 电子控制共轨系统的工作原理

在电子控制共轨系统中,通过各种传感器(如发动机转速传感器、加速踏板位置传感器、各种温度传感器等)实时检测出发动机的实际运行状态,由电子控制单元根据预先设计的计算程序进行计算后,定出适合于该运转状态的喷油量、喷油时间、喷油率模型等参数,就能使发动机始终都能处于最佳工作状态,其中,曲轴位置传感器确定发动机转速,凸轮轴位置传感器确定着火顺序(相位),加速踏板位置传感器实际上是一个电位计,通过它可以使 ECU 感知驾驶人对转矩的要求,空气质量流量传感器用于检测空气质量流量。在涡轮增压并带增压压力调节的发动机中,增压压力传感器检测增压压力。在低温和发动机处于冷态时,ECU 可根据冷却液温度传感器和空气温度传感器的数值对喷油始点、预喷油及其他参数进行最佳匹配。根据车型的不同,还可将其他传感器和数据传输线接到 ECU 上,以适应安全性和舒适性的要求。电子控制单元具有自我诊断功能,对系统的主要零部件进行技术诊断,如果某个零件发生故障,诊断系统会向驾驶人发出警报,并根据故障情况自动做出处理,或使发动机停止运行,即所谓故障应急功能;或切换控制方法,使汽车继续行驶到安全的地方。

在高压电子控制共轨系统中,供油压力与发动机的转速、负荷无关,是可以独立控制的,由共轨压力传感器测出燃油压力,并与设定的目标喷油压力进行比较后进行反馈控制。

二、主要工作部件

共轨燃油系统主要部件有预供油泵、燃油滤清器、高压油泵、压力控制阀、高压共轨管、压力限制阀、流量限制器、喷油器等。

1. 预供油泵

预供油泵又称供油泵或一次泵,其功用是向高压泵提供充足的燃油。主要有电动式和机械式两大类型,其中电动式供油泵应用较多,其构造原理与电动汽油泵相似。

2. 高压油泵

高压油泵简称高压泵,其功能是在汽车运行各种工况下,提供足够的高压燃油。

图 5-13 与图 5-14 分别为高压泵的纵向和横向结构图。一个高压泵上有三套柱塞组件,由偏心轮驱动,在相位上相差 120°。从图上可以看出,偏心轮驱动平面和柱塞垫块之间为面接触,比传统的凸轮-滚轮之间的线接触的接触应力要小得多,更有利于高压喷射。

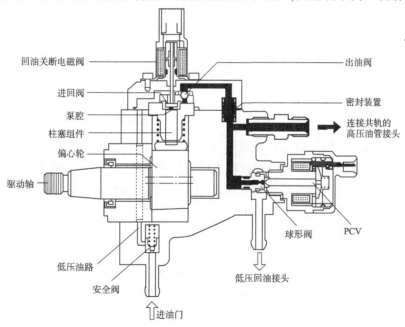

图 5-13 高压泵的纵向结构图

高压泵的基本工作原理:当柱塞下行时,来自供油泵压力为 0.05~0.15MPa 的燃油经过低压油路到达各柱塞组件的进油阀,并由进油阀进入柱塞腔,实现充油过程;当柱塞上行时,进油阀关闭燃油建立起高压,当柱塞腔压力高于共轨中的压力时,出油阀被打开,柱塞腔的燃油在压力控制阀的控制下进入共轨。

3. 压力控制阀

压力控制阀(PCV)用于保持共轨管中的压力正确和恒定。如果共轨压力过高,压力控制阀打开,部分燃油就通过回油管回到燃油箱;如果共轨压力过低,压力控制阀关闭,由低压升为高压。

压力控制阀通过一个凸缘盘装在高压油泵或共轨高压蓄器上。压力控制阀主要由电磁铁、弹簧、电枢、球阀等组成,如图 5-15 所示。

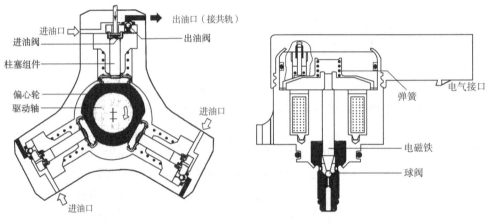

图 5-14　高压泵横向结构图　　　图 5-15　压力控制阀(PCV)结构

1)压力控制阀不通电时

共轨管中的高压油或高压油泵输出的油通过高压入口进入压力控制阀,不通电时没有电磁铁的外力作用,过量的高压油的压力大于弹簧的弹力,顶开弹簧压力控制阀开启大小由油量决定,弹簧预先设计最大压力约为 10MPa。

2)压力控制阀通电时

压力继续增加,电磁铁通电,弹簧的弹力增加,使压力控制阀保持关闭状态,直到一边的高压压力与另一边弹簧的弹力加电磁铁的力达到平衡,阀门打开,燃油压力保持恒定。油泵油量的变化或过量高压油的排除通过控制阀门来实现。PWM 脉宽的励磁电流和电磁力是对称的。1kHz 的脉冲频率提供足够的电磁力,防止不必要的电磁铁移动或(和)共轨管压力的波动。

4. 共轨组件

共轨组件包括共轨本身和安装在共轨上的高压燃油接头,共轨压力传感器,起安全作用的压力限制阀,连接共轨和喷油器的流量限制器等。

如图 5-16 所示,共轨本身容纳高达 150MPa 以上的高压燃油,材料和高压容积对于共轨压力的控制都是重要参数。流量限制器的作用是计量从共轨到各油器的燃油量的大小,当流量过大时,可以自动切断去喷油器的高压燃油。而压力限制阀的作用是当共轨中的燃油压力过高时,压力限制阀连通共轨到低压的燃油回路,实现安全泄压,保证整个共轨系统中的最高压力不超过极限安全压力。

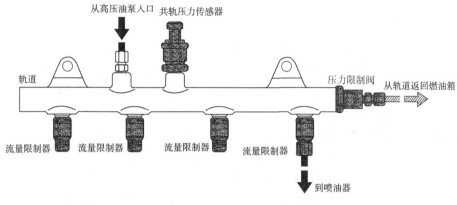

图 5-16 共轨组件

5.喷油器

共轨式喷油器的构造如图 5-17 所示。喷油器的工作过程可分为 4 步(发动机运转而且高压油泵供油):喷油器关闭(产生高压)、喷油器打开(开始喷油)喷油器全部打开、喷油器关闭(结束喷油)。

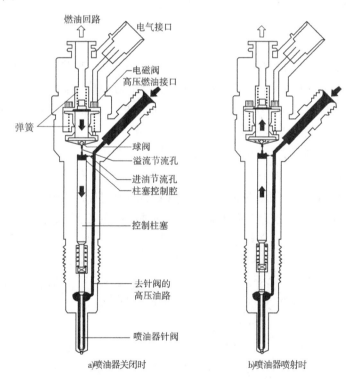

图 5-17 BOSCH 共轨式喷油器机构图

1)喷油器关闭(复位状态)

在复位状态下,电磁阀不吸合,因此喷油器关闭,如图 5-17a)所示。弹簧力将电枢下的球阀压向节流孔座处,节流孔关闭,轨道中的高压作用在阀控制室中,而且相同的压力也作用在喷油器腔内,轨道压力作用在柱塞的末端,与喷油器弹簧的弹力一起使喷油器保持关闭状态。

2)喷油器打开(开始喷油)

喷油器停留在最初静止位置。电磁阀由同服电流激活,同服电流能确保电磁阀迅速开启,如图 5-17b)所示,由触发的电磁阀施加的吸合力大于阀弹簧的拉力时,电枢打开节流孔,几乎与此同时,执行电流减到最小并保持不变,满足电磁铁的需要。由于电磁铁电流的作用,间隙减小是有可能的。节流孔打开,燃油从阀控制室流到刚好位于其上部的腔室,并且从那里通过回油管返回燃油箱。节流孔防止完全的压力平衡,阀控制室中的压力因此下降,由此导致阀控制室中的压力低于喷油器腔内的压力,这个压力与共轨中的压力仍旧是一致的,阀控制室的压力降低,引起作用在柱塞上的外力减小,因此针阀打开,燃油喷出。喷油器针阀打开的速度取决于节流孔和反馈孔的流量。喷油器全开时,喷油器喷入燃烧室的油压几乎等于轨道中的油压,其他的分力很小。

3)喷油器关闭(喷油结束)

电磁阀不吸合,弹簧力将球阀压回球阀座中。节流孔关闭,燃油通过反馈孔,阀控制室中充满燃油,压力与针阀弹簧的弹力一起将针阀关闭,喷油器不喷油,喷油器关闭的速度取决于反馈孔的流量。

三、喷油量控制原理

在高压共轨式柴油喷射系统中,喷油量主要由喷油压力(共轨压力)和喷油器电控机构(电磁线圈或压电晶体)的通电时间决定。因为喷油压力和喷油器都是由电控单元 ECU 独立进行控制,所以在喷油压力一定的情况下,喷油量取决于喷油器电磁线圈或压电晶体的通电时间。因此,高压共轨式柴油喷射系统又称"时间-压力调节系统"。

在高压共轨式柴油喷射系统中,电动燃油泵将燃油箱内的燃油输送到高压泵,发动机驱动高压泵将燃油加压后供入共轨管内,喷油器在 ECU 的独立控制下,将高压燃油直接喷射到相应的汽缸内燃烧做功。喷油量的大小由 ECU 控制喷油器电磁线圈或压电晶体通电时间的长短决定,即喷油器喷油量的控制实际上是喷油时间的控制,控制原理如图 5-18 所示。

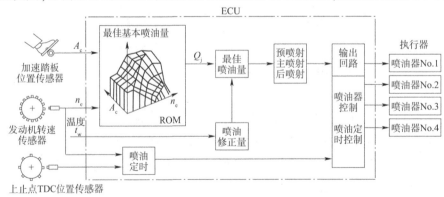

图 5-18 高压共轨式柴油喷射系统喷油量的控制原理

当柴油机工作时,电控单元 ECU 根据加速踏板位置传感器信号(齿杆位置信号)A_c 和发动机转速传感器信号 n_e,从三维数据 MAP 中查寻得到相应的最佳基本喷油量数值 0;再根据冷却液温度信号 t_w、进气温度和电源电压等信号,计算确定喷油修正量、最佳喷油量及预喷射、主喷射和后喷射的喷油量,并根据凸轮轴位置传感器提供的上止点 TDC 位置信号计算确定喷油定时,并向执行器(电控喷油器)发出控制指令;喷油器在 ECU 输出回路的驱动下按最佳喷油量和喷油时刻喷射柴油,从而完成一次喷油过程。

在高压共轨式柴油喷射系统中,喷油器电磁线圈或压电晶体通电时间的控制过程与电控汽油喷射系统喷油时间的控制过程完全相同,也是由 ECU 喷油脉冲控制信号(占空比信号)的高电平宽度决定(或低电平宽度决定,视喷油器驱动电路而定,因为喷油器一般都采用 NPN 型晶体管驱动,所以大都由高电平宽度决定),因此,改变占空比信号高电平的宽度(喷油脉宽或喷油时间),即可控制喷油量的大小,且由 ECU 中预先编制的软件程序进行控制。

当发动机转速一定时,喷油脉宽(喷油时间)对应于曲轴转过一定的转角,因此,喷油时间(喷油量)的控制事实上转变为喷油角度的控制。

四、喷油压力控制原理

高压共轨式柴油喷射系统与电控喷油泵系统不同的是,燃油高压的产生和喷油量的控制是由 ECU 分别且独立进行的,因此,可据发动机转速与负荷等不同工况,在一定油压(20~200MPa)范围内,改变喷油压力,实现多段喷射(引导喷射、预喷射、主射、后喷射和次后喷射),从而提高燃烧效率,改善柴油机的经济性与排放性。

在高压共轨式柴油喷射系统中,配有共轨油压传感器、压力控制阀 PCV、压力限制阀和流量限制器等组成的独立控制喷油压力的控制系统,喷油压力的控制过程如图 5-19 所示。

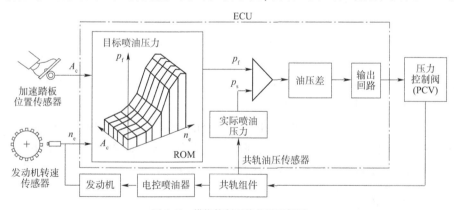

图 5-19 模糊控制系统的原理框图

当柴油机工作时,电控单元 ECU 根据加速踏板位置传感器信号(齿杆位置信号)A_c 和发动机转速传感器信号 n_e,利用计算机的查询功能,从三维数据 MAP 中查询得到相应工况的目标喷油压力值 p_f,再根据共轨油压传感器信号计算出共轨管内燃油的实际喷油压力值 p_s;再将目标喷油压力值 p_f 与实际喷油压力值 p_s 进行比较运算并求出压力差值,然后向压力控制阀 PCV 的驱动电路发出控制信号,将实际喷油压力值 p_s 控制在目标喷油压力值 p_f。

当实际喷油压力值 p_s 小于目标喷油压力值 p_f 时,ECU 向压力控制阀 PCV 发出占空比增大的控制信号,使 PCV 线圈的平均电流增大,共轨燃油压力随供油量增大而升高。当实际喷油压力值 p_s 升高到目标喷油压力值 p_f 时,ECU 向压力控制阀 PCV 发出占空比保持不变的控制信号,从而使共轨燃油压力保持在目标喷油压力值 p_f。

当实际喷油压力值 p_s 大于目标喷油压力值 p_f 时,ECU 将向压力控制阀 PCV 发出占空比减小的控制信号,使 PCV 线圈的平均电流减小,线圈的电磁力减小,当电力与复位弹簧张力之和小于燃油压力时,PCV 球阀阀门打开泄油,使共轨燃油压力(喷油压力)降低。当实际喷油压力值 p_s 降低到目标喷油压力值 p_f 时,ECU 再向 PCV 发出占空比保持不变的控制信号,使共轨燃油压力保持目标喷油压力值 p_f。

综上所述,当柴油机负荷和转速变化时,ECU 通过调节控制信号的占空比,改变压力控制阀 PCV 的开度和高压泵的供油量大小,从而实现喷油压力的控制。

五、喷射方式

电子控制共轨系统燃油喷射方式有三种:一段喷油法、二段喷油法和多段喷油法。

1. 一段喷油法

是在一个工作循环中只有一次喷射,即主喷射,应用于早期的电子控制柴油机喷射系统。

2. 二段喷油法

二段喷油法是指在主喷油之前有一个喷油相当小的预喷过程,即预喷射 + 主喷射。在主喷射之前进行的预喷射(时间间隔约 1ms)可以使燃烧噪声明显降低,这是一项已经广泛使用的技术,但是,由于预喷射会导致 PM 排放增加,因此,可以采用使预喷射段靠近主喷射段的方法,以降低 PM 排放。

3. 多段喷油法

多段喷油法是将每一个工作循环中的喷油过程分成若干段来进行,每段喷油均是相互无关、各自独立的,其主要目的是控制燃烧速度。多段喷油法一般包括引导喷射、预喷射、主喷射、后喷射和次后喷射等多段。在多段喷射过程中,电磁阀必须完成多次开启、关闭动作,因此驱动能量和消耗能量都会相应增加。

在主喷射前后的预喷射、后喷射中,由于喷油的间隔相互靠近,因此,前段喷射会对后段喷射的喷油量带来影响。解决的办法是:利用喷油压力和喷油间隔修正后续的喷油量指令。在多段喷油构成中,各段喷油的作用和目的如图 5-20 所示。

六、起动喷射原理

在柴油机电控喷油系统中,起动喷油量的控制过程与汽油机基本相同。ECU 首先根据起动开关信号、发动机转速传感器和加速踏板位置(齿杆位置)传感器等信号判断发动机是否处于起动状态。

共轨柴油机起动时喷油量的控制原理如图 5-21 所示。

当判定为起动状态时,ECU 首先根据冷却液温度传感器信号在数据 MAP 中查询得到起是否处于起动状态,确定起动基本喷油量,然后根据发动机转速传感器信号在数据 MAP 中查询确定喷油增量(补偿油量)ΔQ,基本喷油量与喷油增量二者之和即为起动喷油量,最后向喷油器发出控制指令。执行器在 ECU 输出回路的驱动下,按起动喷油量进行喷油。因为起动喷油量相对较大(起动喷油量为基本喷油量的 1.3~1.5 倍),且以发动机温度为基准,并辅之以喷油增量进行控制,所以电控发动机都能顺利起动。

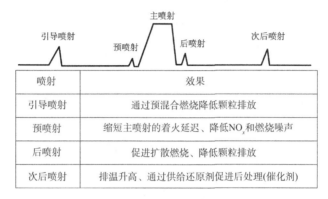

喷射	效果
引导喷射	通过预混合燃烧降低颗粒排放
预喷射	缩短主喷射的着火延迟、降低NO_x和燃烧噪声
后喷射	促进扩散燃烧、降低颗粒排放
次后喷射	排温升高、通过供给还原剂促进后处理(催化剂)

图 5-20 多段喷射的作用

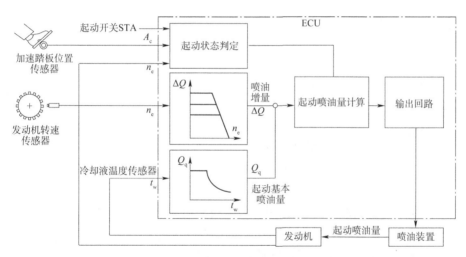

图 5-21 共轨柴油机起动时喷油量的控制原理

七、怠速喷油量控制原理

在怠速工况下,发动机产生的转矩和发动机自身的摩擦转矩平衡,维持稳定的转速。如果在低温下工作,润滑油的黏度大,发动机的摩擦阻力大,怠速工况下,发动机转速不稳,乘车人会感到不舒服,而且,发动机起动时容易失速;相反,如果发动机怠速转速高,则发动机噪声大,燃油消耗率高。为了克服上述问题,即使发动机负荷转矩发生了变化,还要保证维持目标转速所需要的喷油量,这就是怠速转速自动控制的功能。

怠速转速的控制框图如图 5-22 所示。发动机的实际转速和发动机的目标转速(由发动机的冷却液的温度、空调压缩机的负荷状态决定)进行比较,根据两者的差值求得恢复到目标转速时所必需的喷油量从而进行反馈控制。

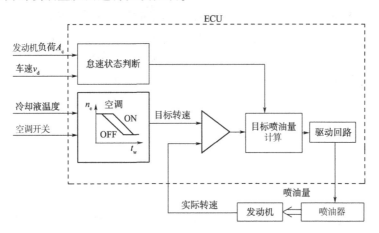

图 5-22　怠速喷油量的控制框图

复习思考题

5-1　柴油机电子控制技术有何特点？

5-2　简述柴油机电子控制燃油系统的历程。

5-3　分析电子控制分配泵喷射系统的喷油量控制原理。

5-4　电控泵喷嘴系统有何结构特点？

5-5　试述泵喷嘴的供油控制工作过程。

5-6　为什么说高压共轨技术是柴油机控制的发展方向？

5-7　高压共轨系统中为何要设置供油泵？

5-8　简述高压共轨系统中高压泵的结构特点与工作过程。

5-9　简述高压共轨系统中喷油器的结构特点与工作过程。

5-10　为何在高压共轨系统中,采用多段喷油方式？

5-11　简述电控柴油机喷油量控制的基本原理。

5-12　简述电控柴油机喷油压力控制的基本原理。

第六章 自动变速控制

本章主要介绍：电子控制自动变速器(ECT)基本组成与工作原理；ECT自动换挡控制原则、换挡规律与换挡点控制；ECT控制过程分析；液力变矩器基本结构和工作原理；液力变矩器特性分析；典型行星齿轮机构工作过程分析；自动变速控制系统基本组成；电子控制无级变速系统(CVT)基本原理、结构组成与工作过程分析。

第一节 自动变速控制原理

汽车自动变速器(Electronic Controlled Transmission, ECT)具有自动、简化换挡操作，使汽车随时处于最佳工况运行，减少机件冲击与磨损，适应各种复杂条件下的驾驶自动变速操作等优点，是汽车集成控制、智能化的重要组成部分，但同时也存在结构复杂、生产成本高、传动效率较低等缺陷。

一、自动变速器的基本组成

电控液力自动变速器由液力变矩器、齿轮变速机构(含换挡执行器)、液压操作机构、电子控制系统和冷却附加装置等部分组成。电控液力自动变速器的结构示意图如图6-1所示，电控液力自动变速器的结构组成框图如图6-2所示。

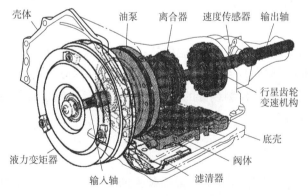

图6-1 电控液力自动变速器的结构

1. 液力变矩器

将发动机的输出转矩增大后传递给行星齿轮系统，并在一定范围内进行无级变速。

2. 齿轮变速机构

动轴轮系组成的齿轮有级变速机构，多数由行星齿轮结构组成，实现改变传动比和传动方向的最终目的，一些汽车也采用定轴轮系结构，如双离合器自动变速器。

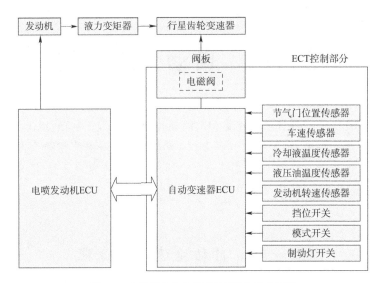

图 6-2　电控液力自动变速器的结构组成框图

3. 液压操纵机构

在传统的机械式自动变速系统中,液压操纵机构的作用是根据驾驶人的意愿和行驶条件的变化,直接将发动机负荷和车速信号转换为液压信号,通过换挡阀控制换挡执行器的动作以实现换挡过程。而 ECT 的液压操纵系统则是接受 ECU 指令工作,以控制系统中的执行元件,液压操纵机构由各种液压阀组成。

4. 电子控制系统

电子控制系统主要由 ECU、传感器、电磁阀等组成。ECU 根据车速及负荷信号确定挡位及换挡点,输出换挡指令,通过电磁阀产生液压信号来控制换挡阀的动作,实现自动换挡过程。

5. 冷却装置

冷却装置的作用是使自动变速器油温保持在 80~90℃ 范围内。

ECU 根据所接收传感信息并按照预先编制的程序进行处理,发出指令,通过电磁阀控制换挡阀的动作,进而控制液压控制装置的工作状态,使行星齿轮系统组成不同传动比的动力传递路线,实现换挡过程。

二、自动换挡原理

ECT 系统采用计算机控制技术来模拟驾驶人的换挡过程,自动完成换挡操作控制。要深入了解 ECT 控制的基本原理,必须首先对手动变速过程进行完整的分析并掌握其基本过程与程序。

1. 普通变速器手动变速过程与程序

普通手动定轴变速器进行变速时,必须完成动力传递线路的分离与接合,以及变速齿轮的选择与移动啮合两套动作,最终形成具有特定传动比的传动路线,变速过程的基本操作程序如下:

(1) 人工判断与确定换挡(变速)时机。
(2) 操纵离合器切断动力传动路线使变速齿轮处于无负荷状态,齿轮移动啮合方便。
(3) 选择并移动变速器中的特定齿轮副组成具有特定传动比的传动路线。
(4) 操纵离合器重新接合动力传动路线。

上述过程具有严格的时序。

手动操作换挡时机主要靠驾驶人判断,即凭经验感知发动机负荷(节气门位置)转速以及汽车行驶速度与加速度等适时信息,判定汽车的行驶状况是否与道路、环境以及驾驶人的操作期望相符合,其中最主要的就是判定汽车行驶速度、发动机转速与发动机负荷。

在汽车动力特性设计中,某些挡位的动力因素与车速变化规律允许交叉,即挡位的变换时机允许适当延迟或提前,经验丰富的驾驶人可以有效地利用该特性,提高汽车行驶过程中的经济性或动力性。

由于上述手动变速过程中环境与系统的随机变化,人工经验判断很难准确判定换挡时机从而使汽车获得最佳动力状况,另外,靠人工操纵离合器与手动变速器完成变速时,由于变速过程中发动机与传动系统都是在运转中,旋转零件的同步合相当难以掌握,虽然齿轮同步装置部分解决了动态啮合问题,但换挡时机的掌握仍然较为困难,由此而造成汽车动力性、经济性、安全性和行驶平顺性不佳,以及机件冲击与损耗加剧等不良后果,使汽车难以发挥其最佳性能,成为汽车驾驶的操作难点和交通安全的重大隐患。

2. 汽车变速过程中的影响因素

对上述普通变速器手动操作变速过程进行分析,可以发现并分析出汽车变速涉及的基本因素影响是:

(1) 驾驶人期望追求的是汽车动力性还是经济性,是否需将发动机由驱动状态转为制动状态,以及汽车、环境与路面状况等因素,确定了传动系统预期的工作模式。
(2) 发动机转速升高车速是否同步提高,即发动机是否处于制动状态。
(3) 现挡位发动机负荷状态,发动机转速是否还能提高,汽车是否还能加速。
(4) 汽车各系统的状况,比如是否进行发动机预热、传动机构状况等。
(5) 在变速换挡过程中所遵循的程序与规律,例如,是否需要越级换挡等。
(6) 如何使预期啮合的齿轮处于同步旋转状态。
(7) 如何使摩擦片式离合器平顺接合与分离,避免传动系统冲击与振动。

3. ECT 的控制策略

(1) 预期的控制模式。要求汽车处于动力模式或者经济模式。
(2) 预期的汽车操纵模式。要求汽车处于加速或减速状态。
(3) 相关系统状况。发动机负荷、转速、冷却液温度、汽车与 ECT 工作环境状况。
(4) 辅助系统状况。行星齿轮传动机构、液力变矩器、执行机构、传动机构以及辅助机构例如发动机、空调等系统的工作状况。
(5) 操作的程序与动作。

上述问题可归结为,控制/操纵模式、换挡时机、挡位选择、操作程序和动作。

根据汽车变速过程中的影响因素,节气门位置传感器、车速传感器、发动机转速传感器、模式选择、变速机构状态、发动机与辅助机构状态、制动系统状态是制订 ECT 控制策略的基本依据。

三、自动换挡规律

ECT 控制主要是研究其换挡规律,即变速器的换挡时刻和传动比随控制参数而变化的关系。换挡规律按控制参数的个数又可分为:单参数、两参数及三参数规律。

1. 单参数换挡规律

单参数换挡即控制参数仅为车速,其控制过程如图 6-3 所示。车速加速达到 v_2 时,换入 Ⅱ 挡;当车速减速至小于 v_1 时,换回 Ⅰ 挡。v_1 和 v_2 之间的区域称为换挡重叠或换挡延迟区域。换挡延迟(重叠)的作用是:利用前述动力因素/车速曲线的特性,提供汽车动力性和经济性之间的选择,且有利于避免频繁变速的现象。

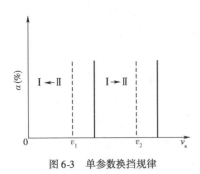

图 6-3 单参数换挡规律

单参数控制系统结构简单,但它不论发动机的负荷如何,换挡点及换挡延迟均不变,升挡点发动机转速偏高,故噪声大且经济性差,目前已被淘汰。

2. 两参数换挡规律

控制参数为车速 v_a 和发动机负荷 a(节气门开度),如图 6-4 所示。根据其特性又可分为:等延迟型、发散型、收敛型、组合型等类型。

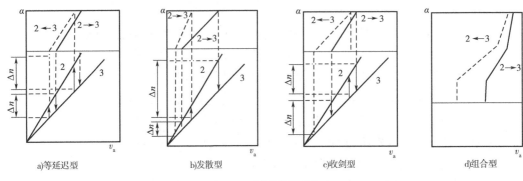

图 6-4 两参数换挡规律

1)等延迟型

等延迟型两参数换挡规律的特点是:换挡延迟的大小不随发动机负荷变化,小负荷时可提前换入高挡,故可实现驾驶人干预(减速提前进入高挡,加速提前进入低挡),既可减少发动机的振动与噪声,又因加速提前增矩和减速延迟发动机制动,可兼顾汽车动力性和经济性。

2)发散型

发散型两参数换挡规律的特点是:换挡延迟的大小随发动机负荷增大而增大。且在大发动机负荷升挡时,发动机转速高,接近最大功率点,动力性好;换挡延迟大,可减少换挡次数,但大发动机负荷升挡时,发动机的转速要降得很低,功率利用率差,车速损失大,故该型适用于功率大的小型乘用车上。

3）收敛型

收敛型两参数换挡规律的特点是：换挡延迟的大小随节气门增大开度而减小，从而在大发动机负荷时换挡延迟时间最小，故升挡时，有较好的功率利用率，动力性好；减小发动机负荷时，换挡延迟时间增加，增加在高速挡工作时间，同时避免过多的换挡，燃料经济性好，且变速平稳、舒适，常用于货车上。

4）组合型

组合型两参数换挡规律的特点是：由不同变化趋势的规律组成，便于在不同发动机负荷下，获得不同的汽车性能，小负荷时，舒适、稳定、污染少；中等负荷时经济性好；大负荷时，动力性好，实际汽车中一般用组合型。

3．三参数换挡规律

以上换挡规律是以汽车稳定行驶为前提，但实际上，汽车在起步和换挡过程中，常处于加速或减速的非稳定状态。

故可将控制参数选为汽车的加速度 v_a、车速 v、发动机负荷 a 或进气歧管真空度。最佳动力性换挡，应该是在同一发动机负荷下相邻两挡加速度曲线的交点处换挡。最佳燃油经济性换挡，应该是在某一发动机负荷下，汽车从原地起步连续换挡，加速至某一要求车速时，总的油耗应最小。

四、自动换挡模式

换挡控制即控制变速器的换挡时机，是指在特定的发动机负荷和转速状态下，汽车达到某一车速时，让自动变速器自动升挡或降挡。

自动变速器的换挡时机对汽车的动力性和经济性有很大的影响，对汽车的某一特定行驶工况来说，有一个最佳换挡时机，在 ECT 设计过程中，通过大量的台架与道路试验与研究，运用仿真技术将所得原始数据经处理，按动力型、经济型和普通型等三种模式编制换挡规律，并存储于 CU/MAP 内。在汽车实际行驶过程中，ECU 能根据驾驶人意图确定特定的换挡模式，并依此换挡模式，根据发动机负荷与车速来确定换挡点，控制换挡过程。

1．动力型换挡模式

所谓动力型换挡模式是指强调汽车动力性的换挡模式，适合于山区与加速行驶，如图 6-5 所示。动力型换挡模式的设计原则是：

(1) 升挡后驱动力应不小于或等于原挡位驱动力，在动力因素图上表示为相邻两条曲线的交叉点，如图 6-6 所示。

(2) 或者加速度不小于原挡位相应数值。

(3) 降挡车速可以选为维持发动机最小稳定转速。

(4) 变矩器锁止离合器锁止车速较高，可充分利用液力变矩器的转矩增大效应。

从图 6-4 可以看出，动力型换挡模式曲线中，低挡位的包容区域较大，即每一个挡位升挡（降挡）曲线左侧的区域较大，意味着汽车传动系统在低挡位工作的时间与概率增加。

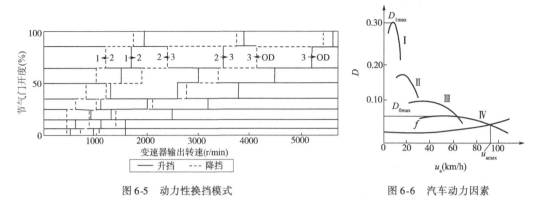

图 6-5　动力性换挡模式　　　　　　图 6-6　汽车动力因素

2. 经济型换挡模式

经济型换挡模式是为提高汽车在特定路面条件下的燃料经济性而设置的,如图 6-7 所示。经济型换挡模式遵循的原则是:

(1) 一旦发动机转速高于设定转速,立即进入高速挡。
(2) 在保证牵引力的前提下,尽可能以高速挡位行驶。
(3) 尽可能以较小的加速度行驶。
(4) 尽可能以提高转速的方式增加转矩。
(5) 降挡仍为维持发动机最小稳定转速。
(6) 变矩器锁止离合器锁止车速降低,以提高变矩器的传动效率。

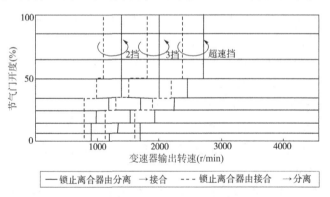

图 6-7　经济型换挡模式(变速器锁止模式)

3. 普通型换挡模式

所谓普通型换挡模式是指在一般的道路条件与正常驾驶要求下,各个方面全面平衡的换挡模式,如图 6-8 所示,图中虚线表示液力变矩器锁止线。普通型换挡模式的基本原则是兼顾动力性与经济性,各项工作参数也介于动力型与经济型换挡模式之间。

此外,通过分析对比可以看出,在相同的发动机负荷下,提高设定的升挡车速意味着换挡时机延迟,可以充分利用大传动比低速挡位的高转矩加速,使汽车具有良好的动力加速工况,但燃油消耗率增加。如果升挡车速提高到极限则意味着赛车式的驾驶方式,即迅速获得最大加速能力,而降低设定的升挡车速则意味着在允许的范围内尽量提前升挡,使汽车提前进入低传动比,甚至超速挡的经济行驶状态,获得较好的燃料经济性,但低传动比意味着牺牲加速性能。

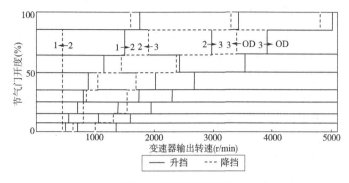

图6-8 普通型换挡模式

五、自动换挡控制过程

ECT换挡控制过程如图6-9所示,由多个传感器组成发动机/变速器综合传感系统检测ECT控制所需的汽车状况、驾驶人的意图、环境状况、发动机和相关系统工作状况等信息并向ECU传输,ECU根据信息确定最佳换挡时刻,控制换挡过程。

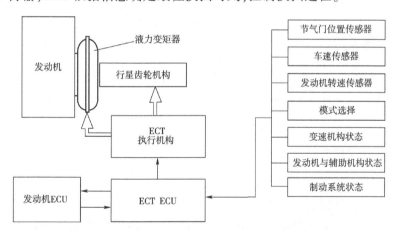

图6-9 ECT换挡控制过程

1. 换挡模式的确定

确定换挡模式实际上就是根据驾驶人意图选择换挡模式及挡位变换范围,即驾驶期望是追求汽车动力性还是经济性,以及根据路况的要求使系统按照特殊规律变速。该过程确定由手动完成。为此,驾驶室内设立标有刻度的操纵杆,如图6-10所示。该手柄一般有6个位置,按照国际标准与惯例分别标识为:

P位,停车位置,当ECT置于该位置时变速器锁止汽车以及发动机均不能运动,可以起到驻车制动的效果。

R位,倒车位置,当ECT置于该位置时输入与输出轴旋转方向相反,汽车倒退行驶。

N位,空挡,齿轮系空转,输入与输出传动线被切断,发动机可以空转。

D位，一般前进挡位，当ECT处于该位置时控制系统与执行系统均处于工作状态，可以随着行驶条件的变化自动调节传动比。该位置可以具备3~4个传动比挡位，可以适应绝大部分路面状态良好的普通道路，经济性较好。

2(H)位，高速发动机制动挡位，当ECT处于该位置时只能使得高传动比的1、2两个挡位中变化，起到发动机制动的效果。一般在附着状态较差的路况上行驶时可置于该挡位。

1(L)位，低速发动机制动挡位，该位置仅允许ECT在1挡工作，传动比更大，其制动强度也比2位大，适应于冰雪、泥泞和湿滑等恶劣路面上行驶。

2．信息集成与传输

与ECT工作相关的所有影响因素所涉及的信息，将由传感系统进行实时检测和向ECU传输。在汽车集中控制系统中，许多信息可以通过信息集成平台与其他控制系统进行信息资源共享，如图6-11所示。例如：车速信号即为车轮转速传感器输出的车轮转速信号，经过处理后得出的计算车速，可与EFI、ABS/ASR/ESP、主动悬架、4WS等控制系统信息共享。

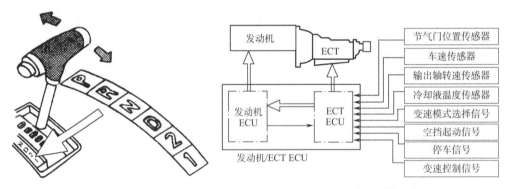

图6-10　工作模式操纵手柄　　　　图6-11　ECT控制系统示意图

3．ECU信息处理并发出控制指令

ECU根据所获得的信息，按照特定换挡规律预编程序进行处理后，即可判定是否达到相应的最佳换挡点，即完成确定换挡时机的功能，并发出适时控制指令操纵ECT电-液压执行系统工作。另外在某些特定情况（如巡航状态）下，ECU可以直接发出指令，控制液力变矩器处于经济行驶模式，以及在换挡时轻微延迟发动机点火时刻，略微降低发动机输出转矩，减少变速系统元件承受的负荷，从而减少换挡过程中的冲击与振动，提高乘坐舒适性并提高元件使用寿命，因此，ECT/ECU和发动机/ECU之间必须设置数据交换界面，或直接集成（图6-11）。

汽车集中控制系统将各个分系统（包括ECT）控制纳入集成化控制系统之中，实行一体化控制，使得ECT系统的工作与整体高度协调和匹配，因此ECT收到的指令来自中央处理ECU，其所依据的信息类型也涉及人、车、路的大环境。

4．电液控制系统工作，实现换挡过程

电液控制过程如图6-12所示。ECU根据上述信息发出指令，控制电磁阀的动作，再由电磁阀将电控信号转变成液压控制信号来控制换挡阀的阀芯位置,以此控制换挡执行器的工作状态,进而控制行星变速系统的动力传动路线,完成换挡控制。

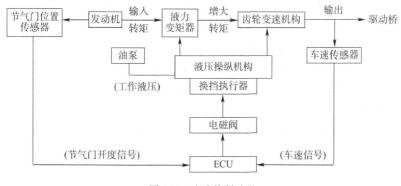

图 6-12　电液控制过程

5. 主油压控制

1) 正常行驶状态下主油压控制

自动变速器的主油路油压是根据节气门开度信号进行调节的,其变化规律由大量试验获得,主油路油压与节气门开度的变化规律如图 6-13 所示。

在汽车行驶时,除了正常的主油路油压控制之处,主油路压力还需根据工况、油温、海拔等信息进行适当修正,以使主油路压力控制获得最佳效果。

2) 换挡过程中的主油压控制

为减小换挡冲击,ECU 还在自动变速器换挡过程中按照换挡时节气门开度的大小,通过油压电磁阀适当减小主油路油压,如图 6-14a) 所示,以改善换挡质量。

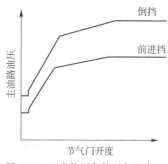

图 6-13　正常使用条件下主油路油压的变化规律

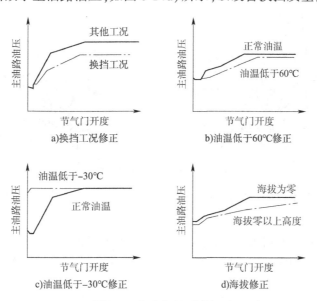

图 6-14　主油路油压的修正

3) 油温低于60℃时的主油压控制

ECU还可以根据液压油温度传感器的信号,在变速器油温度未达到正常工作温度时(低于60℃),将主油路油压调至低于正常值,如图6-14b)所示,以防止因油温低黏度较大而产生换挡冲击。

4) 油温低于-30℃时的主油压控制

当变速器油温度过低时(低于-30℃),ECU使主油路压力升到最大值,以加速离合器制动器的接合,防止温度过低时因变速器油黏度过大而使换挡过程过于缓慢,如图6-14c)所示。

5) 高原行驶时的主油压控制

在海拔较高时,发动机输出功率降低,ECU将主油路压力调至低于正常值,以防止换挡时出现冲击,如图6-14d)所示。

第二节 液力变矩器

液力变矩器是连接发动机与自动变速器的液力传动装置,在ECT系统中主要起到"离合器"和初始变矩/耦合的作用。

一、液力变矩器的构造

液力变矩器以液压油(ATF)为工作介质,利用其运动过程中的动能变化传递动力。液力变矩器由三个主要元件组成:泵轮、涡轮和导轮。三个工作轮上径向排列着许多叶片,封装在充满ATF的壳体中,如图6-15所示。

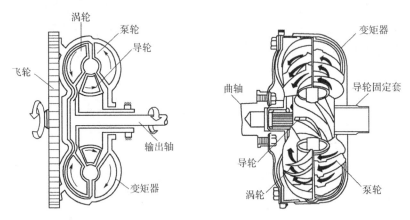

图6-15 液力变矩器的基本组成

泵轮与发动机飞轮连接,是液力变矩器的输入元件,通常与液力变矩器壳体刚性连接,随发动机一起旋转。

涡轮是液力变矩器的输出元件,与行星齿轮系统输入轴连接。

在泵轮与涡轮中间安装有导轮,起到ATF导向的作用。导轮通过单向离合器固定,可以单向旋转。

泵轮、涡轮和导轮安装就位后相互叶片间约有1mm间隙,由外壳将其包围形成一个断面为环形的、内部充满 ATF 的密封体。

二、液力变矩器的变距原理

1. 变矩器循环圆与动力传递

泵轮与发动机同步旋转,将发动机的机械能转变为 ATF 的动能以传递能量,在泵轮的带动下液力变矩器中 ATF 的运动由两个方向合成:绕轴线的旋转运动和由泵轮中心向外缘的径向运动,如图 6-16 所示。

ATF 的径向运动使其泵轮穿过叶片之间的间隙到达涡轮。由于径向与旋转运动的合成效应以及叶片曲率的作用,ATF 到达涡轮时的运动方向与涡轮叶片平面成一定角度,由此而冲击涡轮叶片并推动涡轮同向旋转,将能量传递至涡轮,最后转变为涡轮轴的机械能向行星齿轮传动机构输出,如图 6-15 所示。泵轮与涡轮的转速差越大,ATF 冲击涡轮叶片的角度也越大,从而作用于涡轮的力矩也越大;若二者转速相等则 ATF 冲击涡轮叶片的角度基本等于零,此时两轮均空转,无法传递能量。

推动涡轮旋转后的液压油继续沿径向向涡轮内缘流动并穿过叶片间的间隙,经由导轮内缘到达泵轮内缘,构成一个路径为泵轮-导轮-涡轮的循环。ATF 就是在不断循环的过程中,完成机械能-液体动能-机械能的转换,该循环命名为"循环圆"。

2. 转矩放大作用

由于在泵轮与涡轮之间安装了一个导轮,如此则液力变矩器可以起到转矩放大作用,如图 6-17 所示。

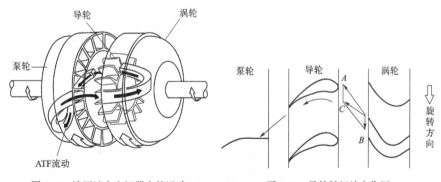

图 6-16 液压油在变矩器中的运动　　图 6-17 导轮转矩放大作用

冲击涡轮后的 ATF 尚保持部分剩余能量。当转速差较大时,ATF 由涡轮向泵轮回流的过程中沿矢量方向进入导轮,冲击导轮叶片凹部,由于导轮固定不动,其叶片曲率与方向的设置使回流的 ATF 顺势冲击泵轮的背面,对涡轮回流产生"导向"效应。导轮的导向效应使得 ATF 冲击涡轮后的剩余能量能够与泵轮输出的能量合成为一体,再次向涡轮传递,起到转矩放大的作用。

三、液力变矩器的特性参数

1. 液力变矩器的特性参数

液力变矩器的特性参数主要有转速比 i、转矩比 K 和传动效率 η。

转速比 i 为涡轮输出转速与泵轮输入转速之比：

$$i = \frac{n_T}{n_B} \tag{6-1}$$

式中：n_T——涡轮输出转速；
　　　n_B——泵轮输入转速。

转矩比 K 为涡轮输出转矩与泵轮输入转矩之比：

$$i = \frac{M_T}{M_B} \tag{6-2}$$

式中：M_T——涡轮输出转矩；
　　　M_B——泵轮输入转矩。

传动效率 η 为涡轮输出功率与泵轮输入功率之比即传动效率：

$$i = \frac{N_T}{N_B} \tag{6-3}$$

式中：N_T——涡轮输出功率；
　　　N_B——泵轮输入功率。

2. 液力变矩器的基本特性

则液力变矩器基本特性定义即为：发动机转矩 M 和转速 n 为定值（即泵轮转速与转矩不变）时，液力变矩器输出输入转矩比 K 与转速比 i 以及传动效率 η 三者之间的关系，如图 6-18 所示。

3. 液力变矩器的特性分析

由图 6-18 可以看出：

（1）转速比 i 越小，转矩比 K 越大，而传动效率 η 越低。原因在于 i 越小则泵轮与涡轮转速差越大，从而 ATF 流速较大且冲击涡轮时的角度越大，则传递的转矩较大。但该角度增大使得 ATF 在循环圆中运行不流畅，工作轮之间产生的冲击与摩擦热量损耗也随之增加，从而降低了传动效率。显然，在起步时，由于泵轮旋转而涡轮静止，涡轮转速等于零则 i 等于零，此时输出转矩达到最大值，有助于克服静态阻力矩使汽车迅速加速起步，但长期工作于小转速比范围将使机件与 ATF 过热。

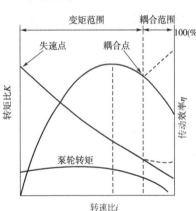

图 6-18　液力变矩器基本特性

（2）汽车起步后涡轮转速 n_T 逐渐增加则 i 相应增大，转矩比 K 下降而传动效率 η 增大，适合于汽车在高速行驶，强调经济性。

（3）当汽车行驶过程中阻力增大时将导致下降，则转矩比 K 增大从而使得输出转矩自动增大，有助于汽车克服阻力行驶，起到部分减速增矩作用。

上述特性使液力变矩器与汽车行驶要求相匹配，即液力变矩器使汽车获得的转矩随行驶阻力的增加而增加，随行驶阻力的减少而减少，可以在一定范围内实现减速增矩作用，具备很好的自适应性。

转矩比最大而转速比等于零的状态称之为"失速状态",相应的发动机转速称为"失速转速";而转矩比降低到1且涡轮与泵轮转速差为零的状态称之为"耦合状态",此时转矩放大效应等于零。

4. 液力变矩器特性化的改善

1) 导轮装设单向离合器

固定不动的导轮可以在小转速比时起到增矩作用,但当耦合点后转速比进一步增大时传动效率也会急剧下降,这是由于当涡轮转速增长到相当数值时转速比 i 接近于1,此时由涡轮回流的ATF将冲击导轮叶片的凸面,如导轮仍固定不动将使回流紊乱并在壳体内部产生涡流,阻碍ATF流回泵轮以及涡轮的旋转,使涡轮输出转矩下降,如图6-19b)所示。

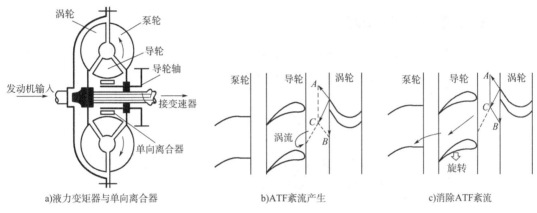

图 6-19 导轮单向离合器作用

将导轮通过单向离合器安装在变矩器外壳上即可为防止上述现象产生,如图6-19a)所示,单向离合器使导轮仅能朝一个方向旋转,当小转速比时ATF回流冲击导轮凹面时,导轮可固定不动而起到转矩放大作用。当车速增加到一定数值,涡轮转速增加使回流冲击导轮的凸面时,导轮将与泵轮和涡轮一起同步旋转,消除紊流现象使ATF顺利回流,此时变矩器增矩作用消失,$K=1, i \approx 1, \eta = K \approx 1$,仅起到液力耦合的作用,如图6-18c)所示,但涡轮转速加大时意味着汽车高速行驶,此时追求的不是大转矩而是经济性。

改善后的液力变矩器特性曲线如图6-18虚线所示。

2) 增设锁止离合器

针对汽车高速行驶时,ATF在液力变距内产生冲击与摩擦消耗能量,使传动效率下降的问题,在液力变矩器中加装由ECT控制的锁止离合器。采用机械方式将液力变矩器的泵轮与涡轮锁止成为一体,以实现100%传动效率。

当ECT根据车速与涡轮转速信息监测到耦合点后,发出指令使液压机构运行,推动一个通过花键在泵轮输出轴上滑动的活塞,将涡轮输出轴与变矩器壳体刚性连接,从而实现直接动力传递。锁止作用在监测到变矩器脱离耦合点后会自行解除,使其重新起到液力变矩的功能,采用锁止机构改善后的液力变矩器特性曲线如图6-20所示。

ECT解除液力变矩器锁止的条件为:特定的汽车行驶速度(一般为30~40km/h)和发动机冷却液温度(一般为60℃)。除经济性之外,采用变矩器锁止机构还有助于减缓ATF质量劣化的速率、增加其使用寿命。

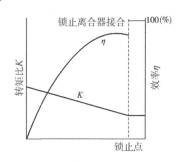

图 6-20 加装锁止装置的液力变矩器特性

四、锁止离合器的控制原理

由锁止电磁阀来控制锁止继动阀动作,连接或切断锁止继动阀的油路,以控制通往变矩器 ATF 的流向,使变矩器内锁止离合器结合或分离。

1. 锁止离合器分离

当 ETC ECU 没有发出锁止信号时,锁止电磁阀不通电,即不工作,速控油压为 0,锁止信号阀阀芯下移,切断锁止继动阀的油路,继动阀的阀芯也下移,工作油液从继动阀上腔顺时针流进变矩器,使锁止离合器摩擦片与前盖分离,锁止离合器不工作,处于分离状态,如图 6-21 所示。工作油液流出变矩器后进入冷却装置进行冷却。

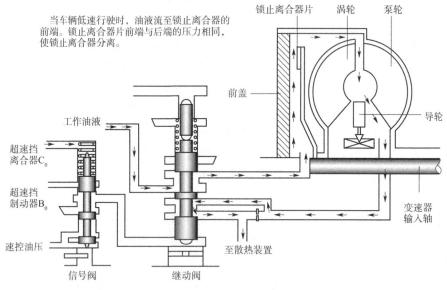

图 6-21 锁止离合器的分离控制原理

2. 锁止离合器接合

当 ETC ECU 发出锁止信号时,锁止电磁阀通电,产生吸力,打开速控油压,速控油压进入信号阀下腔,推动信号阀阀芯上移,接通锁止继动阀的油路,在油压的作用下,继动阀阀芯也上移,工作油液从继动阀逆时针流进变矩器,使锁止离合器摩擦片紧紧压在前盖上,锁止离合器处于接合状态,如图6-22所示。

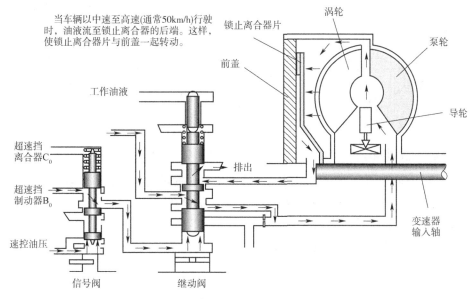

图6-22 锁止离合器的接合控制原理

第三节　齿轮变速机构

液力变矩器的减速增矩作用是有限的,仅仅依靠液力变矩器无法在多种条件下获得预期的驱动力,因此ECT系统在液力变矩器后方连接一个行星齿轮变速机构实现自动改变传动比。

自动变速器的齿轮变速机构一般有行星齿轮式和定轴齿轮式,由于行星齿轮式应用较广,本书仅介绍行星齿轮式变速器传动的结构原理。

一、行星齿轮系基本结构

相对于定轴轮系的普通变速器而言,行星齿轮变速器是一个所谓的"动轴轮系",其中的行星齿轮轴可以围绕主轴旋转。

1. 行星齿轮机构的组成

行星齿轮机构的主要元件为太阳轮、行星轮和齿圈,三者合成形成"行星排"的常啮合机构,如图6-23所示,若干行星排组成一个行星齿轮系。

2. 行星齿轮机构的运动特性方程

行星排中太阳轮、行星轮和齿圈的齿数各不相同。由于三者是常啮合的,因此,如将其中任何一个元件加以某种约束,另外两个元件即可组成一对传动副,视输入与输出元件的不同形成不同传动比的挡位,若三个元件中有两个受到约束则行星排成为一个刚性整体传动件;若三个元件均处于无约束自由旋转则形成空挡状态。一般自动变速器可以形成4～5个挡位以及倒挡,如图6-24所示。

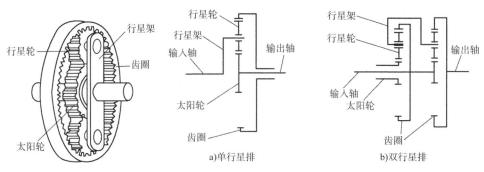

图 6-23 行星齿轮排基本结构　　　　图 6-24 行星齿轮机构简图

单排行星齿轮机构的一般运动规律,通常可用下面的运动特性方程来表示:

$$n_1 + \alpha n_2 - (1+\alpha)n_3 = 0 \tag{6-4}$$

式中:n_1、n_2、n_3——分别代表太阳轮、齿圈和行星架的转速;

α——齿圈与太阳轮的齿数比。

α 用公式表示:

$$\alpha = \frac{z_2}{z_1} = \frac{R_2}{R_1} \tag{6-5}$$

式中:z_1、z_2——太阳轮和齿圈的齿数;

R_1、R_2——太阳轮和齿圈的节圆半径。

该运动特性方程是典型的三元一次齐次方程,故单排行星齿轮系是一个二自由度的机构,3 个构件中,任意两者之间均无固定的转速联系,需增加约束,即用制动器约束某一构件或用离合器将两构件连接,才能获得确定的传动比。

3. 行星齿轮机构的组合方案

按汽车应用的连接和制动情况可有 6 种不同的组合方案,加上直接传动和空挡共有 8 种组合,见表 6-1。

单排行星齿轮的 8 种组合方案　　　　表 6-1

序号	太阳轮 z_1	行星齿轮架	齿圈 z_2	传动比 i	挡位说明
1	输入	输出	固定	$n_2=0; i_{13}=\dfrac{n_1}{n_3}=1+\alpha=\dfrac{z_1+z_2}{z_1}$	减速传动 前进 低挡
2	固定	输出	输入	$n_1=0; i_{23}=\dfrac{n_2}{n_3}=\dfrac{1+\alpha}{\alpha}=\dfrac{z_2+z_1}{z_2}$	减速传动 前进 高挡
3	固定	输入	输出	$n_1=0; i_{32}=\dfrac{n_3}{n_2}=\dfrac{\alpha}{1+\alpha}=\dfrac{z_2}{z_1+z_2}$	超速传动 前进 超速挡
4	输出	输入	固定	$n_2=0; i_{31}=\dfrac{n_3}{n_1}=\dfrac{1}{1+\alpha}=\dfrac{z_1}{z_1+z_2}$	超速传动 前进 不采用
5	输入	固定	输出	$n_3=0; i_{12}=\dfrac{n_1}{n_2}=-\alpha=\dfrac{z_2}{z_1}$	减速传动 倒退 倒挡
6	输出	固定	输入	$n_3=0; i_{21}=\dfrac{n_2}{n_{31}}=\dfrac{1}{\alpha}=-\dfrac{z_1}{z_2}$	超速传动 倒退 不采用

续上表

序号	太阳轮 z_1	行星齿轮架	齿圈 z_2	传动比 i	挡位说明
7	三元件任何两个构成一体 第三元件与前两个转速相等			$i=1$	直接挡传　前进　直接挡
8	所有元件都不受约束			自由转动	失去传动　滑行　空挡

由表 6-1 可以得出以下结论：

（1）行星架可看成是具有不明确齿数的齿轮，行星轮作为中间轮，对传动比没有任何影响。

（2）行星架为主动件时，行星齿轮系为超速状态；行星架为被动件时，行星齿轮系为减速状态，且输入、输出轴的运动方向一致；当行星架被约束时，行星齿轮系为倒挡，输入、输出轴的运动方向相反。

（3）行星齿轮机构通过换挡执行器对行星排中的某个元件施加制约或限制其转动方向便可改变其传动方向及传动路线，实现换挡过程。

常见换挡执行器类型有：多片离合器、制动器以及单向离合器。多片离合器与制动器的锁止与释放一般由液压系统控制。

行星齿轮变速机构主要有：辛普森式、拉威娜式、威尔森式等类型。本书主要介绍辛普森式行星齿轮机构。

二、辛普森式行星齿轮变速机构

辛普森式行星齿轮机构广泛应用于乘用车上。其优点为：齿轮种类少、加工量少、工艺性好、成本低；以齿圈输入、输出，强度高，传递功率无功率循环，效率高；组成的元件转速低，换挡平稳，虽然是三自由度的变速器，但实际换挡时仅需要更换一个执行机构。

如图 6-25 所示为由若干行星排以及换挡执行机构组成的辛普森式齿轮传动机构示意图，图中 C、B 与 F 分别表示离合器、制动器与单向离合器。

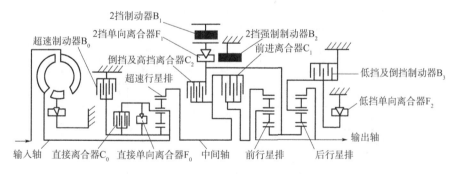

图 6-25　四挡辛普森工行星齿轮变速器结构简图

1. 四挡辛普森式行星齿轮系基本组成

四挡辛普森式行星齿轮系共有三个行星排：P_0、P_1 和 P_2。P_0 为超速行星排，后部前、后行星排 P_1、P_2 构成双排行星齿轮系，共用太阳轮。动力由液力变矩器经输入轴至超速行星排的行星架，其齿圈与中间轴结为一体，动力再由双排行星齿轮系的输出轴输出，此输出轴与 P_1

排的行星架和 P_2 排的齿圈结为一体。

换挡执行器主要由湿式多片离合器 C_0、C_1 和 C_2，湿式多片制动器 B_0、B_1 和 B_2，以及机械式单向离合器 F_0、F_1 和 F_2 组成。分析时须注意所有这些执行器的对行星齿轮系的约束和连接关系。例如：当 C_1 工作时，中间轴与 P_1 排的齿圈连接；C_2 工作时，中间轴与双排行星齿轮系的太阳轮连接；特别指出，当 C_0 与单向离合器 F_0 共同工作时，P_0 的行星架与太阳轮刚性连接，直接传递动力。此外，当单向离合器与制动器共同作用于某元件时，例如 B_1 与 F_1，制动器 B_1 控制单向离合器 F_1 的外圈，当制动器不工作时，单向离合器不起作用；制动器工作时，则对双排行星齿轮系的太阳轮形成单向约束，即不允许太阳轮逆时针旋转。

2. 辛普森式行星齿轮系变速传动原理

双排行星齿轮系是一个典型的三自由度的行星齿轮机构，双排行星齿轮的运动特性方程通常可表示为：

$$n_{11} + \alpha_1 n_{12} - (1 + \alpha_1) n_{13} = 0 \tag{6-6}$$

$$n_{21} + \alpha_2 n_{22} - (1 + \alpha_2) n_{23} = 0 \tag{6-7}$$

式中：n_{11}、n_{12}、n_{13}——分别代表太阳轮、齿圈和行星架的转速；

n_{21}、n_{22}、n_{23}——分别代表太阳轮、齿圈和行星架的转速。

结合辛普森式行星齿轮变速器的典型结构进行分析，因前、后排共太阳轮，故 $n_{11} = n_{21}$；其次，$n_{13} = n_{22} = n$，所以，其运动特性方程可简化为：

$$(1 + \alpha_1) n - \alpha_1 n_{12} = (1 + \alpha_2) n_{23} - \alpha_2 n \tag{6-8}$$

其原理参见图 6-24，各换挡执行机构的工作状态见表 6-2，由此可对四挡辛普森式行星齿轮变速器进行挡位分析。

四挡自动变速器挡位、换挡电磁阀及执行元件的关系　　　　表 6-2

操纵手柄位置	挡位	换挡电磁阀 No.1	换挡电磁阀 No.2	换挡执行元件									
				C_0	C_1	C_2	B_0	B_1	B_2	B_3	F_0	F_1	F_2
D	1	ON	OFF	○	○						○		○
	2	ON	ON	○	○			○			○	○	
	3	OFF	ON	○	○			●					
	4	OFF	OFF		○	○	○	●					
2	1	ON	OFF	○	○								○
	2	ON	ON	○	○			●	○		○	○	
	3	OFF	ON	○	○			●					
L	1	ON	OFF	○	○					○			○
	2	ON	ON	○	○			●		○			
R	倒车	—	—	○		○				○			
P	停车												
N	空挡	—	—	○									

注：○-元件工作；●-离合器接合或制动器制动，但不传递力。

第四节　液压操纵机构

液压操纵机构是将液压动力源产生压力油,通过液压阀体,送至换挡执行机构(离合器和制动器),实现自动换挡变速。主要由动力源、阀体、执行机构组成,如图6-26所示。

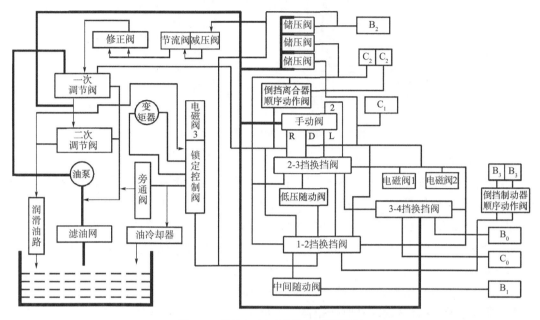

图6-26　某款自动变速器的液压操纵机构

一、动力源

液压操纵机构的动力源主要由油泵、油压调节装置、辅助装置等构成,作用是向自动变速器各部分提供具有一定油压、足够流量、合适温度的液压油。

1. 油泵

油泵的功用是使自动变速器液压油(ATF)产生一定的压力和流量,以提供给液力变矩器和液压控制系统,并保证行星齿轮机构各摩擦副的润滑需要。

自动变速器采用的油泵主要有内啮合齿轮泵、摆线转子泵和变量叶片泵三类,其中,内啮合齿轮泵应用较广,内啮合齿轮泵由泵轮驱动油泵小齿轮传动,内齿轮在小齿轮驱动下转动,月牙形隔板不运动。

2. 油压调节装置

油压调节装置一般由主调压阀、副调压阀、节流阀、安全阀等组成。其作用是:根据发动机的负荷自动调节油压,且保证油压在发动机转速变化范围内,不至于急速时,由于油压过低而引起离合器打滑;或高速时,由于油压过高而产生换挡冲击。保证各部分所需AFT的油压和流量均可调节。

主调压阀和副调压阀的结构原理如图6-27所示。

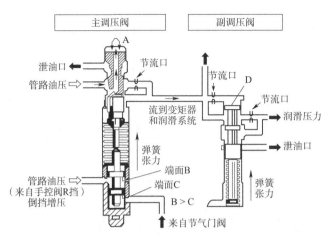

图 6-27 主调压阀和副调压阀的结构原理

1) 主调压阀

根据节气门开度和选挡操纵手柄的位置,主调压阀将燃油泵输入至管路的油压调节至规定数值。管路油压是操纵换挡离合器、制动器以及液压控制装置的动力源。如果主调压阀工作异常,就会导致管路油压不稳定,管路油压过高会导致换挡产生冲击现象和发动机功率损失,管路油压过低会导致离合器、制动器打滑磨损或烧蚀而缩短变速器的使用寿命。

2) 副调压阀

副调压阀调节供给液力变矩器和各摩擦副的润滑油压,并在发动机停止转动时关闭液力变矩器的油路,保证再次起动时变矩器具有足够的传动液传递动力。

二、阀体

阀体由上阀体和下阀体组成,阀体内部安装各种液压阀以控制各种油路。液压阀主要有手控阀、换挡阀、锁止信号阀、锁止继动阀等。

1. 手控阀

手控阀一般是通过连杆机构与驾驶室内的变速器选挡杆相连接,其作用是依据选挡杆位置不同,分别将管路压力导入"P""R""N""D""2"或"L"等油路(图 6-28)。当驾驶员操纵选挡手柄时,连杆机构便带动选挡阀的阀芯移动,从而接通不同的油路,与此同时,还要接通点火开关至换挡位置指示灯和 ECT ECU 之间的电路。

2. 换挡阀

4 挡自动变速器一般设有 3 只换挡阀用于换挡控制,分别用 1-2 换挡阀、2-3 换挡阀和 3-4 换挡阀表示,各种挡位之间的变换依靠 3 只换挡阀相互配合工作才能实现。1-2 挡换挡阀用于提供一挡及二挡之间的换挡;2-3 挡换挡阀用于提供二挡及三挡之间的换挡;3-4 挡换挡阀用于提供直接挡及超速挡之间的换挡。换挡阀的换挡动作主要取决于电磁阀的工作状态,并受限于手控阀的控制。

3. 锁止信号阀

液力变矩器的锁定与分离受锁止离合器控制,锁止离合器的接合与分离受锁止继动阀控制,锁止继动阀受锁止信号阀控制,锁止信号阀受锁止电磁阀控制,电磁阀又受控于 ECT ECU。

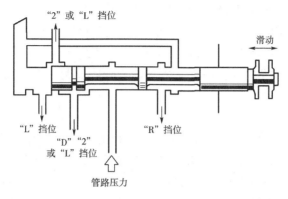

图 6-28 手控阀

4. 锁止继动阀

锁止继动阀是根据锁止信号阀的锁定信号,通过改变传送至液力变矩器传动液的流向,使液力变矩器内部的锁止离合器结合与分离。

三、换挡执行机构

行星齿轮变速系的换挡执行元件又分为换挡离合器、换挡制动器和单向离合器三种类型。其主要作用是:接收 ECT/ECU 的执行指令,在电/液驱动装置的作用下,对行星齿轮变速系的构件实施连接、固定及锁止等约束。

1. 换挡离合器

在液力自动变速器中,无例外地都采用多片湿式摩擦离合器,如图 6-29 所示。离合器具有多片从动片与主动片,不工作时二者之间有间隙,可以相互自由旋转而不干扰。主动片端部可在花键槽中轴向移动。

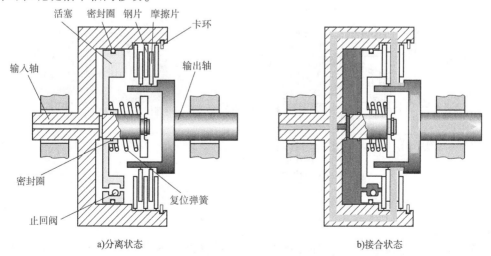

图 6-29 换挡离合器的控制原理

ECT 系统是通过 ECU 指令控制离合器的工作状态。当 ECU 发出指令打开相关油路时,液压油从主轴中的孔道流入活塞 3 前部的空腔中建立油压,推动活塞向图中右方移动,由于从动片径向移动受到限制,故主动片压紧从动片,利用二者之间的摩擦传递动力,其动力传动路线为:离合器毂花键→主动片→从动片→花键毂。当 ECU 控制指令使油道泄压后,因空腔内油压下降,主动片在复位弹簧作用下与从动片分离,传动解除。

此外,若离合器毂或花键毂其中有一个为固定元件,则另一个在离合器受力极限内将受到约束而保持固定。

2. 换挡制动器

制动器对轴类元件施加约束是通过制动带实现的。制动器有带式和片式两大类型,如图 6-30、图 6-31 所示。制动带是一条开口环形金属带,其两端一端固定,另一端与伺服装置连接其内缘与轴类元件表面之间摩擦系数较大。伺服装置实际上是一个液压缸,该液压缸的运动可以改变环形金属带的开口间隙,不工作时在复位弹簧作用下使制动带开口间隙处于最大状态不干扰轴的旋转。

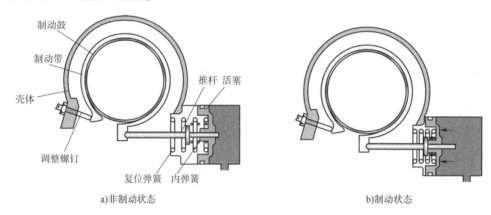

图 6-30 带式换挡制动器的控制原理

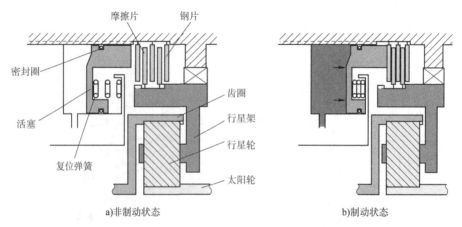

图 6-31 片式换挡制动器的控制原理

当 ECU 发出控制指令打开油道,液压油进入活塞外端的空腔并建立油压,推动活塞克服复位弹簧压力移动,使开口间隙减小直至闭合,此时,环形金属带对轴施加周向力使其停止旋转,起到约束其旋转的作用;当 ECU 发出指令泄压后空腔内油压下降,在复位弹簧的作用下伺服装置回到初始状态,解除对轴的约束。

制动器一般用于约束转矩较大的轴类元件,例如低速挡或倒挡制动器等。

3. 单向离合器

单向离合器与制动器的不同之处是利用单向锁止原理来发挥固定和锁止作用。其特点是:传递传矩容量大,空转时摩擦小,且无需控制机构,工作完全由与之相连的元件的方向控制,瞬间即可接合或分离,自动切断或接通变速的转矩,保证了平顺无冲击换挡,且简化了液压控制系统,常用的是滚柱斜槽式和楔块式,楔块式单向离合器如图 6-32 所示。

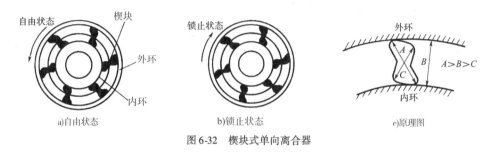

图 6-32 楔块式单向离合器

第五节 自动变速电子控制系统

自动变速电子控制系统由传感器、ECT ECU 和执行器组成,如图 6-33 所示。

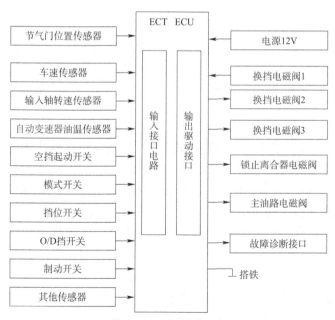

图 6-33 ECT 系统的组成

一、传感器

自动变速器的传感器主要有节气门位置传感器、车速传感器、输入轴转速传感器、自动变速器油温传感器、空挡起动开关、降挡开关、挡位开关等，各传感器的功用见表6-3。

自动变速器主要传感器及其功用　　　　　表6-3

传感器名称	功用
节气门位置传感器	用来测得节气门的开度，以作为ECT ECU控制自动变速器挡位变换的依据，从而使自动变速器的换挡规律在任何行驶条件下都能满足汽车的实际使用要求
车速传感器	安装在自动变速器输出轴附近，是一种电磁感应式转速传感器，用于检测自动变速器械输出轴的转速，ECT ECU根据车速传感器的信号计算出车速，作为其换挡控制的依据
输入轴转速传感器	安装在行星齿轮变速器的输入轴或与输入轴连接的离合器鼓附近的壳体上，用于检测输入轴转速，并将信号送入ECT ECU，使ECT ECU更精确地控制换挡过程，其结构原理与发动机转速传感器相似
自动变速器油温传感器	安装在自动变速器油底壳内的阀板上，用于检测自动变速器液压油的温度，以作为ECT ECU进行换挡控制、油压控制和锁止离合器械控制的依据，其结构原理与发动机冷却液温度传感器相似
空挡起动开关	用以判断选挡手柄的位置，防止发动机在驱动挡位起动
降挡开关	用来检测加速踏板是否超过节气门全开的位置，以使变速器自动下降一个挡位
制动灯开关	用以判断制动踏板是否踩下，如果踏下，则该开关便将信号输给电控单元，以解除锁止离合器的接合，防止突然制动时发动机熄火
O/D挡开关	用来控制自动变速器的超速挡
模式开关	用来选择自动变速器的控制模式，以满足不同的使用要求
挡位开关	用于检测操纵手柄的位置，ECT ECU根据被接触的触点，测得操纵手柄的位置，从而按照不同的程序控制自动变速器的工作

驾驶人的操纵指令经过手控阀、模式选择开关及节气门等传感器输入ECT ECU，ECT ECU可根据节气门位置传感器和转速传感器的信号，计算换挡点，确定换挡顺序、换挡时刻及换挡执行机构的接合与分离的时机，且发出指令使液压系统中的电磁阀动作，控制换挡阀的移动，控制行星齿轮变速器的动力传递路线，完成换挡过程。

二、ECT ECU

ECT ECU每隔一定时间接收一次输入信号，处理车速、节气门开度等信息，并从存储器中"读出"预置的该节气门开度下的最佳换挡点速度，与当时采样的车速比较后，判断是否换挡，如需换挡则通过接口发出换挡指令，再通过电磁阀实现升挡或降挡。

ECT ECU具体控制功能如下。

1. 换挡点控制

ECT ECU依照节气门开度（负荷）和车速二维参数确定汽车适时状况，达到换挡点时，按照特定的换挡规律控制换挡时机。在特定的节气门位置下,当适时参考车速与设定车速产生差异时,ECT ECU 按照预先设计的执行元件组合方式发出指令使相关换挡电阀通电工作,控制液压回路中的油压以驱动行星齿轮机构中的换挡执行元件工作,以变换行星齿轮的传动路线,实现自动换挡。

2. 液力变矩器锁止控制

同样,在 ECU 中预存了各种不同模式下的液力变矩器锁止程序,当车速与节气门开度信号数值达到某一预定点时,即可触发控制程序发出指令,使相关电磁阀工作,在液力变矩器锁止装置控制油路中建立油压,使锁止离合器工作,将液力变矩器转换为刚性直接传动以提高机械效率。

3. 超速行驶控制

换挡模式操作手柄位于"D"位时汽车才有可能实现超速行驶,同其他挡位控制原理基本相同。对于辛普森式行星齿轮机构而言,达到换挡点时,ECT ECU 接通控制行星排 P_0 的超速制动器 B_0,以及控制 P_2 的多片离合器 C_1 和 C_2 的控制油路,使齿轮系获得小于 1 的传动比。

4. 发动机转矩控制

为保证汽车的行驶平顺性以及操作稳定性,在换挡的同时 ECT ECU 将发出指令,通过某种措施(例如:延迟点火或者减少进气量等)适当地、临时地降低发动机转矩,目的在于减少变速过程中元件所承受的负荷,以及降低换挡时产生的冲击与振动。

5. 自诊断与失效保护控制

当系统某些元件发生故障时,将会触发 ECU 的自诊断程序,同时通过某种信号(例如超速信号指示灯的闪烁)显示故障码以指示故障发生的部位与种类。

若某些关键执行机构元件失效,例如辛普森式行星齿轮机构控制的 C_1 和 C_2 油路的电磁阀失效,ECU 将会继续转为控制仍能正常工作的执行机构,使汽车仍然能够以某一挡位行驶。在某些型号的汽车上设置手动-自动两种变速操作模式,除了实现安全保护之外,尚能进一步满足某些驾驶人愿意运用手动换挡进行操作的要求。另外,ECT 系统可以与智能化汽车集成控制系统相结合实现汽车的集成动态控制。

三、执行器

ETC 换挡执行器主要是换挡电磁阀、主油路电磁阀、锁止离合器电磁阀等,ECT 电磁阀主要有负载循环型和开关型两种类型。

1. 负载循环型电磁阀

负载循环型电磁阀的结构如图 6-34 所示,柱面侧为排油口,它用于油压控制时,在一个周期内自由控制接通/断开的比率从 0%~100% 变化,以打开和关闭排油口,调整管路油压;它用于锁定控制时,在一个周期内自由控制接通/断开的比率从 5%~95% 变化,以打开和关闭排油口,调节控制压力。

2. 开关型电磁阀

开关型电磁阀的结构如图 6-35 所示,如当电磁阀不通电时,阀芯下移,关闭泄油孔,打开进油孔,使控制管路油压上升,控制换挡阀动作。当电磁阀通电时,阀芯上移,打开泄油孔,关闭进油孔,使控制油路油压下降,控制换挡阀不动作。

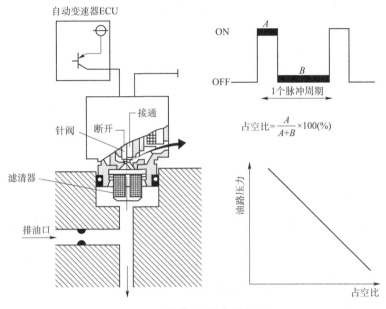

图 6-34 负载循环型电磁阀的结构

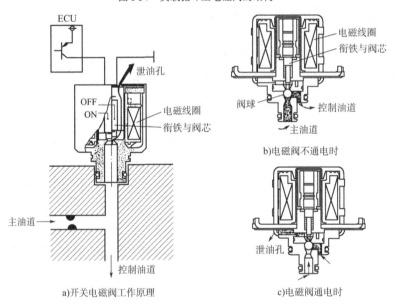

图 6-35 开关型电磁阀的结构

第六节 无级变速控制

无级变速器(Continuously Variable Transmission,CVT)是传动比在一定范围内连续变化的变速器。无级变速技术采用传动带和工作直径可变的主、从动轮相配合来传递动力,可以

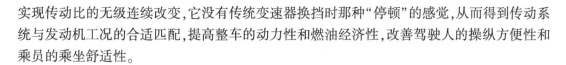

实现传动比的无级连续改变,它没有传统变速器换挡时那种"停顿"的感觉,从而得到传动系统与发动机工况的合适匹配,提高整车的动力性和燃油经济性,改善驾驶人的操纵方便性和乘员的乘坐舒适性。

一、CVT 的结构原理

1. CVT 的优点

无级变速器与传统的手动变速器和自动变速器相比,主要有以下优点。

1)提高燃油经济性

CVT 可以在相当宽的范围内实现无级变速,理论上会有许多个速比去适应路面变化,从而获得传动系统与发动机工况的合适匹配,提高整车的燃油经济性。

2)提高动力性能

汽车的后备功率决定了汽车的爬坡能力和加速能力,汽车的后备功率越大、动力性越好。由于 CVT 的无级变速特性,能够获得后备功率最大的传动比,所 CVT 的动力性能明显优于手动变速器和自动变速器。

3)减少排放量

CVT 的速比工作范围宽,能够使发动机以最佳工况工作,从而改善了燃烧过程,降低了废气的排放量。

4)节约成本

CVT 系统结构简单,零部件数目比自动变速器少,成本也相应有降低。

5)改善了驾驶舒适性能

安装无级变速器后,可以在保证发动机具有最佳动力性能的同时实现无级变速,使驾驶人能够真正感到舒适。

2. CVT 的结构

CVT 基本结构主要由主动轮与从动轮组成,如图 6-36 所示。主、从动轮均分成活动与固定两个部分,形成剖面为 V 形的锥形槽,一条金属钢带楔入锥型槽作为传动部件,由 ECU 通过一个液压油泵控制主、从动轮可移动部分(也称移动盘)的轴向移动,改变其节圆半径使传动比变化。

金属钢带是由若干片厚度为 1.5～2.2mm,宽度为 20～30mm 的薄钢片叠在一起,通过数百个金属卡环约束在一起形成的,如图 6-37 所示。

卡环的形状经过精心设计,其外轮廓形状与工作轮锥形槽吻合,叠加的钢片楔入其槽中形成一个整体式柔性金属带传动带,CVT 就是靠该金属带与工作轮锥形槽表面产生的摩擦力实现两工作轮之间的动力传递。

3. CVT 无级变速原理

当主动带轮的半径小,而从动带轮的半径大时,传动比大,传动装置按低速挡传动,如图 6-38a)所示;如果使主动带轮的半径增大,从动带轮的半径减小,则传动比也将随之减小,传动装置增速传动,最终达到高速挡,如图 6-38b)所示。由于两个带轮的直径可以连续变化,形成的传动比是连续无级变化的。一般无级变速器可提供的变速比是 4.69 至 0.44,这样的变速范围仍不能满足汽车对传动系统传动比变化范围的要求,另外,作为一个功能齐全的变速器还需要具有倒挡,因此仍需在无级传动装置后加装主减速器和差速器。

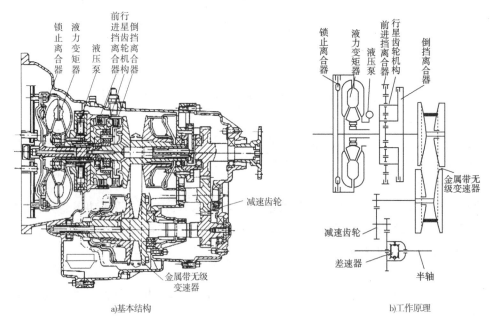

图 6-36　CVT 基本结构与工作原理

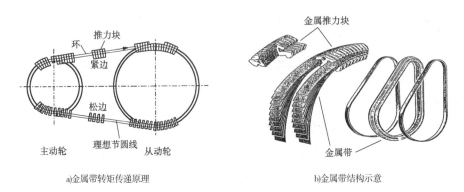

图 6-37　金属传动带结构与传动原理

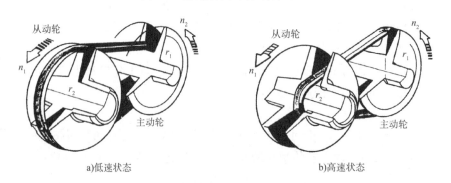

图 6-38　CVT 无级变速原理

二、CVT 变速控制原理

传动比控制流程为：传感器→CVT ECU→电磁阀→液压控制阀→滑动半轮位移→传动半径改变→传动比连续变化。

确定电控无级变速器 CVT 传动比（变速比或速比）的方法有两种：一种是由曲轴位置传感器提供的发动机转速信号（或主动带轮转速传感器信号）和反映发动机负荷大小的加速踏板位置信号（柴油机或汽油机）或节气门位置传感器信号（汽油机）、空调开关信号等决定；另一种是由主、被动轮转速信号和加速踏板位置信号决定。后者引入主、被动轮转速信号直接控制传动比，对主、被动轮的滑动半轮分别进行控制，其控制方法更加灵活，控制原理如图 6-39 所示。

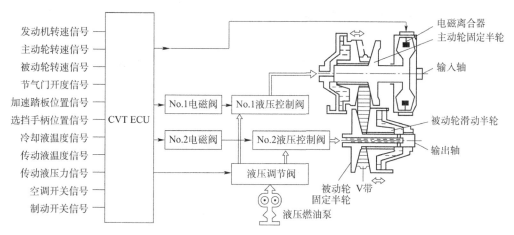

图 6-39　电控无级变速系统 CVT 的控制原理

在电控无级变速系统 CVT 中，传动比数据 MAP 由预先试验测定并存储在 CVT ECU 的 ROM 之中。发动机起动后，CVT ECU 首先根据变速杆位置（一般 CVT 只设有 P、R、N、D 四个位置）信号判定是否控制变速，当 CVT ECU 接收到变速杆 D 和 R 位置信号时，立即控制电磁离合器接合，然后根据各种传感器信号从传动比数据 MAP 中查寻确定传动比，再向电磁阀发出占空比控制指令，电磁阀控制液压控制阀动作，通过调节滑动半轮液压伺服油缸的压力，改变滑动半轮移动的位移量，使主动带轮和被动带轮的传动半径改变，从而将传动比控制在最佳数值。

复习思考题

6-1　自动变速器有何优点和缺点？

6-2　简述自动变速器的基本组成。

6-3　根据单排行星齿轮的运动学特性方程，推导其 8 种组合方案的传动比。

6-4　辛普森行星齿轮机构有何结构特点？

6-5　释放加速踏板后，自动变速器如何实现滑行功能？

6-6 下坡时,自动变速器如何实现发动机制动功能?
6-7 分析湿式多片离合器的工作原理。
6-8 分析湿式多片制动器的工作原理。
6-9 分析液力变矩器的变矩、耦合、锁止特性。
6-10 自动变速器阀体有哪些主要液压阀?各起何作用?
6-11 自动变速器的传感器一般有哪些?各起何作用?
6-12 试比较等延迟型与发散型两参数换挡规律的特点。
6-13 三参数换挡规律有何优点?
6-14 试述动力型换挡规律。
6-15 试述经济型换挡规律。
6-16 试分析三行星排四挡辛普森式自动变速器的换挡执行元件的工作规律。
6-17 简述CVT控制原理。

第七章 制动控制

本章主要介绍：汽车制动控制系统的控制模式、控制原理、基本组成、控制方式与控制过程分析；ABS控制系统结构与布局；ABS各个组成分系统功能、结构与控制过程分析；制动力分配控制原理；制动辅助控制的功能与控制原理；线控制动的组成与控制原理。

汽车制动控制系统是在汽车制动、转弯、上坡等过程中进行制动力控制，以使汽车制动稳定。主要有防抱死制动控制技术；制动力分配控制技术；制动辅助控制技术；线控制动技术等。

第一节 防抱死制动控制

一、汽车制动的基本概念

1. 车轮运动滑转率概念

车轮运动过程始终处于平动或滚动，以及平动与滚动相结合的状况。描述该状况的车轮运动参数为滑移率 s，其表达式为：

$$s = \frac{v_a - v_b}{v_a} \times 100\% = \frac{v_a - r \cdot \omega}{v_a} \times 100\% \tag{7-1}$$

式中：v_a——车速，m/s；

v_b——车轮与地面接触点线速度（轮速），m/s；

r——车轮滚动半径，m；

ω——车轮角速度，rad/s。

当 $v_b = v_a$ 时，$s = 0$，车轮在地面处于纯滚动状况；汽车制动当 $v_b = 0$ 时，$s = 100\%$，车轮处于纯滑动（俗称车轮抱死）状况。显然，s 值的大小确定了车轮运动时滚动成分的比例。

2. 制动过程力学简析

如图7-1所示，按照汽车行驶理论分析：车轮制动时地面制动力、附着力以及附着系数之间的关系为：

$$F_{xb} \leqslant F_\varphi = F_Z \varphi \tag{7-2}$$

式中：F_{xb}——地面制动力；

F_φ——附着力；

F_Z——地面对车轮的法向反力；

φ——地面与车轮之间的附着系数。

轮式汽车制动时汽车所获得的地面制动力的最大值为：

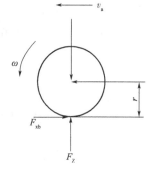

图7-1 制动时车轮力学分析

$$F_{xbmax} = F_Z \varphi \tag{7-3}$$

F_{xb} 正变于 φ 值,而 F_{xbmax} 则只能出现于附着系数 φ 的峰值状态。

3. 滑移率与地面制动力之间的关系

φ 值取决于车轮和地面状况以及二者之间的运动状况,包括路面质量、干湿程度以及车轮轮胎类型、气压、载荷、花纹、磨损状况和运动速度等因素。汽车在特定路面与车轮状况下制动时,当 φ 出现峰值时才可能获得由式(7-3)所确定的地面制动力最大值 F_{xbmax},汽车操纵稳定性则要求具备尽可能大的横向附着系数,以保证正常行驶以及操纵性能。

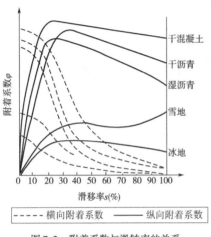

图 7-2 附着系数与滑转率的关系

如图 7-2 所示,假设车轮状况特定,则不论在何种路面上制动,当 $s=100\%$ 时,车轮横向与纵向附着系数并不处于峰值,从而不能获得地面制动力的最大值,而 $s=100\%$ 时横向附着系数等于零。

结论:欲获得较大的制动力,以及在制动过程中保持汽车的操纵性和稳定性,必须使附着系数 φ 值保持在特定的范围内。

4. 抱死制动的危害

传统制动系统中,制动器制动力正变于制动踏板力并基本呈线性增长。在遇到紧急情况下驾驶人猛踩制动踏板,制动器制动力急剧增长,瞬间使得车轮迅速抱死,$v_b=0$,$s=100\%$。此时必然产生如下危害:

(1)由于纵向附着系数没有处于峰值状况而无法获得最大地面制动力,从而影响制动效果。

(2)由于横向附着系数等于零(图 7-2),路面微小的干扰就可使得汽车丧失横向稳定性,往往直接导致安全事故发生。

(3)车轮抱死时产生的巨大摩擦力使车轮磨损强度急剧增大,严重时会使车轮爆裂,高速行驶时增加安全隐患。

(4)在不良路况行驶时,由于各个车轮与路面的接触状况不同(φ 值不同),此时如果制动系统产生相同的压力对各个车轮进行制动,将使每个车轮在相同时刻产生不同的地面制动力 F_{xbmax},直接导致方向控制艰难。

5. ABS 的功能

根据车轮运动状况和地面状况,采用动态控制模式适时、自动地调整制动系统工作压力,从而控制地面制动力,使车轮在制动过程中滑移率 s 始终保持在较为理想的特定范围内,维持整个制动过程中纵向附着系数于峰值附近、横向附着系数保持一定数值,以克服车轮抱死产生的上述弊病。

6. 对 ABS 的基本要求

(1)制动时车轮滑移率自动保持在特定范围以获得高制动效率和稳定性。

(2)各个车轮位于不同附着系数路面上制动时也可自动保持纵向稳定性。

(3)当系统出现故障时应自动切换为常规制动以提高可靠性与保险性。

(4) 在所有行驶速度范围内均能可靠工作。

二、ABS 的组成

ABS 是由轮速传感器、ABS ECU 和制动压力调节器等组成，如图 7-3 所示。

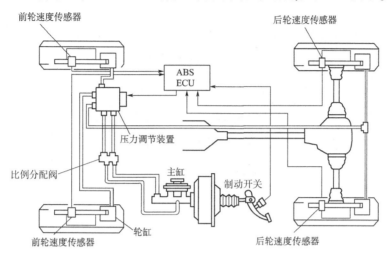

图 7-3 ABS 基本组成

1. ABS 传感器

ABS 传感器主要是轮速传感器，其功能是检测并适时向电子控制单元提供反映车轮运动轮速和角减速度等信号，经处理后使得 ECU 能够识别车轮运动状况，判定车轮的滑移率，实行 ABS 综合控制。在汽车采用总线控制技术实行综合控制时，ABS 传感系统获得的信息可以和其他系统，如发动机系统、变速器系统和驱动防滑系统等共享。

轮速传感器可安装在车轮、减速器或变速器上，其数量取决于系统布局和控制方式。轮速传感器主要有电磁感应式和霍尔效应式两种类型。

1) 电磁感应式轮速传感器

电磁感应式轮速传感器利用一个由小磁阻铁磁材料制成的，且与车轮同步旋转的细齿圈激发原始电磁信号，如图 7-4 所示。

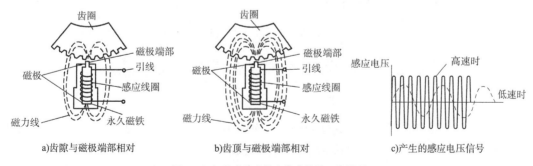

图 7-4 电磁感应式轮速传感器的工作原理

由线圈和磁铁组成的传感探头安装在细齿轮附近固定位置，与细齿圈顶端之间有 0.5~1.0mm 的间隙。当车轮旋转时细齿圈随之同步旋转，使得传感探头与细齿圈齿顶之间的间隙发生变化,导致传感线圈的磁场磁通发生变化,从而感生出频率和幅值与齿圈转速成正比(即与车轮转速成正比)的交变电压,经整形和 A/D 转换处理后以电子数字脉冲的形式输出至 ECU。

2)霍尔效应式轮速传感器

霍尔效应式轮速传感器具有监测范围大、信号稳定、不受轮速变化与电磁干扰影响,以及频率响应灵敏等优点,在汽车控制系统中运用普遍。霍尔效应式轮速传感器是利用霍尔效应感生正弦电压信号,经信号处理电路转换为脉冲信号(图7-5)。

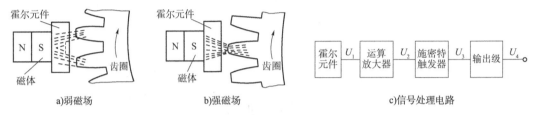

图 7-5　霍尔效应式轮速传感器的工作原理

2. ABS ECU

1)功用

ABS ECU,用以储存预编程序,接收轮速传感器信号并进行处理后,按照特定的控制逻辑与模式进行分析、计算,获得控制指令并向执行系统输出。

ABS 的控制需要一系列的计算参数,其中最主要的是轮速、车轮角加速度或角减速度、参考车速和滑移率等,轮速输入信号是这些参数计算的基础。ABS ECU 识别轮速输入信号,通过各自的算法程序依次计算出轮速、车轮角加速度或角减速度、参考车速和滑移率,并将车轮角加速度或角减速度和滑移率参数用于控制。平滑准确的车轮角加速度或角减速度和滑移率参数是进行控制的关键,简单的算法有时根本无法用于制动控制。如图 7-6 所示是轮速处理过程,轮速参数的取得是硬件电路部分和软件算法部分相配合的结果。

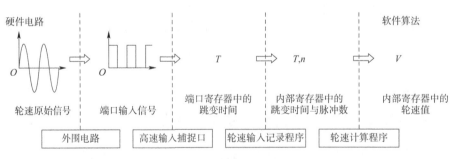

图 7-6　轮速信号的处理过程

对于不同的处理方式有两个共性问题:(1)轮速信号要转换成方波输入。(2)需要高速输入捕捉口,记录跳变时间。这分别决定了轮速处理硬件和软件的基本特征。

ABS ECU 设置有安全保护电路,其功能是:将由汽车电源系统提供的 12V 电压转换为 ECU 内部所需的 5V 电压,并对汽车电源系统电压,以及 ABS 工作状况进行检测与监控。在系统出现故障或汽车电源系统电压不稳定时发出指令切断相关电路,使 ABS 停止工作,转入常规制动,实现 ABS 实效保护。在实现上述功能的同时存储故障信息,点亮 ABS 故障警告灯提示及时排除故障。

2)组成

各种车型 ABS ECU 内部电路及控制程序各不相同,但其基本组成大致相同,如图 7-7 所示,主要由主控 CPU、辅控 CPU、稳压模块电路、电磁阀电源模块电路、电磁阀驱动模块电路、回液泵电动机驱动模块电路、信号处理模块电路和安全保护电路等组成。

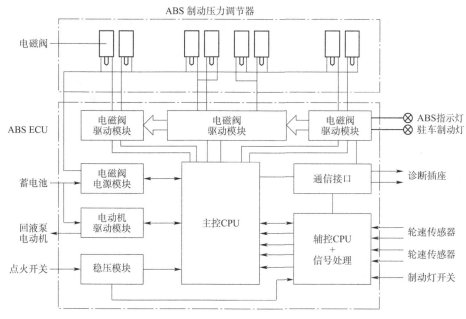

图 7-7　ABS ECU 电路组成

(1)信号处理电路。信号处理电路由低通滤波电路和整形放大电路等组成,其功用是对轮速传感器输入的交变电压信号进行处理,并传送给主控 CPU 和辅控 CPU。与此同时,信号处理电路还要接收点火开关、制动灯开关、液位开关等外部信号。

(2)运算电路。计算电路是 ABS ECU 的核心,主要由微处理器构成。其功用是根据轮速传感器和控制开关信号,按照预先编制的程序进行数学计算和逻辑判断,形成相应的控制指令。运算电路按照设定的程序,根据轮速传感器输入的轮速信号,运算出车轮瞬时速度,然后得出加(减)速度、初始速度、参考车速和滑转率,最后根据加、减速度和滑移率形成相应的控制指令,再向电磁阀控制电路输出制动压力"降低""保持""升高"的控制信号。运算电路不仅能够监测自己内部的工作过程,而且还能监测系统控制部件的工作状况,如轮速传感器、回液泵电动机工作电路、电磁阀工作电路等。当监测到电路工作不正常时,立即向安全保护电路输出指令,使 ABS 停止工作。

(3)驱动电路。驱动电路的主要功用是将 CPU 输出的数字信号(如控制压力升高、保持、降低信号)进行功率放大并驱动执行元件(电磁阀、电动机)工作,实现制动压力"升高""保持""降低"的调节功能。

(4)安全保护电路。安全保护电路由电源监控、故障记忆和 ABS 指示灯驱动电路等组成。其主要功用是接收蓄电池(或发电机)的电压信号,监控电源电压是否在稳定范围内,同时将12V电源电压变换为ECU工作需要的5V电压。

3. ABS执行器

1)功用

ABS执行器为制动压力调节器。ABS执行器的功能是在ECU控制指令驱动下自动调节制动系统压力,以获得预期的控制效能,使汽车稳定的、安全制动,直到停车。

2)组成

ABS制动压力调节器由电磁阀、储液器、电动机、回液泵等组成,如图7-8所示。

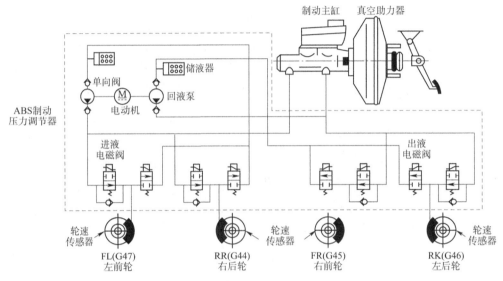

图7-8 ABS制动压力调节器

3)电磁阀

电磁阀是液压调节器的关键部件,通过电磁阀动作便可控制制动压力"升高""保持""降低",从而实现防抱死制动。

ABS的液压调节器具有8只两位两通电磁阀。在通向每个制动轮缸的管路中,都设有一个进液电磁阀和一个出液电磁阀,4只进液电磁阀为常开电磁阀,4只出液电磁阀为常闭电磁阀。

1)两位两通电磁阀的结构特点

两位两通常开电磁阀与常闭电磁阀的基本结构相同,如图7-9所示,其主要由电磁铁机构、球阀、复位弹簧、顶杆、限压阀和阀体等组成。在电磁线圈未通电时,常开电磁阀的球阀与阀座处于分离状态,常闭电磁阀的球阀与阀座处于接触状态。

在常开电磁阀中,设有一根顶杆,顶杆和限位杆与活动铁芯固定在一起,复位弹簧一端压在活动铁芯上,另一端压在与阀体相连的弹簧座上。限压阀的功用是限制电磁阀的最高压力,当制动液压力过高时,限压阀打开泄压,以免压力过高而损坏电磁阀。两位两通常闭电磁阀一般不设限压阀。

2)两位两通电磁阀的工作原理

两位两通常开与常闭电磁阀的工作原理相同,下面以常开电磁阀为例说明其工作过程。

第七章　制动控制

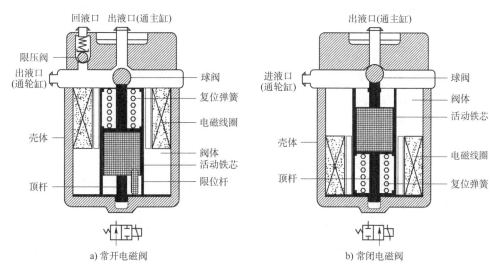

图 7-9　两位两通电磁阀的基本结构

当电磁线圈未通电时,在复位弹簧弹力的作用下,活动铁芯带动顶杆和限位杆下移复位,直到限位杆与缓冲垫圈相抵为止。顶杆下移时,球阀随之下移,使电磁阀阀门处于开启状态,制动液从进液口经球阀阀门、出液口流出。

当电磁线圈有电流流过时,活动铁芯产生电磁吸力,压缩复位弹簧并带动顶杆一起上移,顶杆将球阀压在阀座上,电磁阀阀门处于关闭状态,进液口与出液口之间的制动液通道关闭。

由上可见,该电磁阀是根据电磁线圈通电和断电,使球阀处于开启和关闭两个位置或两种状态,同时又有进液口与出液口两条通路,因此被称为两位两通(二位二通)电磁阀。如果球阀在电磁线圈未通电时,球阀处于关闭状态,那么就被称为常闭电磁阀。

三、ABS 控制模式

1. 逻辑门限控制模式

ABS 可以分为逻辑门限控制、滑动模块变结构、优化控制、模糊控制和基于制动器功率耗散等不同的控制模式。

控制模式是指将某种逻辑法则转换为计算机程序储存于 ECU 中,作为对传感数据进行处理的依据,形成并发出执行指令。不同控制模式各有优劣,实际运用往往取决于汽车的设计思想、控制原则、结构、技术支撑,基本运用范围以及技术的成熟与否等因素。本书仅介绍绝大多数汽车所普遍采用的逻辑门限控制方法。

1) 逻辑门限控制的定义

逻辑门限控制是指:设定一个汽车状况参数的临界逻辑门限值作为控制系统阈值,作为控制系统运行的"门限",当传感系统所监控的反映系统制动状况的某个参数超过阈值时,ECU 发出指令,根据相应的逻辑对工作参数进行调节,使系统回到"门限"所设定的特定状态。

2) 逻辑门限控制基本原理

ECU 识别与监测的汽车状况控制参数可以是车轮角减速度、车轮角加速度、滑移率。通常在 ECU 中设定车轮角减速度值 $+a$ 为基本控制阈值,当车轮角减速度超过该阈值时系统发生减压、保压与增压三种逻辑控制动作。从理论上分析,车轮角减速度始终在控制阈值设定的 $+a \sim -a$ "门限"之间变化,间接保证滑移率位于特定数值范围内。

汽车在行驶过程中各个车轮与地面的附着系数不尽相同,因此不能保证在任何情况下采用车轮角减速度作为阈值进行控制,就一定能使车轮与地面的 φ 值处于峰值状况,比如:在路面状况湿滑时进行制动,当车轮角减速度达到阈值时,可能附着系数并不处于峰值附近,而系统已经开始实施控制,其结果必然无法获得较为理想的附着状态。显见,仅仅采用车轮角减速度作为控制阈值,在路面状况变化较大时滑移率控制结果的分布范围也相应加大,因此,汽车 ABS 系统中往将车轮角减速度作为主控阈值,滑移率作为辅助控制阈值实施综合控制,直接识别滑移率,从而扩大系统的适应性与可靠性。

在实际运用中,车轮角减速度和车轮转速(轮速)等信号经传感器适时测取输入 ECU,再根据基本数据估算出车速,经处理得出瞬间滑移率值,然后根据预存阈值等数据按照预编程序进行处理得出控制指令,使执行系统按照特定的逻辑过程工作,该控制模式可以基本保证在常用速度与路面状况范围内获得较为理想的制动效果。

2. 轮速的计算方法

轮速计算在 ABS 控制中的作用至关重要,实时、准确的轮速计算是成功控制的必要条件和基础,轮速计算方法一般有频率法、周期法、多倍周期法和精度自适应法等。

1) 频率法

如图 7-10a)所示,设测量时间为 T_0,此时间段内的方波数为 N,轮速传感器的齿圈齿数为 z,车轮滚动半径为 r,于是:

$$T = \frac{T_0}{N} \tag{7-4}$$

$$K = \frac{2\pi r}{z} \tag{7-5}$$

轮速 v 为:

$$v = \frac{2\pi r}{zT} = \frac{2\pi rN}{z\,T_0} = K\frac{N}{T_0} \tag{7-6}$$

轮速的精度 δ 为:

$$\delta = \left|\frac{\Delta v}{v}\right| = \frac{dN}{N} = \frac{1}{N} \tag{7-7}$$

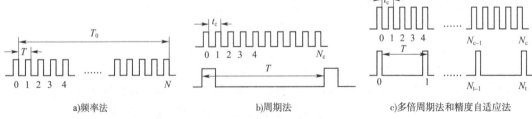

a) 频率法　　　　b) 周期法　　　　c) 多倍周期法和精度自适应法

图 7-10　轮速计算方法

频率法的计算误差 δ 主要来自计数误差,在选取的单位时间段 T_0 较长,或在此期间轮

速脉冲个数 N 足够大的情况下,频率法的误差相对较小,如果在这一时间段内只有很少几个轮速脉冲,±1 的计数误差会使精度大大降低。

频率法对高频信号计算精度较高,而低频信号计算误差较大。

2)周期法

如图 7-10b)所示,每一个方波的周期为 T,时钟脉冲为 t_c,周期 T 内的时钟脉冲数为 N_c,则轮速 v 及轮速精度 δ 为:

$$v = \frac{2\pi r}{zT} = \frac{K}{N_c t_c} \tag{7-8}$$

$$\delta = \left|\frac{\Delta v}{v}\right| = \frac{1}{N_c} \tag{7-9}$$

周期法的精度与 N 及系统的时钟精度有关,被测信号周期 T 越长,时标信号频率越高,则测量的精度越高,因此,周期法对低频信号计算精度较高,而对高频信号则误差较大。

3)多倍周期法和精度自适应法

轮速计算的多倍周期法和精度自适应法,都是将轮速周期进行倍乘,如图 7-10c)所示,周期 T、轮速 v 及轮速精度 δ 的计算公式为:

$$T = \frac{N_c t_c}{N_t} \tag{7-10}$$

$$v = \omega r = \frac{2\pi r N_t}{z N_c t_c} = K \frac{N_t}{N_c t_c} \tag{7-11}$$

$$\delta = \left|\frac{\Delta v}{v}\right| = \frac{1}{N_c} = \frac{v t_c}{K N_t} \tag{7-12}$$

周期数目 N_t 的选取可以根据计算精度来定,以适应高、低轮速的要求。采用这两种方法,可以有效提高轮速的计算精度,但由于扩展了轮速测量范围,在低速时轮速计算会出现较大的延时。

3. 车轮角减速度或角加速度的计算方法

1)直接微分法

车轮角减速度或角加速度的计算方法最直接和简单的方法是直接微分法,即 $\alpha = \Delta v / \Delta t$。尽管可以进行插值、平滑,但由于轮速的高频噪声不可避免,很小的轮速变化就可能引起剧烈的角减速度或角加速度抖动,形成许多"毛刺",所以容易造成误判断,因此这种方法应用较少。

2)斜率法

采用斜率法计算车轮角减速度或角加速度原理很简单(图 7-11),即计算某时刻前连续 N 点轮速曲线的斜率,将此斜率作为此时刻的车轮角减速度或角加速度。

假设每段曲线斜率的方程为 $y = ax + b$,每次取 N 个点进行计算,由最小二乘法基本原理,对拟合点 (x_1, y_1)、

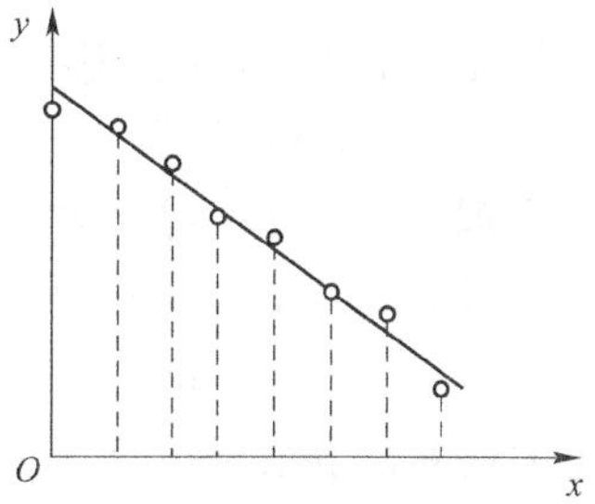

图 7-11 车轮角减速度或角加速度的斜率

(x_2,y_2)、…、(x_N,y_N)求斜率a,使$\sum_{i=1}^{N}(y_i-ax_i-b)^2$最小,由此可得:

$$a=\frac{\sum_{i=1}^{N}x_iy_i-\frac{1}{N}\sum_{i=1}^{N}x_i\sum_{i=1}^{N}y_i}{\sum_{i=1}^{N}x_i^2-\frac{1}{N}(\sum_{i=1}^{N}x_i)^2} \qquad (7\text{-}13)$$

采用斜率法计算车轮角减速度或角加速度的优点是:可以有效地减小由于轮速噪声造成的车轮角减速度或角加速度波动。由于算法简单,因此执行速度快,计算时间短,运用移位来代替乘法和除法,整个计算过程仅需$90\mu s$。

这种方法也有缺点,由于计算任一点的车轮角减速度或角加速度都要用到N个(例如8个)以前的轮速值,这样可能会造成计算结果滞后于实际值。

4. 参考车速的计算

根据式(7-1),确定滑移率必须首先确定参考车速v_a,以作为控制模型的基础参数。汽车ABS仅装备车轮转速传感器和加(减)速度传感器,无法直接测取车速。对于自动变速器系统而言,适时车速也是一个重要的传感信息,目前采用的方法是在大量实验数据处理的基础上,由ECU确定一个适时参考车速,其基本方法主要有最大轮速法、减速度法(固定斜率法)、耦合加速度传感器法、最大轮速斜率法等。

1) 最大轮速法

最大轮速法是指将车轮转速传感器适时测得的车轮转速的最大值作为的基准,通过计算获得车轮与地面接触点的线速度作为整车的参考车速。该方法简单适用,不必要进行路面识别,缺点是精度不太理想,特别是当汽车处于ABS制动力调节时,其动态误差较大,原因在于当系统进行高选或低选原则控制时,由此而确定的参考车速并不代表控制车轮的实际运动状况,再加上受到轮胎气压以及路面附着系数的差异等因素的影响,由该方法确定参考车速误差分布进一步加大,在低速时尤为明显,试验数据表明,在45km/h时误差可达5%,直接影响控制精度。

2) 减速度法(固定斜率法)

所谓减速度法是指通过道路与台架试验确定各种运动状况下可能获得的制动减速度a的分布,然后在控制过程中采集初始车轮线速度v_{a0}和时间参数t,根据式$v_0=v_{a0}-at$确定适时参考车速v_0。该方法精度取决于试验数据样本v_{a0}与a的测定精度与连续性。显见,通过对大量试验数据处理可以获得较为理想的v_{a0}与a数据精度,从而获得较为理想的v_0数据精度。其缺点主要是:需要进行路面附着状况识别,灵敏度较差;当汽车实际运动状况与模拟试验状况产生差异时直接影响v_0的误差分布,且受车轮气压、温度、花纹以及路面状况和车轮附着状况等客观因素影响较大。

3) 耦合加速度传感器法

利用附加的加速度传感器测量制动过程中汽车的减速度,计算参考车速时,用实测的减速度作为参考车速下降的斜率。这种方法可以避免由于斜率设定不当所造成的计算误差,不足的是需要增添硬件设备,并且由于车体的振动和俯仰等影响,减速度测量和计算会受到高频噪声的影响。加速度传感器的数据"毛刺"很多,需要进行滤波和平滑。

4) 最大轮速斜率法

在防抱死控制过程中,四个车轮同时出现抱死的概率较小,但总存在一个最大轮速 v_{max},采集各时刻的最大轮速并计算其变化斜率,用最大轮速的斜率 A_{vmax} 代替瞬时的车体减速度 a 来计算参考车速 v_0。

5) 综合法

综合法是指综合采用最大轮速和减速度法分别计算适时车速 v_0,取其中较大者作为最后确定的参考车速。该方法可以综合二者的优点,数据稳定性和精确度较二者单独运用时更好,可获得较为理想的误差分布,但仍然存在控制灵敏度与适应性等固有缺陷。

各种参考车速的计算方法均具有一定的不足,如适应性、精度与通用性均较差等问题。因此,参考车速的计算方法还不断发展之中。

四、ABS 控制原理

1. 高附着系数路面制动控制原理

高附着系数路面控制过程如图 7-12 所示。

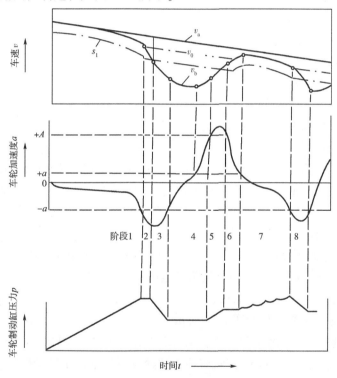

图 7-12 高附着系数路面的防抱死制动控制过程
v_a-实际车速;v_0-参考车速;v_b-车轮车速

1) 增压阶段(阶段 1)

在特定路面附着状况下制动开始时,车轮制动减速度达到设定阈值以前,ABS ECU 不发出任何控制指令,制动系统的初态为:随着制动踏板力的增大,汽车制动力和车轮制动减速度同时成比例增大,该阶段相当于常规制动。

2）保压阶段（阶段2）

制动力继续增大，车轮制动减速度越过设定阈值 $-a$ 并继续增大，车轮产生抱死趋势但仍工作于稳定附着范围，ECU发出控制指令，压力调节装置工作使系统压力不再增加而保持平衡，车轮制动减速度增大趋势减缓。设立压力保持阶段的目的是在消除抱死趋势的同时充分利用车轮附着力以获得尽可能理想的制动效应。

3）降压阶段（阶段3）

保压阶段末期车轮制动减速度仍继续向着小于 $-a$ 的方向变化，此时车轮抱死趋势渐强且工作于非稳定附着范围，ECU发出控制指令，压力调节装置使制动压力下降，车轮制动减速度朝着 $+a$ 方向增大，消除抱死现象使车轮恢复稳定附着状况。

4）保压阶段（阶段4）

降压阶段末期车轮制动减速度继续朝着 $+a$ 方向增大，当越过阈值 $+a$ 以后ECU发出控制指令使制动压力保持在该状态，即进入保压阶段，使车轮制动减速度持续朝着 $+a$ 方向增大直至达到某一设定值（A点）。实际上该阶段后一部分汽车是做加速运动，目的是使系统恢复至稳定工作范围，保持制动稳定制动效应。

5）增压阶段（阶段5）

当车轮制动减速度达到A点时ECU发出控制指令使系统增压，车轮制动减速度再次朝着 $-a$ 的方向变化。

6）保压阶段（阶段6）

当车轮制动减速度增大回到 $+a$ 点后ECU发出控制指令使压力保持恒定，该阶段车轮制动减速度仍然持续朝着 $-a$ 方向变化。

7）步进控制阶段（阶段7）

第六阶段末期车轮制动减速度朝着 $-a$ 的方向增大直至突破 $+a$ 点，车轮运动进入设定的稳定附着范围，此时ECU控制指令使制动压力以特定频率朝着 $-a$ 方向步进增大，直至车轮制动减速度再次越过阈值 $-a$ 开始又一轮循环，使车速逐步减小直至松开制动踏板或停车。该阶段亦称为"步进控制阶段"。

显见，ABS工作循环过程中汽车按照特定周期与规律交替进行加速与减速运动，车轮制动减速度基本分布于 $+a \sim -a$ 之间及其附近范围。

2．低附着系数路面制动控制原理

低附着系数路面控制过程如图7-13所示。

低附着路面制动特点：由于附着系数 φ 值下降，由式（7-3）所限定的 F_{xbmax} 值亦减小，车轮制动减速度曲线变化较为平缓，意味着不大的踏板力就足以使车轮抱死，而且系统调整周期相对较长、灵敏度下降。现代乘用车ABS利用保压阶段某时限内车轮制动减速度变化率，以及系统调整周期的时间变化来识别路况，并采取相应的控制措施。

如图7-13所示，制动开始后仍然经历增压、保压和降压三个逻辑控制动作。当第二阶段降压结束后，ECU将监测第三阶段即制动压力保持阶段车轮制动减速度的变化速率，并与编程序中的确定值进行比较。如果车轮制动减速度恢复缓慢则ECU判定车轮运动于低附着系数路面，进而发出指令将该阶段保持压力进一步降低，使汽车加速行驶直至车轮减速度

恢复到控制阈值 $+a$,该阶段保持压力降低使得下阶段步进增压起始压力相应较低。整个循环周期中系统处于高滑移率状况的时间较长,系统可以据此进一步判定车轮运行于低附着系数路面,从而在第二个周期开始就采用直接减压的方法进行控制,以达到保持汽车纵向稳定性和操纵性的目的,这一点在低附着系数路面制动时尤为重要。

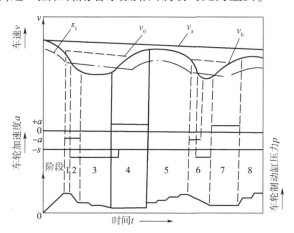

图 7-13 低附着系数路面的防抱死制动控制过程
v_a-实际车速;v_0-参考车速;v_b-车轮车速

显见,新型 ABS 控制循环的第一个控制周期可以起到识别与判断路面附着系数的功能,即所谓"路面识别周期"。利用该原理与方式还可以对变附着系数路面的制动过程实施动态控制,汽车 ABS 均具备此项功能。

3. 直线对开路面制动控制原理

图 7-14 是车轮突然由高附着路面进入低附着路面的控制过程。由于制动压力 p 仍然保持在与高附着路面相适应的较高水平,在减压阶段(图中的第 2 阶段),车轮的参考滑移率 S 不仅会超过滑移率门限 S_1,而且会超过门限 S_2,因此,当车轮角减速度从低于控制门限值 $-a$ 到高于门限值 $+a$ 时,应判断车轮的滑移率是否大于 S_2,若已大于 S_2,说明车轮已进入不稳定区域,此时应继续减小制动压力,直到车轮角加速度高于控制门限值 $+a$(图中的第 3 阶段),然后进入保压阶段(图中的第 4 阶段),保持制动压力直到车轮加速度又低于控制门限 $+a$ 时,进入慢升压,并按低附着路面的逻辑控制工作。

汽车在低附着路面上制动时,ABS 将控制制动压力,使其维持在一个较低的压力水平。增加一个较大的角加速度门限值 $+A$,若车轮突然进入高附着路面,由于地面力的作用迅速加速,使地面转动力矩比制动力矩大得多,车轮角加速度会超过设定的 $+A$ 门限值,此时,判断路面为高附着路面,并增加管路压力,转入高附着路面控制逻辑中的第 5 阶段,然后继续按高附着路面的控制逻辑工作。

4. 分离路面制动控制原理

分离路面(对开路面)仅是指汽车左、右侧车轮所在路面的附着系数不同,并不一定要求一侧是高附着路面、一侧是低附着路面,如,汽车的左侧车轮处于干沥青路面(峰值附着系数约为 1),右侧在薄水膜路面(峰值附着系数约为 0.85),也称为处在分离路面。由于两侧路面附着系数的差别,如果采用4轮独立控制,每个车轮能取得最大的地面制动力,从而得到最小的制动距离,但这会使汽车向高附着路面一侧偏转,所以在分离附着路面上偏转趋势比较明显。为了减小这种偏转趋势,一般采用低选法和修正的单轮调节法。

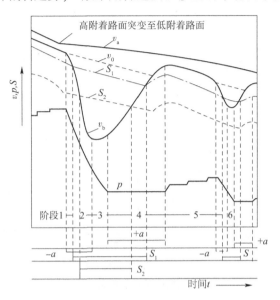

图 7-14　高附着路面突变至低附着路面的控制过程

v_a-实际车速;v_0-参考车速;v_b-车轮车速

1) 低选法

两侧车轮都使用路面附着系数低的一侧车轮的控制方法。

2) 修正的单轮调节法

限制两侧车轮之间的制动压力差,从而减小汽车偏转的趋势,这种方法实际是在低选法和各轮独立控制之间的一种折中。

第二节　制动力分配控制

一、制动力分配控制的目的

电子制动力分配(Electronic Brakeforce Distribution,EBD)系统可以根据汽车制动时前后轴的轴荷变化,自动调节前、后轴的制动力分配比例,提高制动效能(在一定程度上可以缩短制动距离)。EBD系统是在ABS的基础上发展而来的,不需要增加任何硬件配置,其功能通过改进ABS软件的控制逻辑即可实现。配置EBD的ABS能在很大程度上提高汽车制动时的安全性和稳定性。

二、制动力分配控制系统的组成

汽车电子控制制动力分配系统(EBD)由减速度传感器(制动减速度也可由轮速传感

器提供的轮速变化率求得)、电控单元(EBD ECU)和制动压力调节器组成,如图7-15所示。

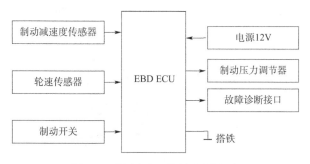

图7-15 制动力分配控制系统的组成

因为EBD是在ABS的基础上拓展开发的主动安全系统,其减速度传感器(或轮速传感器)、电控单元(EBD ECU)和制动压力调节器均可与ABS共用,所以在汽车已经装备ABS的基础上,无需增加任何硬件,只需增设制动力分配软件程序,就能实现制动力分配控制功能,所以又称电子控制制动力分配程序,相应的电控单元成为防抱死制动与制动力分配电控单元(ABS/EBD ECU)。

三、制动力分配控制原理

1. 直行制动力分配

汽车直行制动时,EBD系统会实时采集车轮转速、车轮阻力以及车轮载荷等信息,经计算得出不同车轮最合理的制动力并分配给每个车轮。

在汽车装备EBD的制动系统中,实际制动力兼顾制动稳定性和最短制动距离并优先考虑制动稳定性的原则进行分配,前、后车轮制动力的可调范围如图7-16中阴影范围所示。汽车不同制动减速度时的制动力数据经预先试验测得,并以制动力数据MAP形式存储在ROM之中。当汽车制动时,ABS/EBD ECU首先根据制动减速度信号,从ROM存储的制动力数据MAP中查寻得到前、后车轮制动力的分配数值,然后向ABS的制动压力调节器(电磁阀)发出"升压"或"保压"控制指令,从而实现前、后车轮制动力的最佳分配。

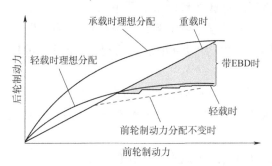

图7-16 直行制动时前、后轮制动力分配

2. 转弯制动力分配

转弯制动时,以汽车左转弯为例(图7-17),由于载荷转移,使得汽车右前轮上的垂直载

荷最大,而左前轮上的垂直载荷最小,因此,汽车的左后轮会最先出现抱死趋势。EBD 系统会在车轮上施加与垂直载荷和附着系数相应的制动力,保证汽车各个车轮制动力相对质心的偏转力矩始终小于地面提供的侧滑力矩,从而保证汽车制动时的方向稳定性。

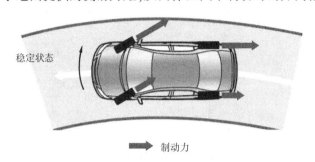

图 7-17 弯道制动时制动力的分配

当汽车在弯道制动时,整车轴荷外移,内侧车轮轴荷减小,外侧车轮轴荷增大,因此,内侧车轮附着力减小,外侧车轮需要增大制动力来充分利用其附着力,为此,增设一只转向盘转角传感器(也可与车身稳定性控制系统共用),用其检测转向盘的转向方向与转动角速度,ABS/EBD ECU 即可实现弯道制动时内、外侧车轮制动力的最佳分配。

3. EBD 与 ABS 协调控制

汽车的 EBD 和 ABS 等主动安全技术是一个控制功能相互融合、工作时机相互协调的有机整体。当 EBD 分配给车轮的制动力大于轮胎附着力时,车轮就会抱死滑移,此时防抱死制动系统 ABS 就会投入工作,通过调节(减小)车轮的制动力将滑移率控制在 10%～30%,从而提高制动性能。

四、制动力分配控制逻辑

EBD 是 ABS 附加的软件功能,无需添加任何硬件。汽车轻微制动,车轮无抱死倾向时 EBD 起作用,自动调整不同路况下前后轴的制动力分配比例,其控制逻辑如下:

(1) EBD 的升压及保压与 ABS 工作过程完全一样,但降压控制不同。当后轮有抱死倾向时,后轮的常开阀关闭,常闭阀打开,车轮压力降低。与 ABS 不同的是,此时液压泵不工作,降压所排出的制动液暂时存放在低压蓄能器中。

(2) 同传统的制动力分配方式(用比例阀)相比,EBD 功能保证了较高的车轮附着力以及合理的制动力分配,同时,EBD 并没有增加新的硬件,而是通过软件来实现制动力的合理分配,降低了成本。

(3) 使用 EBD 功能可免装比例阀及减载阀,在车轮部分制动时,EBD 功能将起作用,转弯时尤其如此,轮速传感器将按时发出 4 个车轮的转速信号,ECU 根据这些信号计算车轮的转速。

(4) 如果后轮滑移率大于某个设定值,则由液压控制单元调节后轮制动压力,使后轮制动压力降低,以保证后轮不会先于前轮抱死。

(5) 当 ABS 起作用时,EBD 系统即停止工作。

第三节　制动辅助控制

一、制动辅助控制的功用

制动辅助系统（Brake Assist System，BAS），也称为电子制动辅助（Electronic Brake Assist，EBA）系统。在汽车行驶过程中，制动辅助系统会全程监测制动踏板，一般正常制动时该系统不会介入，会让驾驶人自行决定制动时的力度大小。但当其监测到驾驶人忽然以极快的速度和力量踩下制动踏板时，便判定为需要紧急制动，于是就会对制动系统进行加压，使制动力在不到1s的时间内增至最大，缩短紧急制动情况下的制动距离，让汽车及驾乘者能够迅速脱离险境。根据测试数据结果表明，拥有 BAS 的汽车比未装有该系统的汽车可缩短45%的制动距离。

BAS 与 ABS 配合工作，可以大大提高制动效能，BAS 靠时基监控制动踏板的运动，一旦监测到踩制动踏板的速度陡增，而且驾驶人继续大力踩制动踏板，该系统就会释放出储存的液压以施加最大的制动力，显著缩短紧急制动情况下的制动距离，驾驶人一旦释放制动踏板，BAS 就转入待机模式。

二、制动辅助控制系统的组成

制动辅助控制系统由传感器（制动踏板行程传感器、制动压力传感器等）、ECU 和执行器（制动压力调节器）等构成。如图 7-18 所示。

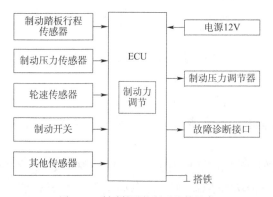

图 7-18　制动辅助控制系统的组成

制动踏板行程传感器用于检测驾驶员操作制动踏板的速度，制动压力传感器用于检测制动铸钢的制动液压力，ABS/EBA ECU 根据制动踏板速度和制动液压力信号，计算判断本次制动属于常规制动还是紧急制动，并向 ABS 液压调节器发出控制制动力大小的控制指令。

三、制动辅助控制原理

装备 EBA 后，ABS/EBA ECU 根据制动踏板行程传感器信号的变化率和制动压力传感器信号,计算驾驶员踩下制动踏板的速度和力量,并判定本次制动时常规制动还是紧急制动。

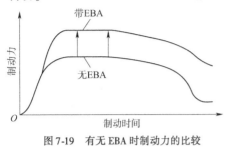

图7-19 有无EBA时制动力的比较

当判定为紧急制动时,及时驾驶员踩下制动踏板的力量不大,ABS/EBA ECU 也会自动控制制动压力调节器使车轮制动器产生较大的制动力,从而缩短制动距离,如图 7-19 所示。

当 EBA 调节的制动力大于轮胎附着力时,车轮会抱死滑移,此时 ABS 投入工作,通过减小制动力将滑移率控制在 10% ~ 30%。

第四节 线控制动

一、线控制动的特点与类型

汽车线控制动就是指在制动踏板与制动器之间没有任何刚性连接或液压连接,而是采用线束连接方式。

1. 特点

线控制动具有十分明显的优势:

(1) 由于制动执行器和制动踏板之间无液压和机械连接,大大减少了制动器的作用时间,进而有效地缩短了制动距离。

(2) 安装更简单、快速,无需制动液,有利于环保,也有助于提高系统的再利用性,同时也减轻了系统的质量。

(3) 无常规制动系统的真空增压器,减少了所需的空间,机罩下的布局更加灵活。

(4) 制动踏板可调,舒适性和安全性更好。

(5) 在 ABS 模式下踏板无回弹震动,几乎无噪声。

(6) 具有精确地制动力调节能力,是电动汽车摩擦与回馈耦合制动系统的理想选择。

(7) 便于扩展和增加其他电控制功能。基于线控制动系统,不仅可以实现更高品质的 ABS/ESC/EPB 等高级安全功能控制,而且可以满足先进汽车智能系统对自适应巡航、自动紧急制动、自动泊车、自动驾驶等的要求。

(8) 使汽车制动控制的鲁棒性得到了增强,系统中汽车每个轮子上都会配备独立的制动控制器,因此能够通过更好的算法来完成制动力控制,从而保证制动控制系统能够应对较为复杂工况条件。

(9) 可以使用具有容错功能的车用网络通信协议。

2. 类型

线控制动系统可分为电子液压线控制动(Electro-Hydraulic Brake System,EHB)系统和电子机械线控制动(Electronic Mechanical Brake System,EMB)系统两类。

EHB 从结构上可分整体式和分体式 EHB。整体式是指总泵踏板单元、主动增压模块、压力调节模块集成在一个部件内；分体式是指总泵踏板单元和主动增压模块集成在一个模块中，分泵压力调节作为另一个单独模块。

EHB 可以分为无自增力制动器 EMB、自增力制动器 EMB 两大类。

二、线控制动系统的组成

电子机械线控制动（EMB）系统为例，分析线控制动系统的组成。

电子机械线控制动系统（EMB）主要由踏板模块（传感器）、控制单元（ECU）、驱动执行模块（电子机械制动器）等组成，系统有 4 套独立的制动系统，分别位于四个轮毂的轮缸处，并且配有独立的控制器，以便实现四轮制动力的独立调节。EMB 系统中，所有液压装置（包括主缸、液压管路、助力装置等）均被电子机械系统替代，液压盘和鼓式制动器的调节器也被电机驱动装置取代。电子机械线控制动系统（EMB）的组成如图 7-20 所示。

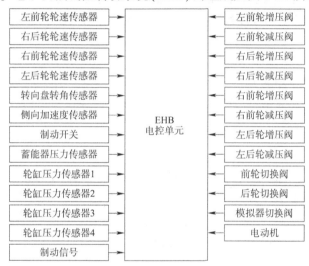

图 7-20　电子机械线控制动系统（EMB）的组成

1. 传感器

EMB 的传感器主要有轮速传感器、转向盘转角传感器、横摆角速度传感器、侧向加速度传感器、轮缸压力传感器等，是计算出车轮参考速度、参考滑转率、车轮加减速度等参数的基本依据。

2. 控制单元（ECU）

控制单元（ECU）的主要功能如下：

（1）通过制动器踏板传感器信号以及车速等汽车状态信号，驱动和控制执行机构的电机来产生所需的制动力，控制制动器制动。

（2）接受驻车制动信号，控制驻车制动。

（3）接受车轮传感器信号，识别车轮是否抱死、打滑等，控制车轮制动力，实现防抱死和驱动防滑功能。

3. 电子机械制动器

EMB 系统的关键部件之一是轮边执行机构系统，即电子机械制动器（简称电制动器）。

集成了转角传感器、扭矩传感器,结构上又有将电机转动转化为直线运动的机械结构,它通过 ECU 改变输出电流的大小和方向实现执行电机的力矩和运动方向的改变,通过减速增矩,将电机轴的旋转变换为制动钳块的开合,通过相应的机构或控制算法补偿由于摩擦片的磨损造成的制动间隙变化,同时,电机和驱动机构等都装在制动器上,其结构设计必须十分紧凑,以满足空间要求。

三、线控制动系统的控制过程

当驾驶人踩踏板时,通过踏板力模拟机构将信号传送到中心控制模块,中心控制模块根据车速、轮速等多种传感器来获得整个车的运行状态,综合处理后发出各种制动信号给 4 个车轮制动控制单元,控制单元得到信号后将控制 4 个电机分别对 4 个车轮独立进行制动控制,然后通过各个传感器将每个制动器的实际制动力矩等信息反馈给中心控制模块,以保证最佳制动效果。中心控制模块控制制动时间和电控制动器的制动力,因此安装了 EMB 系统后,只需要把 ABS 等功能的程序编入中心控制模块,就可以集中实现各种制动安全控制的功能。

同时由图 7-21 可以看出,EMB 系统分为前轴和后轴两套制动回路 A 和回路 B,每套回路都有自己的控制模块和动力源,每个回路都有蓄电池。两个中心控制模块相对独立工作,同时双向的信号线互相通信,当其中一套制动线路失灵或出现故障时,另一套线路可以照常工作,保证制动的安全性。

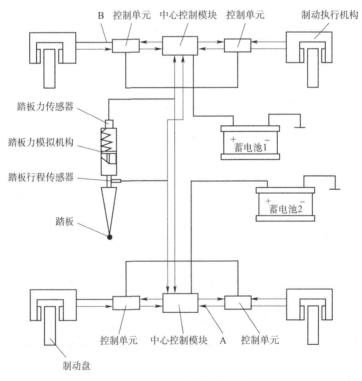

图 7-21　EMB 系统的控制简图

复习思考题

7-1　名词解释:滑移率、纵向附着系数、横向附着系数。

7-2　无ABS汽车为何紧急制动会出现掉头甩尾现象?

7-3　参考车速的计算方法有哪些?计算斜率法计算参考车速的原理。

7-4　试分析车轮角减速度为控制参数的ABS控制过程。

7-5　试分析以车轮角加速度、车轮角减速度和滑移率为控制参数,采用高附着系数路面的控制过程。

7-6　试分析以车轮角加速度、车轮角减速度和滑移率为控制参数,采用低附着系数路面的控制过程。

7-7　ABS中是如何识别路面的?

7-8　简述制动力分配控制原理。

7-9　简述制动力辅助控制原理。

7-10　线控制动有何优点和缺点?

第八章 转向控制

本章主要介绍：动力转向、四轮转向、线控转向和差动转向的基本组成、控制原理、主要部件、控制方法以及相关特性分析。

汽车转向系统是指用于改变或保持汽车行驶方向的一套专设机构。其作用是，使汽车按照驾驶员的操纵意图，适时地改变行驶方向和路线，并在汽车受到路面传来的偶然冲击或意外偏离行驶方向时，能与行驶系统配合而保持汽车稳定行驶。按转向结构原理不同，转向控制主要包括动力转向控制、四轮转向控制、线控转向控制和差动转向控制。

第一节 动力转向控制

一、动力转向控制的功用与类型

汽车转向技术的发展大致经历了机械转向、机械液压助力转向和电子控制助力转向三个阶段。汽车助力转向通常称为动力转向。汽车电子控制助力转向系统又称为电控动力转向系统(Electronic Power Steering, EPS)。

1. 动力转向控制的功用

电控动力转向系统的功用：当汽车低速行驶时，减少驾驶员与转向盘上的转向力；当汽车高速行驶时，通过转向盘向驾驶员反馈适度的路面作用力。为了实现这些功能，电控动力转向系统必须满足以下要求：

(1) 提供可变的转向助力(车速快时转向重，俗称有"路感"，车速慢时转向轻)。

(2) 在转向结束时，转向盘能平顺地自动回正，使车轮回到直线行驶的位置上。

(3) 当电控动力转向系统发生故障时，转向系统仍能依靠人力进行转向。

(4) 在保证转向性能的前提下，尽可能降低转向的动力消耗。

2. 动力转向控制系统的类型

电子控制动力转向系统(EPS)根据动力源不同可分为：电动式 EPS 和液力式 EPS 两种。

1) 液压式电控助力转向系统

液压式 EPS 是在传统的液压助力转向系统的基础上增设了控制液体流量的电磁阀、车速传感器和 ECU 等，ECU 根据检测到的车速信号控制电磁阀，使转向动力放大倍率实现连续可调，从而满足高、低速时的转向助力要求。

2) 电动式电控助力转向系统

电动式 EPS 利用直流电动机作为动力源，ECU 根据转向参数和车速等信号，控制电动机转矩大小和转动方向，电动机的转矩由电磁离合器通过减速机构减速增矩后，加在汽车的转向机构上,使之得到一个与工况相适应的转向作用力。

二、液力式 EPS 的结构与工作原理

根据控制方式不同,液力式 EPS 可分为流量控制式、反力控制式、车速感应式、阀灵敏度控制式等多种类型。

1. 流量控制式 EPS 的结构与工作原理

流量控制式 EPS(图 8-1)是在高压管路和低压管路之间加上一个电磁阀,EPS ECU 根据车速和转向角度信号来控制电磁阀的开启程度,即控制节流孔的开度,从而控制转向动力缸活塞两侧油室的旁路液压油流量,以改变转向盘上的转向力。

车速越高,流过电磁阀电磁线圈的平均电流值越大,电磁阀针阀的开启程度越大,旁路油压流量越大,而液压阻力作用越小,使转动转向盘的力也随之增加。这就是流量控制式动力转向系统的工作原理。

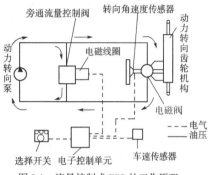

图 8-1 流量控制式 EPS 的工作原理

2. 反力控制式 EPS 的结构与工作原理

反力控制式 EPS(图 8-2)是在传统的整体转阀式助力转向控制阀的基础上增设了油压反力室而构成的。扭力杆的上端与转阀阀杆用销子刚性地连接在一起,下端与控制阀阀体用销子相连,小齿轮轴的上端通过销子与控制阀阀体相连。转向时,转向盘上的转向力通过扭力杆传递给小齿轮轴,当转向力增大,扭力杆发生扭转变形时,控制阀阀体和转阀阀杆之间将发生相对转动,以改变阀体与阀杆之间油道的通、断和工作油液的流动方向,从而实现转向助力作用,转向力越大,扭力杆的变形转角就越大,转阀中工作油液通道的截口面积就越大,助力作用就越大。

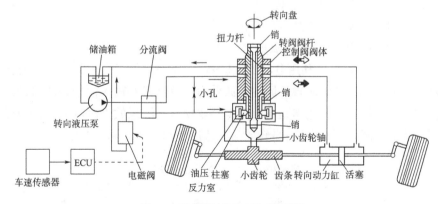

图 8-2 反力控制式 EPS 的工作原理

当汽车停驶或速度较低时,ECU 使电磁线圈的通电电流增大,电磁阀开口面积增大。经分流阀分流的液压油,通过电磁阀回流到储油箱中,使作用在柱塞上的背压(油压反力室压力)降低,从而柱塞推动控制阀转阀阀杆的力(反力)较小,因此只需要较小的转向力就可使扭力杆扭转变形,使阀体与阀杆产生相对转动而实现转向助力作用。

当汽车在中、高速转向时,ECU 使电磁阀圈通过的电流减小,电磁阀开口面积就减小,所以油压反力室油压升高,作用于柱塞的背压提高,于是柱塞推动转阀阀杆的力增大,此时要使阀体与阀杆之间做同样的相对转角需要的转向力就要增加,所以在中、高速时,转向力会随速度的增加而增加,从而使驾驶员获得良好的转向手感和转向特性。

3. 电磁式 EPS 的结构与工作原理

电磁式 EPS(图 8-3)是在传统的整体转向阀上增加了一套电磁系统,构成了电磁转向阀。

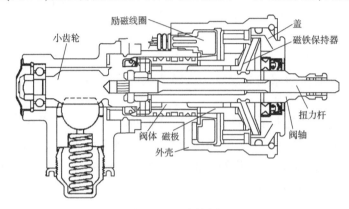

图 8-3 电磁式转向阀

电磁系统有一个环形永久磁铁与阀轴相固结,一个双环形电磁铁与阀体相固结,励磁线圈固定安装在阀壳里。当给励磁线圈供给电流时,在环形永久磁铁与双环形电磁铁之间便产生电磁转矩,也作用在阀轴与阀体之间。也就是说转动转向盘时,不仅要克服扭力杆的弹性恢复力矩,而且要克服电磁转矩,电流方向改变时,这个电磁转矩的作用方向也发生改变。

ECU 供给线圈的电流范围为 -3~+3A。当电流为"-"时(对应于低速行驶),电磁转矩的作用方向与驾驶员扭转扭力杆的转矩方向相同,帮助驾驶员获得液压助力转向,转向力小;相反,当电流为"+"时(对应于高速行驶),电磁转矩的作用方向与驾驶员扭转扭力杆的转矩方向相反,阻止驾驶员获得液压助力转向,转向力大。

4. 电动泵式 EPS 的结构与工作原理

电动泵式 EPS(图 8-4)是利用电动机直接驱动液压油泵,直接控制电动机的转速,来对转向油泵的供油量调节,从而实现不同的转向助力。控制器的输入信号是转向盘角速度、汽车行驶速度和发动机转速,其输出是由驱动电路驱动转向油泵的直流电动机,控制的基本策略是:当车速提高时降低驱动电压;当转向盘角速度增加时提高驱动电压。

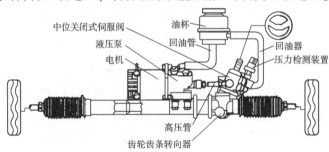

图 8-4 电动泵式 EPS 的控制系统流程图

三、电动式 EPS 的结构与工作原理

1. 电动式 EPS 的特点

电动式 EPS 与液力式 EPS 相比,具有如下特点。

1)助力性能优

能在各种行驶工况下提供最佳助力,减小由路面不平所引起的对转向系统的扰动,改善汽车的转向特性,减轻汽车低速行驶时的转向操纵力,提高汽车高速行驶时的转向稳定性,进而提高汽车的主动安全性,并且可通过设置不同的转向手力特性来满足不同使用对象的需要。

2)效率高

电动式 EPS 为机械与电动机直接连接,效率高,有的可高达 90% 以上。

3)耗能少

汽车在实际行驶过程中,处于转向的时间约占行驶时间的 5%。对于液力式 EPS,发动机运转时,油泵始终处于工作状态,油液一直在管路中循环,从而使汽车燃油消耗率增加 4%~6%;而电动式 EPS 仅在需要时供能,使汽车的燃油消耗率仅增加 0.5% 左右。

4)"路感"好

由于电动式 EPS 内部采用刚性连接,系统的滞后特性可以通过软件加以控制,且可以根据驾驶员的操作习惯进行调整。

5)回正性好

电动力式 EPS 结构简单,内部阻力小,回正性好,从而可得到最佳的转向回正特性,改善汽车操纵稳定性。

6)可以独立于发动机工作

电动式 EPS 以电池为能源,以电动机为动力元件,只要电池电量充足,不论发动机处于何种工作状态,都可以产生助力作用。

7)应用范围广

电动式 EPS 可用于各种汽车,不仅适于内燃机汽车,更适于电动汽车。电动汽车没有发动机,电动式 EPS 为最佳选择。

8)装配性好且易于布置

因为电动式 EPS 系统零部件数目少,主要部件均可以组合一起,所以整体外形尺寸小,这为整车布置带来方便,且易于在装配线上安装。

2. 电动式 EPS 的类型

根据电动机不同的安装位置,电动式 EPS 可分为转向轴助力式、小齿轮助力式和齿条助力式三种。

转向轴助力式 EPS,如图 8-5a)所示是将电动机安装在方向管柱上,通过减速机械与转向轴相连。其特点是结构紧凑,所测取的转矩信号与转向盘转矩在同一直线,因此控制直流电机助力的响应性较好,但对电动机的噪声和振动要求较高,这种类型一般在微型轿车上使用。

小齿轮助力式 EPS,如图 8-5b)所示的转矩传感器、电动机、离合器和转向助力机构仍为一体,只是整体安装在转向小齿轮处,直接给小齿轮助力,可获得较大的转向力。该形式可使各部件布置更方便,但当转向盘与转向器之间装有万向传动装置时,转矩信号的取得与助力车轮部分不在同一直线上,其助力控制特性难以保证准确。

齿条助力式 EPS,如图 8-5c)所示的转矩传感器单独安装在小齿轮处,电动机与转向助力机构一起安装在小齿轮另一端的齿条处,用于给齿条助力。齿条助力式 EPS 又根据减速传动机构的不同可分两种,一种是电动机做成中空的,齿条从中穿过,电动机的动力经一对斜齿轮和螺杆螺母两级传动副以及与螺母制成一体的铰接块传给齿条。这种结构是第一代电动助力转向系统,由于电动机位于齿条壳体内,结构复杂,价格高,维修也很困难。也有的将电动机轴与齿条平行放置,称为轴旁式,由于易于制造和维修,成本低,在一般汽车上已取代了第一代产品。同时齿条由电动机带动一对齿轮副和球螺母驱动,所以轴旁式可以给系统较大的助力,主要用于转向轴荷较大的汽车。另一种是电动机与齿条的壳体相互独立,电动机动力经另一小齿轮传给齿条,又称为双小齿轮式。

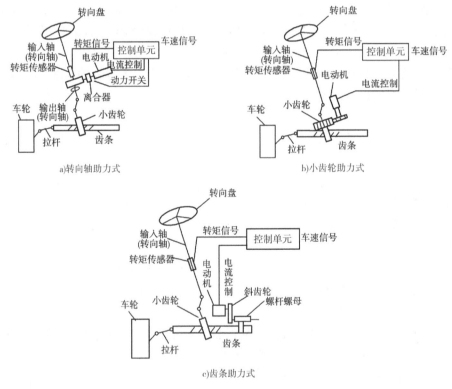

图 8-5　电动式 EPS 的类型

3. 电动式 EPS 的组成

电动 EPS 主要由传感器、控制单元和执行器组成,如图 8-6 所示,各零件分布位置如图 8-7 所示。

传感器主要有转向盘转角传感器、转向盘转矩传感器、车速传感器、电流传感器,执行器主要有转向助力电动机和电磁离合器,各零件的功能见表 8-1。

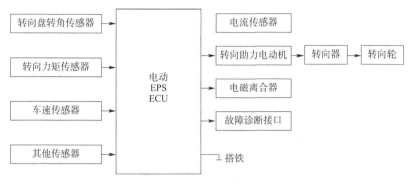

图 8-6 电动 EPS 的组成

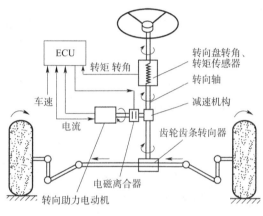

图 8-7 电动 EPS 的零件分布

电动式 EPS 各零件的功能　　　　　　　　　　　　　　　表 8-1

名称	功用
转向盘转矩传感器	判定驾驶员施加于转向盘的力矩,是确定调节助力的主信号之一
转向盘转角传感器	判定转向盘转角大小和转动方向
车速传感器	判定汽车前进速度大小,是确定调节助力的主信号之一
电流传感器	用于检测转向助力电动机的电流,实现转向助力的闭环控制
EPS ECU	由接口电路、微控制器、输出接口、驱动电路构成,用于计算助力转矩大小,并驱动执行器
转向助力电动机	通过控制转向助力电动机的电流,对转向盘施加助力转矩
电磁离合器	用于分离转向助力电动机;在失效时,停止助力转矩控制,以确保转向系统安全

4. 电动式 EPS 的主要部件结构

1) 转向盘转矩传感器

汽车上的转向盘转矩传感器主要用于检测出驾驶员施加给转向盘(转动轴)上的有效扭力,以便传送给电控系统,并提供一定的附加转动力矩给转向盘的转动轴,从而使驾驶员操作轻松自如。

转向盘转矩传感器主要有磁性式、光电式等类型。

(1) 磁性式转向盘转矩传感器。磁性式转向盘转矩传感器主要是利用电磁铁的磁致伸缩特性,当材料承受负荷导致机械应力时,其磁导率会发生变化。传感器利用这个原理测量跟随变化的磁导率,即可测得转矩。

磁性转向盘转矩传感器的结构如图8-8a)所示。磁性转向盘转矩传感器的基本工作原理如图8-8b)所示。用磁性材料制成定子和转子,定子和转子形成了闭合的磁路,线圈分别绕在A、B、C、D极靴上,结成一个桥式回路,转向盘杆扭转变形的扭角与转矩成比例,所以只要测定杆的扭角,就可以间接知道转向力的大小。

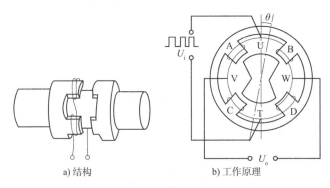

图8-8 磁性式转向盘转矩传感器的结构与工作原理

在线圈的U、T两端给予连续的脉冲电压信号U_i,当转向杆上的转矩为零时,定子与转子的相对转角也为零,这时转子的纵向对称面处于图示定子AC、BD的对称平面上。每个极靴上的磁通量是相通的,因而电桥是平衡的,在V、W两端的电位差$U_o=0$。

如果定子与转子的相对转角不为零,也就是说在转向杆上存在着转矩时,就使转子与定子之间产生如图8-8所示的角位移θ。极靴A、D之间的磁阻增加,B、C之间的磁阻减少,各个极靴的磁通产生差别,电桥失去平衡,在V、W之间出现电位差,这个电位差与杆的扭转角θ和输出电压U_i成比例,如果比例系数为K,则有:

$$U_o = KU_i\theta \tag{8-1}$$

由电桥出现的电位差就可以知道转向杆的扭转角,于是就可以知道转向杆的转矩。

(2) 光电式转向盘转矩传感器。光电式转向盘转矩传感器是利用光电转换原理制成的,它具有很高的精确度和可靠性,其工作原理示意图如图8-9所示。

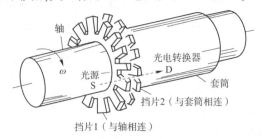

图8-9 光电式转向盘转矩传感器的工作原理

光线从光源 S 沿平行轴线方向射出,通过横置于当中的一对挡片槽缝,到达光电转换器 D。由此可见,光电转换器 D 所接收到的光线强度是由槽缝重叠的程度所决定的,两槽缝挡片之间用弹性连接,当施以扭力时,挡片与槽缝重叠,转矩越大,重叠越多,从槽缝通过的光线越少,而光电转换器输出的电压越低,当电压输入到 ECU 后,就可实现对转矩的自动控制。

2) 转向助力电机

转向助力电动机的原理与起动机电动机基本相同,通常采用永磁式电动机。电动机的输出转矩控制是通过控制其输入电流来实现的,而电动机的正转和反转则是由 ECU 输出的正反转触发脉冲控制。如图 8-10 所示为一种比较简单适用的控制电路。

a_1、a_2 为电动机正反转信号触发端,当 a_1 端由触发信号输入时,VT_3 导通,VT_2 得到基极电流也导通,电流经 VT_2、电动机 M、VT_3 搭铁,电动机正转;当 a_2 端有触发信号输入时,VT_4 导通,VT_1 得到基极电流也导通,电流经 VT_1、电动机 M、VT_4 搭铁,电动机正反转。电动机的电流大小可由触发信号电流的大小控制。

3) 电磁离合器

EPS 通常采用干式单片电磁离合器,其原理如图 8-11 所示。装在电动机输出轴上的主动轮内装有电磁线圈,通过集电环引入电流。当离合器通电时,电磁线圈产生的电磁力使压板与主动轮的端面压紧。于是,电动机的动力经主动轮、压板、花键、从动轴,传递给减速机构。

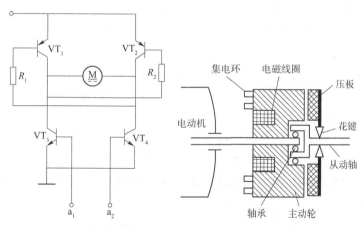

图 8-10 转向电动机正反转控制电路　　图 8-11 电磁离合器的原理

4) 减速机构

电动式 EPS 的减速机构有多种组合方式,一般采用蜗轮蜗杆传动与转向轴驱动组合方式,也有的采用两级行星齿轮传动与传动齿轮驱动组合法方式。为了抑制噪声和提高耐久性,减速机构中的齿轮采用树脂材料制成。

四、助力特性曲线

助力特性曲线是指转向盘输入力矩(T_d)、车速(V)与目标助力力矩(T_a)之间的关系。

目标助力力矩确定后，目标电流也随之确定，然后控制器根据目标电流控制助力电动机电流，电动机输出助力力矩，完成助力控制过程。

助力特性曲线有多种形式，通常可分为直线型、折线型、非线性（如抛物线型）等，如图 8-12 所示。

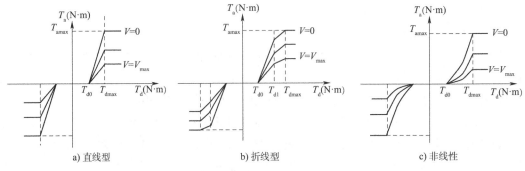

a) 直线型　　　　　　　　b) 折线型　　　　　　　　c) 非线性

图 8-12　助力特性曲线

五、动力转向控制原理

当驾驶人操纵转向盘时，安装在转向轴上的转矩传感器和转向角传感器将检测出作用于转向轴的转向转矩大小和转动方向，并将其转换为电信号输入 EPS ECU，EPS ECU 根据转矩信号、车速信号和转向角信号计算确定助力转矩的大小与方向，并向电磁离合器线圈和助力电动机驱动电路发出控制指令，控制电磁离合器结合与电动机旋转，电动机输出的助力转矩经电磁离合器和减速机构作用于转向机构（转向轴、齿轮齿条等），从而实现助力转向。

1. 助力转矩控制

助力转矩控制是在转向过程（转向角增大）中为减轻转向盘的操纵力，通过减速机构把电动机转矩作用到机械转向系统（转向轴、齿轮、齿条）上的一种基本控制模式。助力控制利用电动机转矩和电动机电流成比例的特性，由转向转矩传感器检测的转矩信号和由车速传感器检测的车速信号输入控制器单片机中，根据预制的不同车速下"转矩-电动机助力目标电流表"，确定电动机助力的目标电流，通过对反馈电流与电动机目标电流相比较，利用 PID 调节器进行调节，输出 PWM 信号到驱动回路，以驱动电动机产生合适的助力。助力转矩控制逻辑如图 8-13 所示。

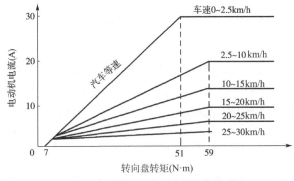

图 8-13　电动式 EPS 的助力转矩控制逻辑

第八章 转向控制

2. 转向盘回正控制

回正控制是为改善转向回正特性的一种控制模式。汽车在行驶过程中转向时,由于转向轮主销后倾角和主销内倾角的存在,使得转向轮具有自动回正的作用。随着车速的提高,回正转矩增大,而轮胎与地面的侧向附着系数却减小,两者综合作用使得回正性能提高。根据转向盘转矩和转动的方向可以判断转向盘是否处于回正状态。回正控制主要用于低速行驶,此时电动机控制电路实行断路,保持机械系统原有的回正特性。对于高速行驶,为防止转向回正超调,采用阻尼控制方式。

3. 转向盘阻尼控制

阻尼控制是汽车运行时为提高高速直线行驶稳定性的一种控制模式。汽车高速行驶时,如果转向过于灵敏,会影响汽车的行驶稳定性。为提高直线行驶的稳定性,在死区范围内进行阻尼控制。

阻尼控制是利用生成的阻尼转矩提供阻尼控制,阻尼转矩的方向与转向方向相反。阻尼控制允许转向系统调整回正速度,此外,阻尼转矩随车速的变化而变化,使得从低速到高速的整个变化范围内,都可得到最优的转向回正和汽车回正速度。

4. 转矩补偿控制

补偿控制系统可根据转向作用力变化率,沿转矩变化的方向产生补偿转矩。预防由于ECU采样、电动机感应等引起控制系统的延迟而引起自激振荡,确保系统稳定运行。电动机的惯性补偿可限制在正常转向操作过程中转向力变化时和急速转向时,转向作用力上升所产生的任何不规则的传感信号。

5. 停止助力转矩控制

当系统的基本部件(如转矩传感器、电流传感器、ECU及其连线等)出现故障,导致系统不能正常工作时,离合器分离,电源继电器释放,从而停止助力转矩控制,以确保系统安全。

6. 限制助力转矩控制

当发动机怠速、蓄电池充电不足而又过载使用时,若动力转向系统仍继续运转,则蓄电池将大量放电,会导致蓄电池失效,为了预防这种情况和保护蓄电池,系统将限制电流的大小。ECU安装在发动机内,若汽车长时间爬坡或热天在拥挤的道路上行驶,转向系统在发动机怠速下运行时,ECU温度会升高,因此,系统在ECU达到警戒温度之前就要限制电流,由于ECU温度和电动机温度有关,也可防止电动机温度过高。为了防止过热,系统对连续几秒钟内的电流消耗进行监测,且保持电流消耗不超过预设值。

第二节 四轮转向控制

一、四轮转向控制的功用与类型

1. 功用

四轮转向就是指汽车的四个车轮均能具有转向功能。四轮转向控制的功用是:

当汽车在低速行驶过程中转向时,使后轮与前轮反向偏转,以减小汽车的转向半径,从而提高汽车急转弯、掉头、躲避障碍或进出车库时的机动能力,当汽车在中高速行驶过程中转向时,使后轮与前轮同向偏转。四轮转向可使具有侧偏角的后轮的行进方向与转向圆一致,以使重心位置的侧偏角(汽车重心的速度方向与汽车纵向轴线之间的夹角)为零,这样就可减少转向过程中的横摆运动,提高转向灵敏度和行驶稳定性。

2. 特点

四轮转向能够全面改善汽车的转向性能,汽车在低速行驶过程中进行转向时,使后轮与前轮反向偏转,可以减小汽车的转向半径,如图 8-14c)所示。

汽车在中高速行驶过程中进行转向时,使后轮与前轮同向偏转,可以提高汽车的转向灵敏性如图 8-14b)所示。

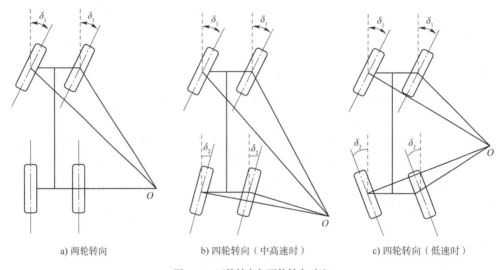

a) 两轮转向　　　　b) 四轮转向(中高速时)　　　　c) 四轮转向(低速时)

图 8-14　四轮转向与两轮转向对比

汽车在高速行驶过程中进行转向时,使后轮也与前轮同向偏转,可以减小汽车在转向过程中的横摆运动,改善汽车的稳定性。

四轮转向汽车与两轮转向汽车相比,具有以下优点:

(1)提高了汽车在高速行驶时和在湿滑路面上的转向性能。

(2)驾驶员操纵转向盘反应灵敏,动作准确。

(3)在不良路面和侧风等条件下,汽车也具有较好的方向稳定性,提高了高速下的直线行驶稳定性。

(4)提高了汽车高速转向的行驶稳定性,不但便于转向操纵,而且在进行急转弯时,也能保持汽车的行驶稳定性。

(5)通过使后轮转向与前轮转向相反,减小了低速行驶时的转向半径,不但便于在狭窄路面上进行 U 形转弯,而且在驶入车库等情况下便于驾驶。

3. 四轮转向的类型

四轮转向主要有机械式、液压式、电动式和复合式,电动式应用较多,本书主要介绍电动式 4WS。

电动式 4WS 是由电子控制单元进行转向控制,精度高、响应快、体积小、便于布置。

4.汽车后轮转向控制类型

按后轮的偏转角与前轮偏转角或车速之间的关系不同,可分为:转角传感型、车速传感型两种。

1)转角传感型后轮转向控制

后轮的偏转角与前轮的偏转角之间存在某种函数关系,即后轮可以按与前轮旋转方向相同方向旋转,即同相位偏转;也可以按与前轮旋转方向相反的方向旋转,即反相位偏转。

2)车速传感型

根据设计程序,当车速达到某一预定值时(如 35~40km/h),后轮与前轮同方向偏转,而当低于这一预定值时,则反方向偏转。

二、四轮转向控制系统的组成

电子控制四轮转向系统(4WS)主要由 ECU、车速传感器、转向角比例传感器和执行器等组成,如图 8-15 所示。前、后转向机构由机械连接。转向盘的转动通过前转向齿轮箱(齿轮齿条式)中的齿条带动前横拉杆左右移动,使前轮产生偏转,同时,使前转向齿轮转动的输出齿轮转动,并通过一个连接杆将转动传动到后转向器中。

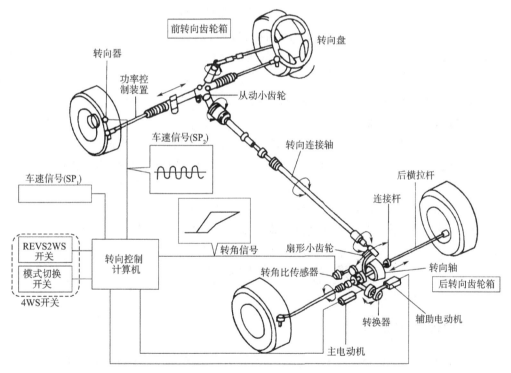

图 8-15 电子控制 4WS 系统图

三、四轮转向控制功能

ECU 根据转向角传感器、车速传感器等输入信号,可进行转角控制、2WS 选择功能、防误操作控制等控制策略。

1. 转角控制

依据转向角控制脉谱图,再根据行驶车速控制主电动机,从而实现对转角的控制。驾驶员可使用4WS模式切换开关,选择"NORMAL"或"SPORT"模式。

2. 2WS选择功能

当2WS选择开关设定在ON,且变速器被挂入倒挡位置时,后轮转向量就被设置为零,只能进行前轮转向。

3. 防误操作控制

当系统发生异常情况时,启动防误操作控制;使驾驶室内的"4WS警示灯"点亮,告知驾驶员已出现异常情况,同时将发生异常部位的信息存储到ECU中。

四、四轮转向控制方式

在电控4WS系统中,采用了两种控制方式来控制后轮转向,即转向角比例控制方式和横摆角速度比例控制方式。

1. 转向角的比例控制

所谓转向角的比例控制,就是后轮的转角与转向盘的转角成比例变化,并让其在低速转向时,使后轮与前轮反向转动;在中高速行驶时,与前轮同向转向。

这种控制方式可以使汽车在中、高速转向行驶时,前后轮保持相对稳定的平衡,让汽车的前进方向与其车身的方向保持一致,获得稳定的转向特性。在转向初期的过渡阶段,由于从一开始,前、后轮都同时产生侧偏力,使得车身的公转运动早于其自转的横摆运动,与2WS汽车的转向相比,其转向方向的偏差要小得多。

2. 横摆角速度比例控制方式

横摆角速度比例控制,是一种根据检测出的车身横摆角速度来控制后轮转向量的控制方法。因为通过横摆角速度可直接检测出车身的自转运动,因此,根据测验出的数值,对后轮的转角也做相应的增减,就可能从转向初期开始,使车身方向与前进方向之间的误差非常小。又由于它能直接感知到汽车的自转运动,因此,即使有转向以外的力(如横向风等)引起车身自转,也能马上感知到,并可迅速通过对后轮的转向控制来抑制自转运动。

第三节 线控转向控制

一、线控转向系统的功用

汽车线控转向系统(Steering By Wire System,简写SBW)取消了转向盘与转向轮之间的机械连接,完全摆脱了传统转向系统的各种限制,不但可以给自由设计汽车转向的力传递特性,而且可以设计汽车转向的角传递特性,给汽车转向特性的设计带来无限的空间,是汽车转向系统的重大革新。汽车线控转向系统是汽车转向方面最为先进和最前沿的技术之一。

1. 满足汽车智能化发展的需要

汽车智能化一直是人们追求的目标,线控转向系统的转向控制单元可以接受汽车上其他传感器的信号,这样它就可以知道整个汽车的运动状态,当出现紧急或意外情况时,线控转向系统就能够在驾驶员之前开始采取相应的动作以避免意外事故的发生。

2. 提高汽车的操纵稳定性

在前轮转向控制方面可以实现传动比的任意设置,并对车速变化的参数进行补偿,使汽车转向特性不随车速变化,从而将传统人-车闭环系统中驾驶员负担的部分工作由控制器完成,减轻驾驶员的负担,提高了汽车系统对驾驶员转向输入的响应和人-车闭环系统的主动安全性。线控转向系统可以通过前轮转向的控制,实现直接横摆力矩控制(Direct Yaw Moment Control,DYC)系统的功能,达到更为理想的效果,且可以与其他主动安全设备,如汽车防抱死制动系统(ABS)、汽车动力学控制、防碰撞、单个车轮转向、轨道跟踪、自动侧向导航以及自动驾驶等功能相结合,从而实现对汽车的整体控制,提高汽车整体稳定性。

3. 改善驾驶员的路感

由于转向盘和转向车轮之间无机械连接,驾驶员"路感"通过模拟生成。在回正力矩控制方面可以从信号中提出最能够反映汽车实际行驶状态和路面状况的信息,作为转向盘回正力矩的控制变量,使转向盘仅仅向驾驶员提供有用信息,从而为驾驶员提供更为真实的"路感"。

二、线控转向系统的组成

汽车线控转向系统结构如图 8-16 所示,主要由转向盘总成、主控制器(ECU)、转向执行机构、故障处理控制器、电源、传感器等部分构成。

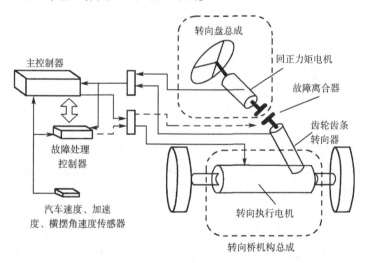

图 8-16 线控转向系统的组成

1. 转向盘总成

转向盘总成包括转向盘、转向盘转角传感器、转矩传感器、路感电动机。转向盘总成的主要功能是将驾驶员的转向意图(通过测量转向盘转角)转换成数字信号,并传递给电子控制单元;同时接受电子控制单元送来的力矩信号,产生转向盘回正力矩,以提供给驾驶员相应的路感信息。

2. 转向执行机构

转向执行机构包括转向电动机、前轮转向组件等。转向执行机构是接受电子控制单元的命令,通过转向电动机控制转向车轮转动,实现驾驶员的转向意图。

3. 主控制器(ECU)

主控制器(ECU)对采集的信号进行分析处理,判别汽车的运动状态,向转向盘路感电动机和转向电动机发送指令,控制两个电动机的工作,保证各种工况下都具有理想的汽车响应,以减少驾驶员对汽车转向特性随车速变化的补偿任务,减轻驾驶员负担,同时,主控制器(ECU)还可以对驾驶员的操作指令进行识别,判定在当前状态下驾驶员的转向操作是否合理。

当汽车处于非稳定状态或驾驶员发出错误指令时,电子转向系统会将驾驶员错误的转向操作屏蔽,而自动进行稳定控制,使汽车尽快地恢复到稳定状态。

4. 故障处理控制器

故障处理控制器是线控转向系统的重要模块,它包括一系列的监控和实施算法,针对不同的故障形式和故障等级做出相应的处理,以求最大限度地保持汽车正常行驶。作为应用最广泛的交通工具之一,汽车的安全性是必须首先考虑的因素,是一切研究的基础,因而故障的自动检测和自动处理是电子转向系统最重要的组成系统之一,它采用严密的故障检测和处理逻辑,以更大地提高汽车安全性能。

5. 电源系统

电源系统承担着控制单元、转向电动机、路感电动机、其他车用电器的供电任务,其中转向电动机的最大功率就有500~800W,加上其他电子设备,电源的负担已经相当沉重。所以要保证汽车电源在大负荷下能稳定工作,电源的性能就显得十分重要。

三、线控转向系统的类型

汽车线控转向类型主要有分别调节式和整体调节式。

1. 分别调节式

分别调节式指两个转向轮各有一个计算机控制独立驱动的轮毂电动机分别安装在汽车轮毂内,省略传统汽车复杂的机械传动系统,机构简单,最大限度地缩短动力传输路线,从而有效地实现了节能。

2. 整体调节式

整体调节式指保留原有的机械转向传动机构,由一个计算机控制下的转向电动机作为动力源。由于整体调节式具有对传统结构的继承性好、结构简单、控制方便等特点,因此主要介绍整体调节式线控转向系统,如图8-17所示。

四、线控转向系统的工作原理

如图8-18所示,当转向盘转动时,转矩传感器和转向角传感器将测量到的驾驶员转矩和转向盘的转角转变成电信号输入到电子控制单元,电子控制单元依车速传感器和安装在转向传动机构上的位移传感器的信号来控制转矩反馈电动机的旋转方向,并根据转向力模拟生成反馈转矩,控制转向电动机的旋转方向、转矩大小和旋转的角度,通过机械转向装置控制转向轮的转向位置,使汽车沿着驾驶员所期望的轨迹行驶。

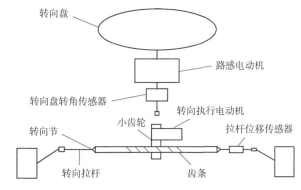

图 8-17　线控转向系统整体调节式结构示意图

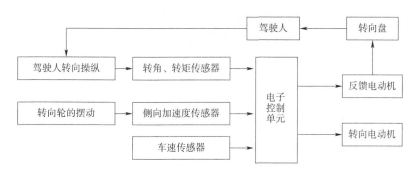

图 8-18　线控转向系统的工作原理

五、转向冗余系统

当线控转向系统失效时,冗余系统能立即投入使用,并对不同的转向故障形式和故障等级做出相应处理,以求最大限度地保证汽车正常行驶,保证汽车的安全性和可靠性。

主要有硬件系统的冗余设计、软件系统的容错设计,其中硬件系统冗余设计形式较多、应用广泛。

1. "线控转向系统 + 液压转向系统"的冗余设计

这种转向冗余设计方法是同时设计线控转向系统和液压转向系统两套转向系统,液压转向系统作为应急转向系统。正常情况下,使用线控转向系统进行转向控制,当线控转向系统出现故障时,使用液压蓄能器的液力提供转向动力。

2. "线控转向系统 + 机械转向系统"的冗余设计

采用机械转向系统作为后备转向系统。这种系统结构简单,便于实现和控制,但是在线控转向系统失效后汽车性能会出现很大变化,从而引起驾驶员的不适,增加驾驶员负担。

3. "线控转向系统 + 线控转向系统"的冗余设计

这种转向冗余设计方法就是设计两套线控转向系统,当一套线控转向系统出现故障时,另一套线控转向系统进行转向控制，汽车转向控制输出特性没有急变，提高了汽车转向控制性能，但成本较高。

第四节　差动转向控制

一、差动转向的涵义

传统汽车转向一般为阿克曼转向原理，前轮偏转一个角度驱动后轮差速控制，实现转向。

对于分布式轮毂电机驱动的电动汽车，一般采用差动转向原理实现转向。差动转向是通过控制左、右驱动轮的差动力矩实现转向，在转向时，轮胎与地面往往会发生滑动，故又称为滑动转向。

差动转向可分为有转向机构汽车的差动转向、无转向机构汽车的差动转向。对于有转向机构的汽车，差动力矩可以带动转向机构偏转，使汽车转向；对于无转向机构汽车的差动转向，左、右侧的差动力矩可直接使汽车转向。

二、差动转向过程分析

以轮胎侧偏，轮胎与地面不发生侧滑的差动转向为例，分析其差动转向过程。转向时，在汽车外侧施加驱动力矩，内侧施加制动力矩，使汽车内、外两侧产生方向不同的纵向力矩M_i、M_o，产生差动力矩M_1，克服轮胎侧偏力矩M_2，从而实现转向。差动转向原理如图8-19所示。

差动转向过程可以分为3个阶段：初始阶段、轮胎侧偏阶段和稳态转向阶段。

1. 初始阶段

在直线行驶状态需要转向时，突然施加差动力矩M_1，此时轮胎尚未侧偏，而侧向力从0开始增大，使横摆角加速度ω突然上升，车身产生横摆。前轴轮辋向转向内侧偏移，轮胎侧偏，如图8-20所示。同时，后轴轮辋向外侧偏移，轮胎侧偏，方向与前轴相反，进入轮胎侧偏阶段。

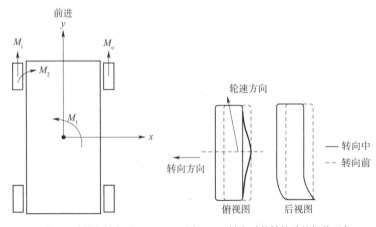

图8-19　差动转向转向原理　　图8-20　转向时前轴轮胎的侧偏现象

2. 轮胎侧偏阶段

此阶段轮胎受到地面侧向力的作用,侧向力将产生与差动力矩 M_1 相反的侧偏力矩 M_2,抵消差动力矩 M_1 的影响,横摆角加速度 $\dot{\omega}$ 逐渐减小直至为 0。在这个阶段中,轮胎侧偏角增大,但增大的速度变慢,直至达到稳定值,侧向力也逐渐增大,达到稳定值。

3. 稳态转向阶段

当侧向力产生的侧偏力矩 M_2 与差动力矩 M_1 大小相等时,汽车横摆角速度 ω、侧偏角、侧向力均为定值。如果改变差动力矩 M_1 的大小,横摆角加速度 $\dot{\omega}$ 将随之变化,侧偏角、侧向力也将随之变化,最终达到新的平衡状态。

三、差动转向控制原理

以无机械式转向机构的差动转向为例,进行分析控制原理。其转向原理是依靠左、右两侧车轮轮速差产生的横摆角速度来完成转向。

需要根据驾驶人意图、汽车动力学特性来解析参考横摆角速度,再进行左、右侧车轮的纵向力、横摆力矩分配,来控制左、右侧车轮电机的驱动力转矩,从而产生整车横摆力矩,克服轮胎侧偏力矩以实现汽车差动转向,差动转向控制原理如图 8-21 所示。

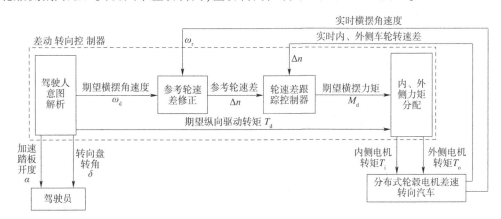

图 8-21 差动转向控制原理

1. 驾驶人意图解析

根据驾驶人操纵加速踏板开度 α 和转向盘转角 δ 的大小,解析出期望纵向转矩 T_d 和期望横摆角速度 ω_d。

期望横摆角速度 ω_d 由整车模型、整车动力学方程、转向盘转角、最小转弯半径、稳态横摆角速度增益、侧向加速度等因素推导得出。

2. 参考轮速差 Δn 修正

根据期望横摆角速度 ω_d 可得到两侧车轮的参考轮速差 Δn,但由于差动转向时,车轮产生滑移,将产生横摆角速度稳定跟踪误差,需要对参考轮速差进行修正。

其修正方法可根据差动转向汽车动力学特性,结合转向时实时横摆角速度传感器信号,设计相关的参考轮速差修正方法。轮速差的修正可以根据实时横摆角速度反馈信息,进行闭环实时修正。

3. 参考轮速差 Δn 跟踪控制

根据参考轮速差 Δn，对两侧轮毂电机进行实时转速差控制，以获得期望横摆力矩 M_d（差动力矩），并根据轮速传感器进行轮速差 Δn 的闭环控制。

4. 左、右车轮转矩分配

转矩分配是根据期望纵向转矩 T_d 和期望横摆力矩 M_d 计算出汽车内侧电机转矩 T_i 和外侧电机转矩 T_o，从而产生横摆力矩，即差动力矩，克服轮胎侧偏力矩 $M_{轮}$，可实现汽车转向控制。

复习思考题

8-1 简述液力式 EPS 的控制原理。

8-2 简述电动式 EPS 的控制原理。

8-3 分析转向盘转矩传感器的原理。

8-4 电动式 EPS 有哪些传感器？

8-5 电动式 EPS 为何设置转向盘转矩传感器？

8-6 助力特性曲线有哪些形式？各有何特点？

8-7 动力转向是如何实现助力转矩控制的？

8-8 电动式四轮转向是如何实现四轮转向的？

8-9 线控转向有何优点？

8-10 线控转向系统由哪些部件构成？

8-11 线控转向系统为何要有冗余设计？

8-12 差动转向与差速转向有何不同？

8-13 差动转向中内、外侧电机驱动转矩是如何确定的？

8-14 差动转向中，差动力矩与轮胎侧偏力矩是如何相互平衡的？

第九章　驱动防滑与稳定性控制

本章主要介绍：驱动防滑控制系统的基本组成、基本原理、控制原理和控制方法。稳定性控制系统的基本组成、基本原理、控制原理和控制方法。

第一节　驱动防滑控制

汽车行驶时不仅要求制动时的安全、高效与稳定，而且要求汽车在加（减）速、转向状态下仍然具备行驶方向稳定性与可操纵性。当汽车在驱动状况下运行时，一旦车轮滑转率处于非稳定范围时，会使汽车丧失稳定性与操纵性，采用驱动防滑控制（Acceleration Slip Regulation，ASR）技术对驱动轮转矩进行控制，就可以防止汽车加（减）速与转向过程中出现车轮滑转转率增大，进而丧失纵、横向稳定性与操纵性的现象，保证行驶安全。ASR 控制技术实际上是 ABS 逻辑上的延伸。

汽车稳定/操纵性取决于诸如发动机、传动、悬架、行驶、制动和转向操作等系统的众多因素的共同作用，因此存在协调问题。汽车采用集中控制技术，形成 ABS/ASR 防滑综合控制以及底盘综合控制系统。

一、驱动防滑控制的功用与原理

1. 驱动防滑的功用

汽车驱动防滑控制（Anti Slip Regulation，ASR），其功用是防止汽车在起步、加速时和在滑溜路面行驶时的驱动轮滑转。

当车轮转动而车身不动或是汽车的速度低于驱动车轮的轮缘速度时，轮胎与地面之间就有相对的滑动，这种滑动称为"滑转"，以区别于汽车制动时车轮抱死而产生的车轮"滑移"。

驱动轮的滑转会使车轮与地面的附着力下降，纵向附着力下降，会使驱动轮产生的牵引力减少，导致汽车的起步性能、加速性能和在滑溜路面的通过性能下降；而横向附着力的下降，又会降低汽车在起步、加速、滑溜路面行驶时的行驶稳定性。汽车驱动防滑控制系统是在车轮出现滑转时，通过对滑转车轮施以制动力或控制发动机的动力输出来抑制车轮的滑转，以避免汽车牵引力和行驶稳定性下降。驱动防滑控制系统（ASR）也被称为牵引力控制系统（Traction Control System，TRC）。

ASR 的主要优点是：

（1）在汽车起步、行驶过程中提供最佳驱动力，从而提高了汽车的动力性，特别是在附着系数较小的路面上，起步、加速性能和爬坡能力良好。

(2) 能保持汽车的方向稳定性和前轮驱动汽车的转向控制能力。

(3) 减少轮胎磨损和降低发动机油耗。

在装备 ASR 的汽车上,当 ASR 工作时,仪表板上 ASR 指示灯或蜂鸣器显示,能够提醒驾驶员注意此时汽车正在易滑路面上行驶。

2. 滑转率及其门限值

ASR 的控制参数是滑转率,滑转率的计算公式如下:

$$S = \frac{\omega r - v_a}{\omega r} \times 100\% \tag{9-1}$$

式中:S——驱动轮滑转率;

ω——驱动轮角速度;

r——驱动轮滚动半径;

v_a——汽车车身速度,实际应用时常以非驱动轮轮缘线速度代替。

当车身未动($v=0$)而驱动车轮转动时,$S=100\%$,车轮处于完全滑转状态;当 $v=\omega r$ 时,$S=0$,驱动车轮处于纯滚动状态。

汽车在路面上行驶时,其驱动力取决于发动机输出转矩,但要受到路面附着条件的限制,如图 9-1 所示是附着系数与车轮滑转率的关系图(右侧)。

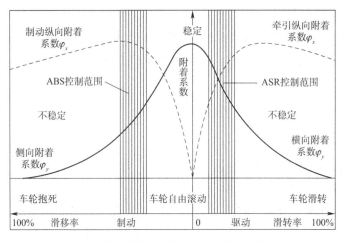

图 9-1 附着系数与滑移率、滑转率的关系曲线

从图 9-1 中可以看到,轮胎与路面之间附着极限的附着力系数与驱动滑转率的关系,当滑转率从 0 开始增加时,纵向附着系数也随之增大,当滑转率达到某一值时,纵向附着系数达到最大值;滑转率继续增加,纵向附着系数反而随之下降,当滑转率达到 100% 时,车轮发生纯滑转。横向附着系数随滑转率的增大而急剧减小,如果横向附着系数太低,横向附着力很小,此时车轮遇到小的扰动,就会向行驶的侧向滑动。应把滑转率控制在图中的灰色区域,使得车轮的纵向附着系数较大,同时也有比较大的横向附着系数,从而保证汽车不仅具有较大的驱动力,而且具有较大的侧向附着力,提高了转向操纵能力和方向稳定性。

3. 驱动防滑控制原理

发动机的输出转矩 M_{tq} 传输给变速器,变速器通过减增扭后产生变速器输出力矩 M_{Kar},

再通过主减速器和差速器传递给左右驱动半轴,产生左驱动半轴力矩 M_L 和右驱动半轴力矩 M_R。左、右驱动轮在半轴力矩的驱动下,克服地面阻力矩 M_{Str},驱动汽车前进,汽车驱动力传递如图9-2所示。

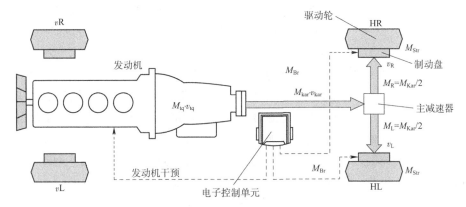

图9-2 汽车驱动力传递路线

汽油发动机输出转矩 M_{tq} 表示为:

$$M_{tq} = M_{tq}(\phi, \theta, \alpha, n, \dot{m}_f) \tag{9-2}$$

式中:ϕ——过量空气系数;
  θ——点火提前角;
  α——节气门开度;
  n——发动机转速;
  $\dot{m}_f$——燃料流量。
  ϕ、θ、α 为可控参数。

变速器输出力矩 M_{Kar} 为:

$$M_{Kar} = \eta_g i_g M_{tq} \tag{9-3}$$

驱动轮力矩 M 为:

$$M = M_R = M_L = \frac{1}{2}\eta_g i_g \eta_0 i_0 M_{tq} \tag{9-4}$$

式中:η_g——变速器与离合器传动效率;
  i_g——变速器传动比;
  η_0——驱动桥传动效率;
  i_0——主减速器传动比。

当驱动防滑控制系统工作时,ASR ECU 给产生滑转的驱动轮施加制动力,制动力在驱动轮就产生一个制动力矩 M_{Br},如图9-3所示为驱动轮受力分析,驱动轮平衡力矩为 $\dot{j}\omega$,即:

$$\dot{j}\omega = M - M_{Br} - M_{Str} - F_x r \tag{9-5}$$

$$F_x = \frac{M - M_{Br} - M_{Str} - \dot{j}\omega}{r} \leq F_z \times \varphi \tag{9-6}$$

改变驱动轮上的平衡力矩 $\dot{j}\omega$,可以影响到驱动轮的速度,进而可以控制驱动滑转率,由式(9-4)和式(9-5)可知,在汽车载荷不变的情况下,发动机提供的驱动力矩、变速器传动比、变速器和离合器的传动效率及制动阻力矩,可以影响平衡力矩的大小。由式(9-6)可知,在汽车挡位不变的情况下,驱动力矩和制动力矩这两个重要的参量就是 ASR 系统重要的控制参数,可以采取提高汽车附着力极限来增大汽车的驱动力,以防汽车滑转。

驱动力 F_x 取决于路面与车轮间的附着系数 φ,只有车轮滑移率 S 等于特定数值时,附着系数才处于峰值,即驱动轮只有处于特定附着状况才具备足够的纵向与横向附着力,获得相应的操纵性能(图9-3)。

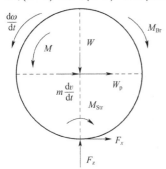

图 9-3 驱动轮受力分析

在驱动防滑转控制过程中,将驱动车轮的速度 v_d 作为控制目标参数。驱动车轮的速度限值则根据车速 v 和设定的滑转率门限值 S_d 按照下列公式设定:

$$v_d = v(1 + S_d) \tag{9-7}$$

滑转率逻辑门限值将随车速变化进行动态设定。

在高速、中速范围内,滑转率逻辑门限值将随着车速的提高而减小,以获得较大的横向附着力、方向稳定性和转向响应。

在较低的车速范围内,滑转率逻辑门限值较大,以获得较大的牵引力,提高汽车的加速性能。

按照上述原则设定滑转率逻辑门限值时,驱动车轮速度与汽车速度的偏差范围如图 9-4 所示。

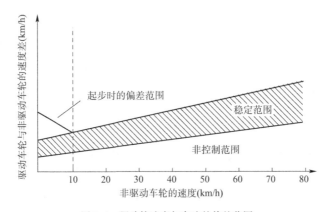

图 9-4 驱动轮速度与车速的偏差范围

根据同轴非驱动车轮之间的转速差对汽车是否进行转向行驶进行判定是否处于转向工况。

当汽车转向行驶时,防滑转控制的主要控制目标是保证汽车方向稳定性和转向操纵能力,因此,控制驱动轮保持较大的横向附着力,是汽车转向行驶防滑转控制的主要目标。

当非驱动车轮的转速差较大时,表明转向半径较小,汽车的横向加速度较大,也说明路面的附着系数较大,这种情况下将增大滑转率逻辑门限值,ASR 综合控制原理如图 9-5 所示。

第九章 驱动防滑与稳定性控制

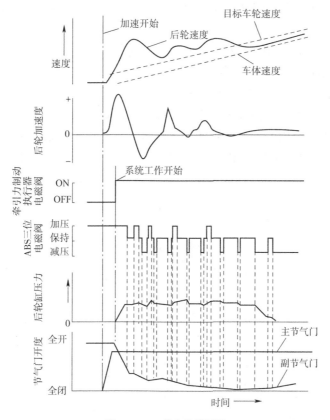

图 9-5　ASR 综合控制原理

4. 驱动轮运动状况分析

汽车行驶时驱动轮可能产生若干运动状况：

(1) 在附着状况良好的路面上，汽车可获得预期的附着状况和驱动力以及正常的稳定性与操纵性能。

(2) 驱动轮输出转矩 M 突然加大而附着条件未变，若驱动轮驱动力 F_x 超过式(9-6)所决定的附着力极限值时，此时汽车驱动力并不随发动机功率加大而成正比加大，车轮产生滑转现象，同时导致横向附着力减小，轻微的干扰力即可使汽车丧失横向稳定/操纵性。

(3) 汽车输出转矩 M 突然变小(仍处于驱动工况且传动系统仍然连接)，由于发动机制动效应驱动轮转速受到限制，在附着状况较差的路面上产生驱动轮滑转现象，稳定/操纵性能下降。

(4) 发动机维持正常动力，路面附着系数 φ 值突然变小，使驱动轮附着力随之突然变小而驱动轮驱动力 F_x 瞬间超过式(9-6)所决定的附着力极限值，驱动轮亦产生滑移且汽车丧失正常稳定/操纵性。

(5) 当驱动轮附着系数 φ 为零时，驱动轮转矩无法转换为汽车驱动力，驱动轮空转而汽车无法前进。

上述(2)、(3)、(4)、(5)四种现象往往发生在不良路面状况下，发动机突然大功率加速起步，或者发动机功率不变，汽车从良好路面状况突然驶入不良路面(例如从干燥路面突然驶入湿滑路面,从沥青混凝土路面突然驶入土路面时),以及在不良路面上发动机功率突然减少时(驱动轮仍没有脱离传动)等情况,汽车驱动条件被打破。

结论:由于任何原因打破由式(9-6)所决定的汽车行驶平衡条件时,必然产生驱动轮滑转现象,汽车的稳定性与操纵性将受到破坏,产生交通安全隐患。

ABS 于制动工况时工作。为解决上述问题,汽车配置了 ABS/ASR 系统,其中 ASR 系统仅仅在车轮驱动状态时工作,则不管车轮处于制动、驱动还是自由旋转工况下,当发生车轮工作于非稳定滑移率范围内时,该系统运用各种方法从整体上自动调整汽车的工作参数,使车轮迅速恢复在较为理想的滑移率范围内运转,保证汽车在不同状况下的牵引性,稳定性和正常操纵性。

5. ASR 与 ABS 的区别

ASR 与 ABS 的区别见表 9-1。

表 9-1 ASR 与 ABS 的区别

区别项	ASR	ABS
控制原理	ASR 是防止驱动轮驱动力大于附着力时出现车轮滑转,以提高汽车起步、加速及在滑溜路面上行驶的牵引力,确保汽车的行驶稳定性	ABS 是防止车轮制动力大于附着力时车轮抱死而滑动,以提高制动效果,确保行车安全
控制车轮	ASR 只对驱动轮实行控制,并有选择开关,当该开关关闭时,系统不进行驱动防滑控制	ABS 在制动时对所有车轮都施行控制
作用时间	ASR 在汽车行驶过程中一直工作,在驱动轮出现滑转时起作用,当车速很高(80~120km/h)时,一般不起作用	ABS 在制动时工作,在车轮将要抱死时起作用,当车速很低(8km/h)时不起作用,此时 ABS 会自动终止调节而回到传统的制动控制系统状态
离合器状态	ASR 控制期间,离合器处于接合状态,发动机的惯性会对 ASR 控制产生较大的影响	ABS 工作期间,离合器通常处于分离状态,发动机也处于怠速运转,传动系统无工作载荷
反应时间	ASR 是由反应时间不同的制动控制和发动机控制等组成的多循环控制系统	ABS 是一个反应时间近似一定的制动控制单循环系统

二、驱动滑转的控制方式

ASR 是通过控制驱动轮的驱动转矩而实现驱动防滑控制。

控制驱动转矩有多种方式,主要有驱动轮制动控制、发动机输出转矩控制、差速锁锁止控制、自动离合器接合程度控制、变速器传动比控制、驱动轮载荷控制等,其中,驱动轮制动控制、发动机输出转矩控制应用较广。

1. 发动机输出转矩控制

发动机转矩控制仅用于驱动轮控制。汽车行驶过程中,在节气门位置不变的状况下,当驱动轮发生滑移(M 增大或 φ 值减小)时,ASR 系统可自动调整发动机输出转矩,从而减少驱动轮转矩 M 重新满足式(9-6)确定的运行条件。

采用调整发动机输出转矩方法控制驱动轮滑移的要求是:反应灵敏,过度圆滑,平稳以及尽量减少由此而产生的排放污染。常用的具体措施有:点火参数调节、燃油供给量调节、节气门开度调节等,汽油发动机输出转矩的控制原理见表 9-2。

汽油机输出转矩的控制原理　　　　　表 9-2

控制方法	控制原理
点火参数调节	点火提前角减小可适度减小转矩,若此时驱动轮打滑仍然持续加剧,则可暂时中断点火和供油,点火参数调节是比较迅速的驱动防滑控制方式,反应时间为 30~100ms
燃油供给量调节	减小供油和暂停供油来减小转矩是现代驱动防滑控制中比较容易的方式,可以和燃油电子控制结合在一起
节气门开度调节	节气门开度调节是指在原节气门管路上再串联一个副节气门,由传动机构控制其开度,调节输出转矩,其工作平稳,响应较慢,需要与其他控制方式配合使用

2. 驱动轮制动控制

对出现滑转趋势的驱动轮直接实施制动,降低车轮驱动力 F_x 使其重新满足式(9-6)所确定条件,汽车即可重新恢复正常附着与驱动状态。该方法的反应速度、控制强度和灵敏度最为理想,但因控制强度大而影响汽车行驶的平稳与舒适。

采用驱动轮独立轮控方式实现防滑效应,即使行驶时每个车轮均处于不同的附着状况时也可以获得较为理想的效果。驱动轮制动控制应用相当广泛。

发动机转矩控制与驱动轮制动控制相比较:

(1)发动机转矩控制过度圆滑、稳定,且可以有效地控制作用于车轮上的转矩,对于发动机功率与路面状况的突然变化具有较好的适应能力,但灵敏度与强度不佳,一般用于 ASR 初始控制及良好路面上低强度的、过渡性质的滑转率控制,有助于保证控制过程的圆滑过渡以及汽车行驶稳定性与平顺性。

(2)驱动轮制动控制则用于高强度的滑转率控制,能够对不同附着状态的车轮实施独立控制,是 ABS/ASR 控制的主系统。

在实施 ASR 控制时,一般先从发动机转矩控制开始,圆滑过渡到驱动轮制动控制。

3. 差速锁锁止控制

1)控制原理

对差速器进行锁止控制,使左、右驱动轮的输入转矩不相同,电子控制的差速器根据路面情况和控制指令(锁止比)把驱动轮滑转率控制在某一范围内。

2)控制方法

当路面两侧附着系数不同时,低附着系数一侧的驱动轮滑转,这时由电子控制器驱动锁止阀,一定程度地锁止差速器,使高附着系数一侧驱动轮的驱动力获得充分发挥,以提高车速和行驶稳定性,同时,差速器锁止程度的控制,还有利于弯道上的行驶稳定性和操纵性。

与常规差速锁装置不同之处在于,ASR 差速锁由机械系统和电磁阀控制系统组成,如图 9-6 所示,在差速器壳与半轴之间的传动线路上并联设置一个液压多片离合器,其电磁阀根据 ECU 指令运行调节离合器工作压力,当离合器接合时差速器壳与半轴形成刚性连接。

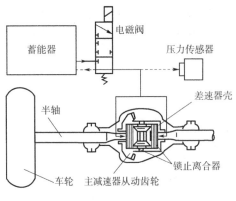

图 9-6　差速器锁止控制

ECU 发出的指令可以使电磁阀控制离合器摩擦片诸片逐渐参与工作,使离合器锁止程度在完全脱离与完全锁止之间产生无级变化,从而产生线性的差速锁工作效应,使接合平稳。

差速器锁止控制可以提高在变附着系数路面上的驱动行驶稳定性,亦可人工介入使其不工作。

4. 自动离合器结合程度控制

对装配自动离合器的手动挡汽车,可采用控制离合器结合程度来控制传动转矩,从而控制驱动轮转矩。

电子离合器控制是在驱动轮发生过度打滑时,减弱电子离合器的接合程度,使离合器的主、从动盘产生部分相对滑转,从而减小传递到轮轴的驱动转矩。

5. 变速器传动比控制

自动变速器的挡位改变,从而改变传动比,达到控制驱动轮驱动转矩的目的。

6. 驱动轮载荷控制

对于电控悬架的汽车,对于附着条件好的驱动轮增加载荷,附着条件差的驱动轮减少载荷,以充分发挥附着条件好的驱动轮的附着性能。

7. 综合控制

综合控制为了达到更理想的控制效果,可采用上述各种控制相结合的控制系统。汽车在行驶过程中,路面湿滑程度各不相同,驱动力的状态也随时变化,综合控制系统将根据发动机工况和车轮滑转的实际情况采取相应的控制措施。如在发动机输出大转矩的状态下,车轮滑转的主要原因往往是路面湿滑,采用对滑转车轮施加制动比较有效;而当发动机输出大功率时,抑制车轮滑转则以减小发动机输出功率的方法更为有效。在更复杂的工况下,借助综合控制的方式能够更好地达到控制驱动轮滑转的目的。

8. ASR 不同控制方式的性能对比

不同控制方的 ASR 性能对比见表 9-3。

不同控制方的 ASR 性能对比分析　　　表 9-3

控制方式	牵引性	操纵性	稳定性	舒适性	经济性
节气门开度调节	- -	-	-	+ +	+
点火参数及燃油供油调节	0	+	+	-	+ +
驱动轮制动力矩调节(快)	+ +	-	-	- -	- -
驱动轮制动力矩调节(慢)	+	0	0	0	0
差速器锁止控制	+ +	+	+	-	- -
离合器或变速器控制	+	0	0	- -	-
节气门开度+制动力矩调节(快)	+ +	+ +	+ +	+	+
节气门开度+制动力矩调节(慢)	+	0	0	+	-
点火参数+制动力矩调节	+	+ +	+ +	+	-

续上表

控制方式	牵引性	操纵性	稳定性	舒适性	经济性
节气门开度+差速器锁止控制	++	+	+	+	--
点火参数+差速器锁止控制	++	+	+	+	-

注:"--"表示很差;"-"表示较差;"0"表示基本无影响;"+"表示较好;"++"表示很好。

由于离合器接合程度控制和变速器传动比控制均反应较慢、变化突然,一般不作为单独 ASR 控制方式应用。

各种 ASR 控制方式均有一定的局限性,为此,驱动防滑控制常采用组合控制,如驱动轮制动力矩控制+发动机节气门开度控制,驱动轮制动力矩控制+点火提前角控制,发动机节气门开度控制+差速器锁止控制等,其中,驱动轮制动力矩控制+发动机节气门开度控制,这种 ASR 组合控制方式应用较多。

三、驱动防滑控制系统的组成

1. ASR 的基本组成

ASR 系统主要由轮速传感器、ECU、制动压力调节器、差速制动阀、发动机控制阀和发动机控制缸组成(图 9-7),ASR 各零部件的功能见表 9-4。

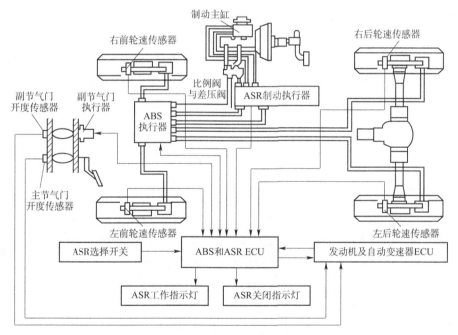

图 9-7 ASR 的组成方框图

ASR 各零部件的功能 表 9-4

名称	功能
轮速传感器	监测各车轮的转速,以计算驱动轮滑转率
节气门开度传感器	监测节气门开度并将信号传递给控制器

续上表

名称	功能
ASR ECU	根据轮速传感器信号和节气门位置信号判断汽车行驶状况,并将控制指令传递给副节气门执行器和 ASR 制动执行器,如有故障发出警告和故障诊断编码
ASR 制动继电器	供给 ASR 制动执行器和 ASR 电动机继电器的电流
ASR 制动执行器	根据 ECU 的指令,将液压传递到制动器
ASR 切断开关	使 ASR 系统不起作用
副节气门执行器	根据 ECU 指令,通过电机控制节气门开度
ASR 节气门继电器	输送电流到节气门驱动电机

2. ASR 传感器

ASR 系统的传感器主要是轮速传感器和节气门位置传感器。轮速传感器与 ABS 系统共用,而节气门位置传感器则与发动机控制系统共用。节气门位置传感器的结构及原理已经叙述,在此不再重述。

ASR 专用的信号输入装置是 ASR 选择开关,关闭 ASR 选择开关,则可停止 ASR 系统的作用。

3. ASR ECU

ASR ECU 也是以微控制器为核心,配以输入输出电路及电源等组成。

ASR 和 ABS 的一些信号输入和处理都是相同的,为减少电子器件的应用数量,使结构紧凑,ASR ECU 与 ABS ECU 通常组合在一起,如图 9-8 所示为 ASR/ABS ECU 的组成。

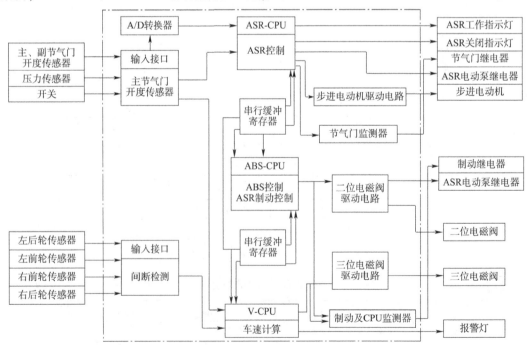

图 9-8　ASR/ABS ECU 的组成

第九章 驱动防滑与稳定性控制

4. ASR 执行器

ASR 制动压力调节器执行 ASR 电子控制单元的指令,对滑转车轮施加制动力并控制制动力的大小,以使滑转率在控制目标范围之内。ASR 制动压力源是蓄压器,通过电磁阀来调节驱动车轮制动压力的大小。

ASR 制动压力调节器通常与 ABS 制动压力调节器在结构上组合为一个整体,称 ABS/ASR 制动压力调节器,其工作原理如图 9-9 所示。

在 ASR 不起作用时,电磁阀 I 不通电。汽车在制动过程中如果车轮出现抱死现象,则 ABS 起作用,通过控制电磁阀 II 和电磁阀 III 来调节制动压力。

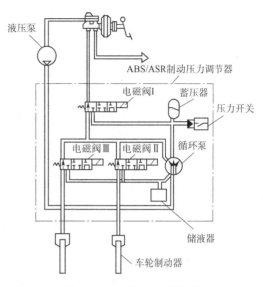

图 9-9 组合方式的 ASR 制动压力调节器的工作原理

当驱动出现滑转时,ASR 控制车轮制动器使电磁阀 I 通电,阀移至右侧位置;电磁阀 II 和电磁阀 III 不通电,阀处于左侧位置;于是,蓄压器的高压制动液进入驱动车轮制动轮缸,以增大制动压力。

当需要保持驱动车轮的制动压力时,ASR 电子控制单元使电磁阀 I 通电,阀移至中间位置,切断蓄压器与制动轮缸的通道,驱动车轮制动轮缸的制动压力保持不变。

当需要减小驱动车轮的制动压力时,ASR 电子控制单元给电磁阀 II 和电磁阀 III 通电。阀 II 和阀 III 移至右侧位置,将驱动车轮制动轮缸与储液器连通,以降低制动压力。

如果需要对左右驱动车轮的制动压力实施不同的控制,ASR 电子控制单元则分别对电磁阀 II 和电磁阀 III 实行不同的控制。

四、驱动防滑控制系统的工作过程分析

以驱动轮制动控制方式为例,论述 ASR 控制过程分析。ASR 控制过程主要包括正常制动控制、压力升高控制、压力保持控制、压力降低控制,从而控制驱动轮滑转率在门限范围之内,产生最大附着力,以驱动汽车行驶。

1. 正常制动控制

正常制动时,主缸中的油液通过制动主缸切断电磁阀以及 ABS 执行器中的三位电磁阀对车轮制动轮缸起作用。踏板放松时,制动液由轮缸流回制动主缸(图 9-10)。正常制动时,各电磁阀的工作状态见表 9-5。

2. 压力升高控制

当驱动轮滑转需对其实施制动时,ASR ECU 输出控制信号,制动主缸切断电磁阀、储压器切断电磁阀、储液罐切断电磁阀均接通,同时 ABS 三位电磁阀也被置于"压力升高"状态。储压器中被加压的制动液通过储压器切断电磁阀和 ABS 三位电磁阀,对制动轮缸产生作用。当高压开关检测到储压器中的压力下降时,ASR ECU 就使泵运转来升高压力(图 9-11)。压

力升高控制时,各电磁阀的工作状态见表9-6。

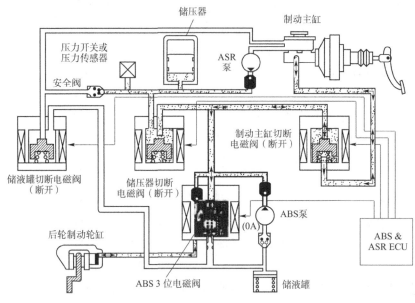

图9-10 正常制动时状态

正常制动时,各电磁阀的工作状态 表9-5

部件名称	电磁阀	阀门状态
制动主缸切断电磁阀	断开	开
储压器切断电磁阀	断开	关
储液罐切断电磁阀	断开	关

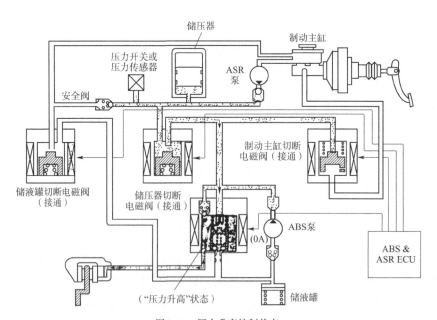

图9-11 压力升高控制状态

第九章　驱动防滑与稳定性控制

压力升高控制时，各电磁阀的工作状态　　　　表9-6

部件名称	电磁阀	阀门状态
制动主缸切断电磁阀	接通	关
储压器切断电磁阀	接通	开
储液罐切断电磁阀	接通	开
ABS 三位电磁阀	接通，打开进油通道、关闭泄油通道	增压

3. 压力保持控制

当轮缸中的压力升高到规定值时，系统进入压力保持状态，此状态的变换由 ABS 三位电磁阀开关完成（图9-12）。压力保持控制时，各电磁阀的工作状态见表9-7。

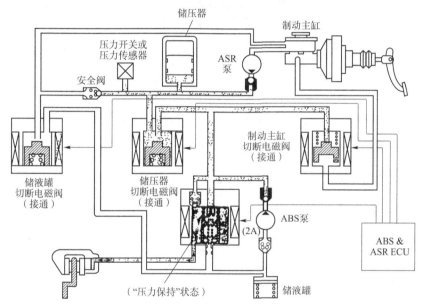

图 9-12　压力保持控制状态

压力保持控制时，各电磁阀的工作状态　　　　表9-7

部件名称	电磁阀	阀门状态
制动主缸切断电磁阀	接通	关
储压器切断电磁阀	接通	开
储液罐切断电磁阀	接通	开
ABS 三位电磁阀	接通，关闭进油、泄油通道	保压

4. 压力降低控制

当需要降低驱动轮制动力时，电脑将 ABS 执行器的三位电磁阀置压力降低状态，轮缸中的液压油经 ABS 执行器的三位电磁阀和储液罐切断电磁阀流回制动主缸储液罐，以降低轮缸的油压，同时，ABS 执行器的泵电动机处在不运转状态（图9-13）。压力降低时，各电磁阀的工作状态见表9-8。

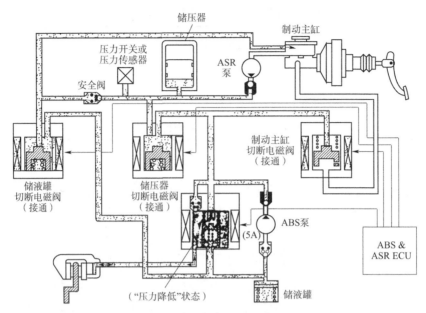

图 9-13 压力降低控制状态

压力降低控制时,各电磁阀的工作状态 表 9-8

部件名称	电磁阀	阀门状态
制动主缸切断电磁阀	接通	关
储压器切断电磁阀	接通	开
储液罐切断电磁阀	接通	开
ABS 三位电磁阀	接通,关闭进油通道、打开泄油通道	减压

五、ASR 控制逻辑

汽车在不同行驶条件下对行驶性能各方面的要求有所侧重,因此,在不同的车速范围内,应以不同的原则对驱动车轮进行防滑转控制,以满足一定条件下重点性能作为主要控制目标,而对其他性能则进行适度兼顾。

汽车在不同车速范围内的控制目标不同,实施驱动车轮滑转控制的途径也就不同。

1. 汽车起步及加速初期的防滑转控制逻辑

特点:汽车在起步及初期加速阶段,驱动防滑转控制应以提高汽车的起步加速性能为主要控制目标,即以充分利用各个驱动车轮的附着力获得最大牵引力为控制原则。这一阶段对各驱动车轮的滑转率控制应按独立原则进行。

如果各驱动车轮间的附着条件相差较大,可以通过电控悬架的主动调节,使附着条件较差的驱动车轮的载荷向附着条件较好的驱动车轮进行适度调配,使各驱动车轮总的附着力有所增大。

如果汽车装备可控防滑差速器,在这一阶段应使其进入防滑差速状态。即使差速器不具备防滑差速功能,也可对附着条件较差的驱动车轮通过制动介入施加适度的制动力矩,使

其滑转率处于最大纵向附着系数的范围内。

如果附着条件较好的驱动车轮也发生了滑转,则应通过适度减小发动机的输出转矩和变速器传动比使其驱动力矩减小,必要时也可以对其施加一定的制动力矩,以加速滑转率的控制。

2. 汽车中速行驶时的防滑转控制逻辑

特点:汽车以中速行驶时,驱动防滑转控制应以保证汽车的行驶方向稳定性为主要控制目标,但也要兼顾汽车的加速性能。

可以对各驱动车轮一同施加相同的制动力矩,使附着条件较差的驱动车轮滑转率处于横向和纵向附着系数都较大的范围内。从而保证各驱动车轮产生相同的牵引力,并且使各驱动车轮都具有较强的抗侧滑能力,使汽车获得较好的方向稳定性。但是,制动介入的时间必须予以控制,以免制动器因长时间产生较大的制动力矩而发生过热和过度磨损。

必要时可辅之以减小发动机的输出转矩和变速器的传动比进行控制,使作用于驱动车轮的驱动力矩有所减小。

电控悬架在这一阶段一般不应进行载荷调配,防滑差速器在这一阶段也不应进入防滑状态。

3. 汽车高速行驶时的防滑转控制逻辑

特点:汽车以高速行驶时,驱动防滑转控制应以保证汽车的行驶方向稳定性为唯一控制目标,应使各驱动车轮产生的牵引力始终保持一致。

不应再通过制动介入途径控制驱动车轮的滑转,以防止制动器过热和过度磨损。

应通过减小发动机的输出转矩和变速器的传动比调节作用于驱动车轮的驱动力矩,将驱动车轮的滑转率控制在横向附着系数较大的范围内,保证汽车具有较强的抗侧滑能力。

在这一阶段电控悬架也可以对驱动车轮进行载荷调配,使载荷从附着条件好的驱动车轮向附着条件差的驱动车轮进行调配,使驱动车轮之间的附着力差异减小,这将有助于各驱动车轮牵引力的平衡。

防滑差速器在这一阶段不进入防滑差速状态,以保证各驱动车轮的牵引力接近平衡,使汽车获得良好的行驶方向稳定性。

第二节 稳定性控制

汽车电子稳定程序系统(Electronic Stability Program,ESP),简称电子稳定系统,属于汽车主动安全系统,又称为行驶动力控制系统。

一、ESP 的功用与控制原理

1. ESP 的功用

ESP 的功能是监控汽车的行驶状态,在紧急躲避障碍物或转弯时出现不足转向或过度转向时,使汽车避免偏离理想轨迹。

2. ESP 的类型

ESP 能自动地向一个或多个车轮施加制动力,在某些情况下每秒可进行 150 次制动,以确保汽车行驶在选定的车道内。

ESP有3种类型：

(1)4通道或4轮系统。能自动地向4个车轮独立施加制动力。

(2)2通道系统。只能对2个前轮独立施加制动力。

(3)3通道系统。对2个前轮独立施加制动力,对后轮一同施加制动力。

3. ESP的优点

ESP具有以下优点：

(1)ESP不是独立的系统,而是建立在别的牵引系统之上,因而也有牵引系统的功率特征。

(2)驾驶员操作轻松。

(3)汽车易控制。

(4)减少交通事故。

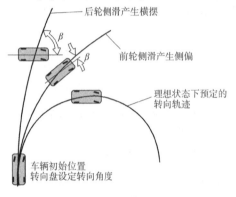

图9-14 汽车转向操纵性能示意

4. 转向失稳机理

ABS/ASR解决了汽车纵向操纵的稳定性问题。如果行驶过程中转向/制动操作不当,或由于车轮侧偏以及附着条件的影响,汽车将产生横摆力矩,仍然将形成巨大的安全隐患。其表现状态如图9-14所示。

该图9-14所描述的是,转向盘转角固定,汽车由初始位置出发可能产生的行驶状态轨迹：

(1)预期的理想转向行驶轨迹。当纵横向附着条件满足时,可以实现安全转向操纵。

(2)横向干扰导致汽车后轮产生横摆的运动轨迹。

(3)横向干扰导致汽车前轮产生侧滑的运动轨迹。

导致后轮产生横摆或前轮产生侧滑的原因是汽车无法平衡路面产生的横向干扰力矩,如路面附着状态突然发生变化,或转向过程中转向力矩增大(比如因规避障碍而突然激烈且大角度转向),或由于车轮侧偏角发生变化等情况。

当汽车后轮产生横摆或前轮产生侧滑的转向轨迹变化时,将使得汽车丧失转向稳定/操纵性,因此必须予以控制的运行状态。

总体而言,上述状态的产生是由于汽车的驱动附着条件被打破,而ABS/ASR提供的纵向滑移率控制,无法保证在上述状态下汽车抵抗横向干扰所需提供的抗干扰力矩,从而产生侧偏或横摆。

汽车失稳的原因主要如下：

(1)在某些情形中,汽车的侧向加速度和纵向加速度发生大的改变,使得汽车发生转向不足和转向过度,因而失去行驶稳定性。

(2)汽车对车轮的制动和驱动产生的纵向力作用在轮子上,导致汽车侧偏机能下降,使汽车发生侧滑因此导致失稳。

(3)汽车高速躲避前方障碍物,驾驶员操作转向盘的动作过快,而汽车的横摆角速度响应延迟,导致车体在突然变道中产生很大的质心侧偏角引起汽车失稳。

(4)道路不平整,以及外界风力因素作用使汽车姿态改变而引起的失稳。

另外在特殊情形下,驾驶员不正确的操控也是导致汽车失去稳定性的原因。

5. ESP 控制转向失稳原理

转向过程中,欲满足横向稳定/操纵性的状态,理论上横摆角速度与汽车纵向速度 v_x 和基准特征车速 $v_{\omega H}$ 之间必须满足如下限定关系:

$$v_{\omega H} = \frac{v_x \cdot \delta_w}{(a+c)(1+v_\omega^2)} \tag{9-8}$$

式中: $v_{\omega H}$ ——基准特征车速;

δ_w ——前轮转角;

v_x ——纵向速度分量;

v_ω ——车轮线速度(特征车速);

a、c ——汽车运动质心距离前轮和后轮接地点的距离,为汽车几何结构参数。

横摆和侧偏附着条件为:

$$F_{\varphi H} \leqslant F_Z \cdot \varphi_H \tag{9-9}$$

式中: $F_{\varphi H}$ ——横向附着力;

F_Z ——地面对车轮的法向反力;

φ_H ——地面与车轮之间的横向附着系数。

汽车的曲线行驶时,车轮转向角、车速和附着状态(滑移率)必须同时满足式(9-8)和式(9-9),才能确保该状态下的操纵/稳定性要求。

式(9-8)和式(9-9)描述了汽车电子稳定系统限定条件,形成 ESP/ECU/MAP 的理论依据。

ESP 是一种闭环反馈、具有主动干预性的控制系统,实现汽车行驶中的侧偏和横摆控制,该系统是在 ABS/ASR 综合控制基础上实现的功能扩展与升级(主要是控制软件方面的发展与升级)。

ESP 的具体控制过程为:

(1)探测和识别汽车运动横向附着状态,对汽车预期的瞬时侧向安全性及其变化趋势进行评估,以确定是否执行控制与干预驾驶操作。

(2)当汽车运动状态发生激烈变化时实施控制,确保或恢复汽车的稳定/操纵性能。

(3)当驾驶人操纵不当以至有可能发生危及安全的运动状态时,主动干预或制止该操纵动作。

(4)增强 ABS/ASR 的功能,充分利用汽车的附着力,改善汽车的动力、经济、操纵和制动等性能。

(5)与发动机、ECT/ABS/ASR/EPS 和主动悬架(A-SUS)系统共同形成汽车底盘综合控制系统。

二、ESP 的组成

1. ESP 的基本构成

ESP 系统可大致分为四个部分:用于检测汽车状态和驾驶员操作的传感器部分;用于快

算汽车侧滑状态和计算恢复到安全状态所需的旋转动量和减速度的 ECU 部分;用于根据计算结果来控制每个车轮制动力和发动机输出功率的执行器部分;用于告知驾驶人汽车失稳的信息部分(图 9-15)。

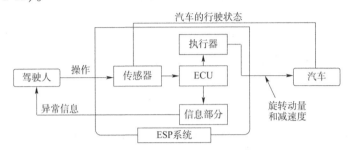

图 9-15　ESP 系统结构流程图

ESP 系统各零件在车上的分布位置如图 9-16 所示。

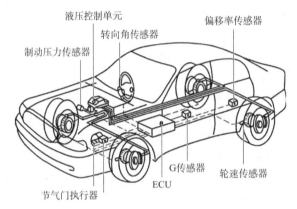

图 9-16　ESP 系统各零件在车上的分布位置

2. ESP 传感器

1) 主要传感器

ESP 系统的主要传感器及其功能如下：

(1) 转向角传感器。监测转向盘旋转角度,帮助确定汽车行驶方向是否正确。

(2) 轮速传感器。监测每个车轮速度,确定车轮是否打滑。

(3) 横摆角速度传感器(或偏转率传感器)。记录汽车绕垂直轴线的运动,确定汽车是否在打滑。

(4) 横向加速度传感器(或 G 传感器)。检测汽车转弯时产生的离心力,确定汽车通过弯道时是否打滑。

(5) 制动压力传感器。检测制动管路内的实际压力,并提供给 ESP 的控制单元。

2) 转向角传感器

(1) 安装位置。转向角传感器安装在转向柱开关和转向盘之间的转向柱上,安全气囊回位环(螺旋弹簧)和转向角传感器构成一个整体(图 9-17)。转向角传感器

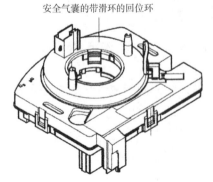

图 9-17　转向角传感器安装位置

可测得±720°,即转向盘转4圈范围。

(2)电路图。转向角传感器是将数据直接通过CAN总线传递给电子控制单元的传感器,打开点火开关后将转向盘转动4.5°(相当于转过1.5cm),转向角传感器就完成初始化。

(3)构造。测量角度是根据光栅原理进行的。主要由光源、编码盘、光学传感器、旋转计数器等组成,如图9-18所示。编码盘由绝对环和增量环构成。两只传感器分别扫描这两个环。

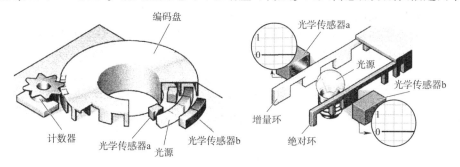

图9-18 转向角传感器的构造

把带孔的增量环和绝对环平行放置,两个环之间设置有光源。

如果光通过缝隙照到传感器上,就产生了一个信号电压;如果光源被遮掉,无信号电压。

移动编码盘,会产生两种不同的信号电压,光学环传感器a传递的信号是均匀的,因为增量环上的孔排列均匀。光学传感器b传递的信号不均匀,因为绝对环上的孔排列不均匀。比较这两种信号,系统就能算出带孔环移动的距离,移动的起始位置由绝对环决定如图9-19b)所示。

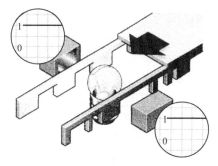 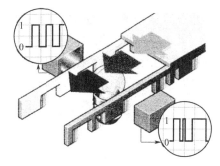

a) 两个光学传感器均输出高电位　　b) 两个光学传感器输出的方波信号

图9-19 转向角传感器的工作原理

转向时,转向角传感器根据上述原理工作。

3)横向加速度传感器

横向加速度传感器主要用于汽车电子稳定程序系统(ESP)检测汽车的横向加速度,以进行汽车转向稳定性控制。

横向加速度传感器一般采用霍尔效应原理,由永久磁铁、弹簧、减振板和霍尔元件等组成,如图9-20所示。

永久磁铁、弹簧、减振板构成电磁系统,磁铁和弹簧紧密连接,并能在减振板上来回摆动。

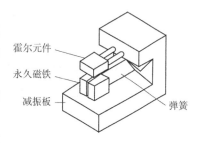

图9-20 横向加速度传感器的结构

如果横向加速度 a 作用到汽车上,由于惯性,永久磁铁稍晚一些才会跟着运动,这就是说,开始时,永久磁铁保持静止,而减振板跟着传感器机体和整个汽车一起运动,如图9-21a)所示。

通过这种移动在减振板上产生电子涡流,它反过来又建立了一个永久磁铁相反的磁场,这样就减小了总磁场的磁场强度。它引起了霍尔压力(U)的变化,这个压力变化与横向加速度的大小成比例,如图9-21b)所示。

也就是说,减振板和磁铁间摆动越厉害,磁场的强度就越弱,霍尔压力变化就越明显。没有横向加速度时霍尔压力是一个常数,如图9-21c)所示。

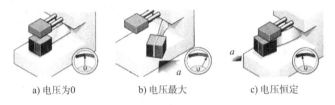

a) 电压为0　　b) 电压最大　　c) 电压恒定

图9-21　横向加速度传感器的工作原理

4)横摆角速度传感器

横摆角速度传感器来自航天技术,它确定是否有转矩作用在物体上,根据其安装的位置能确定绕着某一空间轴的旋转,也称为偏转率传感器。在ESP系统中,这个传感器用于测定汽车是否绕着垂直轴旋转,即偏转率。根据工作原理不同,偏转率传感器主要有两种类型,即压电式和音叉式。

(1)压电式横摆角速度传感器。压电式横摆角速度传感器的基本部件是一个小的金属空心圆柱体,其表面有8只压电元件,其中,4只压电元件使空心圆柱处于谐振状态,另外4只元件"观察"它们所在的这个圆筒的振荡波是否改变,如图9-22所示。当有转矩作用在这个空心圆柱体上时,振荡波节就完全改变,从被观察的压电元件上可以测出振荡波节在移动,并把信息传送给电子控制单元,电子控制单元由此计算出汽车的偏转率。

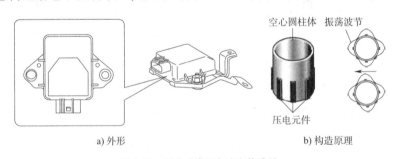

a) 外形　　　　　　　　　　　b) 构造原理

图9-22　压电式横摆角速度传感器

(2)音叉式横摆角速度传感器。音叉式横摆角速度传感器的基本部件是一个微型机械系统,带有一个单硅晶体做成的双调音叉,单硅晶体被放置在传感器薄板的电子构件里,双调音叉的"尾部"和其余的硅体相连,为了看得更清楚,把这部分硅体去掉了,如图9-23所示。

双调音叉是由一个励磁调音叉和一个测量调音叉组成。

第九章　驱动防滑与稳定性控制

在硅体调音叉上施加交流电压,就会产生共振,双调音叉的两部分非常调谐,励磁调音叉在 11kHz 时产生共振,测量调音叉在 11.33kHz 时产生共振。如果在双调音叉上施加频率为 11kHz 的交流电压,则励磁调音叉产生共振,而测量调音叉不产生共振,如图 9-24 所示。

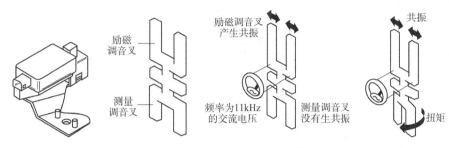

图 9-23　音叉式横摆角速度传感器　　　图 9-24　音叉式横摆角速度传感器的工作原理

当有作用力时,产生共振的调音叉比没有产生共振的调音叉反应迟钝,如图 9-24 所示。

当双调音叉的一半和传感器的其余部分在旋转加速度的作用下随着汽车一起运动时,双调音叉就像一个螺旋钻一样转动,这一转动使调音叉上的电荷分布发生了变化,电荷分布用电极测量,由传感器的电子部分计算出并传送给电子控制单元。

振子选定为音叉型的理由是:因为两个振子是反向运动的,所以产生哥氏力的方向也相反,由此汽车前后、左右方向加速度所形成的挠曲变形可以互相抵消,因此就可以从检测音叉压电陶瓷片上仅输出角速度信号。

此外,本节介绍的传感器内设有自我诊断电路,具有检测传感器自身是否异常的功能,其目的是提高 VSC 系统的可靠性,因此,这种传感器也是一种智能传感器。

5)制动压力传感器

制动压力传感器被安装在行驶动力调节液压泵中。

制动压力传感器向电子控制单元传送制动管路的实际制动压力。电子控制单元据此算出车轮制动力及作用在汽车上的轴向力。如果需要 ESP 起作用,电子控制单元会利用上述效值计算侧向力。

没有实际制动力的数据,系统无法正确计算侧向力,则 ESP 失效。

制动压力传感器的核心部件是受到制动液作用的压电元件和信号处理电路如图 9-25 所示。

如果制动液挤压压电元件,压电元件上的电荷分布就会起变化。未受到制动液的压力,电荷是均匀的,无电压产生,如图 9-26a)所示。一旦受到压力,电荷位置移动,由此产生电压。压力越大,电荷分得越开,电压越大。电压被内置的电子元件放大后,以信号的形式送给电子控制单元,如图 9-26b)所示。因此,电压大小可直接测量出制动压力大小。

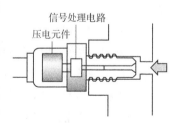

图 9-25　制动压力传感器的构造

3. ESP ECU

ESP ECU 与 ABS、ASR、EDS 四合一,共用一个电子控制单元,采用高速 CPU。

在汽车集中控制的框架下,稳定/操纵控制系统可实现 ABS/ASR/ESP 综合数据信息处理，ESP 模块结构如图 9-27 所示。

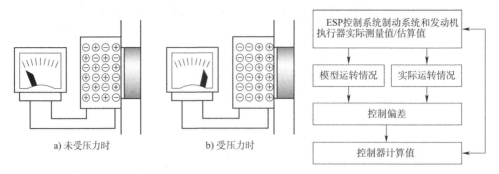

图 9-26　制动压力传感器的工作原理　　图 9-27　ESP/ECU 结构示意图

输入相关信息数据，包括汽车发动机及其辅助系统、传动系统、主动悬架（A-SUS）和 ABS/ASR 等系统的瞬时综合运行状态，以及 ESP 转向操纵信息等，经 ESP/ECU 处理后，即可获得汽车动力学表达式(9-8)和式(9-9)描述的瞬时稳定/操纵实际状态。

该状态及其变化趋势，经与 ECU/MAP 内存的理论实际安全性状态及其变化趋势模型进行综合计算、评价和分析后，即可获得瞬时安全状态与理论安全状态的偏差，该偏差作为 ABS/ASR/ESP 综合控制的对象，并形成执行机构控制指令，尽可能地减小并消除该偏差。

4. ESP 执行器

ESP 系统并没有自身独立的执行机构，而是运用发动机 ECU、ECT、ABS/ASR 以及 A-SUS（主动悬架）等系统的执行机构获得控制力矩，实现稳定/操纵控制，但是这些执行机构均必须通过 ESP 接口获得经综合处理的执行指令，以实现 ABS、ASR 或 ESP 控制功能。

5. ESP 的工作过程

ESP 的工作过程主要分为四步：信息的采集、ECU 的计算、ECU 的判断与处理、执行器的执行。

1) 信息的采集

通过各种传感器来实时监控汽车的运行状态，如车速、转向盘转角、横摆角速度、制动力矩等数据。

2) ECU 的计算

电子控制单元 ECU 接收由传感器传来的各种信号。对其进行计算，得出此时刻汽车的实际横摆角速度、质心侧偏角等信号；同时，由微机控制系统的 ROM 中用预先储存的控制程序计算出控制变量的标准数据。

3) ECU 的判断和处理

根据两种不同方法获取的横摆角速度和质心侧偏角之间的偏差值，判断出汽车是否处于失稳工况，若处于失稳工况，则向制动系统输入控制信息。

4) 执行器的执行

执行电子控制单元 ECU 发来的控制信息，通过相应的控制逻辑对车轮进行制动来产生附加横摆力矩。

三、ESP 的控制过程分析

当 ESP 工作时,对车轮施加制动力,以控制整车的横摆角速度使汽车处于稳定行驶状态。

以某一个车轮为例,分析 ESP 工作时,车轮制动力变化过程。车轮液压调节单元主要由分配阀、高压阀、ABS 进油阀、ABS 回油阀、车轮制动缸、回油泵、液压泵、制动助力装置等构成,如图 9-28 所示。

1. 增加压力

当 ESP 起作用时,液压泵开始把储油罐中的制动液输送到制动管路中。车轮制制动缸和回油泵中很快就有了压力,系统处于增压状态如图 9-29 所示。此时,ESP 的分配阀正向接通,即关闭,高压阀打开,ABS 进油阀打开,ABS 回油阀关闭。

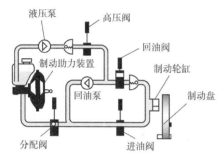

图 9-28　车轮液压调节单元的构造(某个车轮)

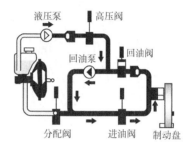

图 9-29　液压调节单元处于增加压力状态

2. 保持压力

此时,ESP 的分配阀仍正向接通,即关闭,但高压阀处于关闭状态,回油泵停止工作。

ABS 进油阀关闭,ABS 回油阀依旧关闭着,压力不会从车轮制动缸泄漏出去,系统处于保持压力状态如图 9-30 所示。

3. 减少压力

此时,ESP 的分配阀反向接通,即打开,高压阀仍处于关闭状态,进油阀仍关闭,但回油阀打开。进油阀关闭,而回油阀开启,制动液通过串联式主缸流回储油罐中,系统处于减压状态如图 9-31 所示。

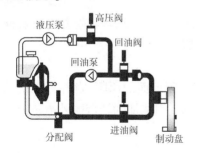

图 9-30　液压调节单元处于保持压力状态

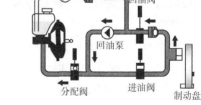

图 9-31　液压调节单元处于减少压力状态

四、不同行驶不稳定状态下 ESP 控制方法

1. 抑制转向不足

抑制汽车转向不足的控制原理如图 9-32a) 所示。转向盘转角传感器向 ECU 发送一个

驾驶人想朝方向 A 转向(左)的信号,横摆率传感器检测到汽车开始向 B 打转(顺时针),同时汽车前端开始向方向 C 滑移,说明汽车出现转向不足,电子稳定程序将实行主动制动干预。

如图 9-32b)所示,电子稳定程序利用 ABS/ASR 系统中已有的主动制动控制功能,对左后轮进行制动干预,此刻,由于左后轮被制动,而汽车的质心因惯性作用继续向前运动,于是汽车就只好以左后轮为支点绕其旋转(逆时针);汽车就朝方向 A 转向,即向驾驶人想要的方向的转向,转向不足的操作缺陷即被克服。

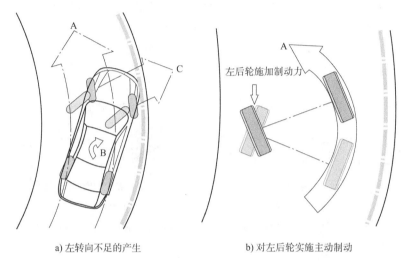

a) 左转向不足的产生　　b) 对左后轮实施主动制动

图 9-32　抑制转向不足的控制原理

2. 抑制转向过度

转向过度示意图如图 9-33a)所示。转向盘转角传感器向(快)发送一个驾驶人想向方向 A 转向的信号,横摆率传感器检测到汽车开始向 B 打转(逆时针),同时汽车后端开始向方向 C 滑移,说明汽车开始转向过度,电子稳定程序将实行主动制动干预。

如图 9-33b)所示,电子稳定程序利用 ABS/ASR 系统中已有的主动制动控制功能,对右后轮进行制动干预,此刻,由于右后轮被制动,而汽车的质心因惯性作用继续向前运动,于是汽车就只好以右后轮为支点绕其旋转(顺时针),这样一来,汽车就朝方向 A 转向,即向驾驶人想要的方向转向,转向过度的操作缺陷即被克服。

3. 抑制后轮侧滑

当汽车在弯道上或湿滑的路面上高速行驶时,因地面的原因,附着力变化无常,后轮产生侧滑,使汽车横向甩尾。电子稳定程序立即把制动力施加到转弯的外前轮上,使汽车产生相反的回正力矩,恢复直线行驶,如图 9-34a)所示。

4. 抑制前轮侧滑

同理,前轮也会产生侧滑,使汽车横向飘出。电子稳定程序立即把制动力施加到两个非驱动的后轮上,使汽车产生相反的回正力矩,恢复直线行驶,如图 9-34b)所示,因前轮为驱动轮,应使后轮采用先拉后摆的方法恢复直行,对两后轮还可以用占空比的方式调节制动力的大小。

第九章　驱动防滑与稳定性控制

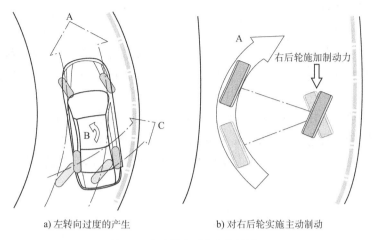

a) 左转向过度的产生　　　　b) 对右后轮实施主动制动

图 9-33　抑制转向过度的控制原理

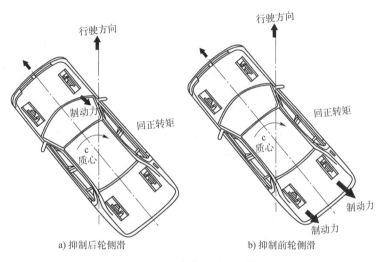

a) 抑制后轮侧滑　　　　b) 抑制前轮侧滑

图 9-34　抑制前、后车轮侧滑

五、ESP 的关键技术

1. 液压调节器的设计

液压调节器是 ESP 控制系统的主要执行机构，由电机泵、电磁阀以及控制器三个部分组成，液压调节器关系到 ESP 控制系统的可靠性和控制精度，因此在对其结构设计和制造生产中要求很高。

2. 汽车状态估计

汽车的稳定性调节措施是根据汽车的当前运行情况数据确定的，汽车状态估计可以及时判断驾驶员的操控要求，同时能够分析汽车当前的行驶状态，尽管汽车状态估计如此迅速了解车况，一些汽车行驶信息不是能够直接得到，例如很难直接得到汽车当前的质心侧偏角，这必须通过其他数据信息的间接估算得到。汽车状态估计要对实际路况的估计量和控制量进行修正。因此汽车状态估计直接反应稳定性控制系统的精度和调控性能。

3. ESP 控制器的软、硬件

控制器是汽车稳定性控制系统中最为重要的部分，它的硬件研发的关键在于要增强功能性和可靠性，控制器的软件开发是整个控制系统中最难的一部分，要设计最理想的控制算法同时要具备在各种工况下进行测试的数据库，另外要能够用在不同汽车的控制系统中。

4. 试验方法

试验是对开发的 ESP 控制系统进行检验的环节，是必须要具备的，因此必须要有一套规范的标准来对试验过程进行衡量，一套好的完备的试验方法促进 ESP 技术的不断发展以及整个技术水平的提升，所以试验方法是 ESP 开发过程中必不可少的关键技术。

复习思考题

9-1　名词解释：滑转率、横摆角速度(横摆率)、ESP。
9-2　ASR 有何功用？
9-3　简述通过调节发动机输出转矩来控制驱动轮滑转的原理。
9-4　简述通过调节驱动轮制动力矩来控制驱动轮滑转的原理。
9-5　简述通过调节差速器锁上程度来控制驱动轮滑转的原理。
9-6　简述通过调节变速器挡位来控制驱动轮滑转的原理。
9-7　简述通过调节驱动轮载荷来控制驱动轮滑转的原理。
9-8　为何在不同车速条件下，需要采用不同的控制方式来控制驱动轮滑转？
9-9　在 ASR 中，各控制参数是如何确定的？
9-10　简述 ESP 的结构组成。
9-11　简述转向角传感器的工作原理。
9-12　简述横摆角速度传感器的工作原理。
9-13　简述横向加速度传感器的工作原理。
9-14　ESP 是怎样控制汽车转向不足的？
9-15　ESP 是怎样控制汽车过度转向的？

第十章　悬　架　控　制

本章主要介绍：电控悬架的功用与类型；悬架减振器阻尼控制和弹簧刚度控制的系统组成、控制原理和控制方式；主动悬架的系统组成与控制原理。

汽车悬架是车身和车轮之间所有传力装置的总称，悬架的功用是将路面作用于车轮的垂直反力(支承力)、纵向反力(牵引力、制动力)、侧向反力以及由这些反力形成的力矩传递至车身，以保证汽车正常行驶。

汽车电子控制悬架系统又称电子调节悬架系统(Electronic Modulated Suspension System，EMS)，其悬架称为电控悬架。悬架控制参数主要有悬架弹簧刚度和减振器阻尼力，通常将只控制弹簧刚度或减振器阻尼力的称为半主动悬架；弹簧刚度和减振器阻尼力均可以控制的悬架称为主动悬架。

第一节　电控悬架的功用与类型

一、电控悬架的功用

汽车电子控制悬架系统的作用是通过控制调节悬架的刚度和减振器阻尼，突破传统被动悬架的局限区域，使汽车的悬架特性与行驶的道路状况相适应，保证平顺性和操纵性两个相互排斥的性能要求都能得到满足(图10-1)。

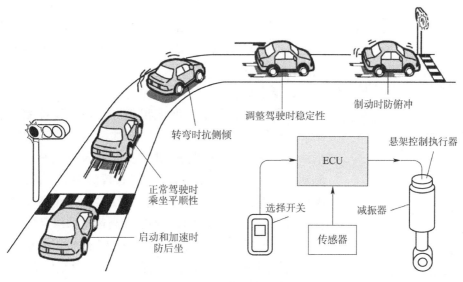

图10-1　电控悬架的功能

汽车电子控制悬架系统的基本功能有车高调整、衰减力控制、弹簧刚度控制、侧倾角刚度控制等。

1. 车高调整功能

无论汽车的负载或车速如何变化,车高调整功能都可以保持适宜的车身车高。当汽车在路况很差的道路上行驶时,可以使车高增加;当汽车高速行驶时,又可以使车高降低,以减少空气阻力,提高操纵稳定性。半主动悬架调节减振器的阻尼方式有无级式和有级式两种。

2. 衰减力控制功能

衰减力控制功能的作用是提高汽车的操纵稳定性,在急转弯、急加速和紧急制动的情况下,可以抑制汽车姿势的变化,防止汽车后坐、侧倾、前倾等。

3. 弹簧刚度的控制功能

弹簧刚度的控制功能是利用控制弹簧刚度(弹性系数)的办法,来控制汽车起步等不同路况时的姿势。

4. 侧倾角刚度控制功能

侧倾角刚度控制功能是在传统横向稳定杆(侧倾扭杆)上装上抗侧倾驱动装置。电子控制单元根据转弯的强度提供适当的作用在车身上抗侧倾所需的力矩,防止汽车转弯时车身侧倾,以提高汽车行驶稳定性。

二、电控悬架的类型

1. 根据有无力发生器分

1)半主动悬架

半主动悬架是根据路面冲击、车轮与车体的加速度、速度及位移信号仅实时调节悬架的阻尼系数,消耗来自不平路面的冲击能量,而不需要提供能量,以这种方式来改善悬架缓冲性能。半主动悬架无力发生器,即无源控制,结构简单、造价低、能量消耗小,是轿车上较为普遍采用的一种调节方式。如图10-2所示是一种典型的半主动悬架,它是通过改变液压缸上下两腔节流口的过流面积,以调节悬架的阻尼系数,在结构上更接近传统的机械悬架。半主动悬架调节减振器的阻尼方式有:无级式和有级式两种。

2)全主动悬架

全主动悬架简称主动悬架,它是一种有源控制。主动悬架可以根据汽车行驶条件的变化,主动改变悬架的刚度和阻尼系数。在汽车行驶路面、速度变化以及在汽车起步、转向、制动等工况时主动悬架都可进行有效的控制。此外,主动悬架还可以根据车速的变化控制车身的高度(车高控制系统),可改善汽车在坏路况的行驶性能和高速操纵稳定性。

主动悬架是根据路面冲击、车轮与车体的加速度、速度及位移信号同时实时调节悬架的阻尼、刚度及车体高度,这种调节方式必须由外部提供能量。主动悬架实际是主动力发生

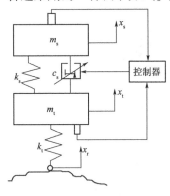

图 10-2 半主动悬架

m_s-1/4 车体质量;m_t-非簧载质量;c_s-从动悬架阻尼系数;k_t-轮胎刚度系数;x_r-地面的扰动输入;x_s-车体位移;x_t-非簧载质量位移

器,可根据汽车的质量和地面的冲击载荷,自动产生相应的力与其平衡,保证汽车在各种路面条件下都具有较好的平顺性,相当于在不同工况下都能将悬架的刚度与阻尼系数自动调节到最佳值的调节装置。主动悬架在结构上有两种基本布置方式,一种是与从动悬架并置式,另一种是采用伺服驱动全独立式,如图10-3所示。

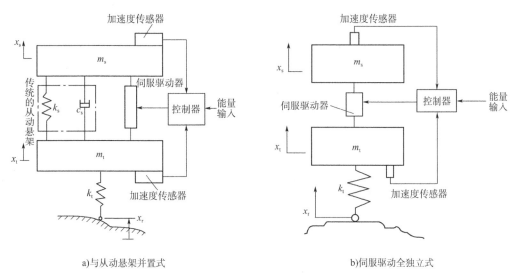

a) 与从动悬架并置式　　　　　　b) 伺服驱动全独立式

图10-3　主动悬架的类型

根据悬架传递运动和能量介质的不同,主动悬架又可分为油气式主动悬架(液压式)和空气式主动悬架两种。

2. 根据功能及组合形式分

电子控制悬架系统的控制方式有调节车身高度、调节空气弹簧刚度和调节减振器阻尼。根据电子控制悬架系统的功能及其组合形式不同,电子控制悬架系统主要分为以下几种类型。

(1) 电子控制车身高度调节系统,即变高度空气弹簧悬架系统。
(2) 电子控制悬架刚度调节系统,即变刚度空气弹簧悬架系统。
(3) 电子控制减振器阻尼调节系统,即变阻尼减振器悬架系统。
(4) 电子控制车身高度与悬架刚度调节系统,即变高度与变刚度空气弹簧悬架系统。
(5) 电子控制车身高度、悬架刚度与减振器阻尼调节系统,即变高度、变刚度空气弹簧与变阻尼减振器悬架系统。

第二节　悬架减振器阻尼控制

减振器阻尼控制是指对减振器上、下油腔之间流量进行调节,即调节阻尼的大小,实现减振器变阻尼。

一、减振器阻尼控制系统的组成

1. 基本组成

减振器阻尼控制系统主要由车速传感器、转向盘转角传感器、车高传感器、节气门位置传感器、加速踏板位置传感器、垂向加速度传感器、横向加速度传感器、工作模式开关、EMS ECU、减振器变阻尼执行元件等构成,如图10-4所示。各零件分布位置如图10-5所示。

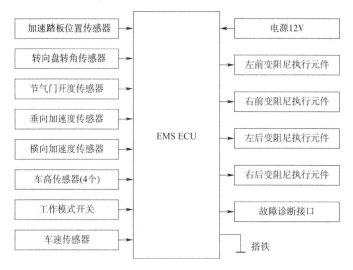

图10-4 悬架减振器阻尼控制系统组成框图

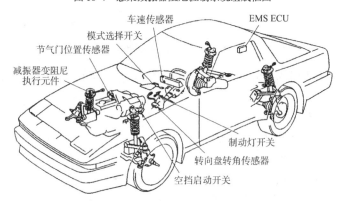

图10-5 悬架减振器阻尼控制系统的各零件分布

减振器阻尼控制系统的主要元件及其功能见表10-1。

减振器阻尼控制系统主要元件及其功能　　　　　　　　表10-1

主要元件名称	功能
车速传感器	检测车轮转速,用于计算车身行驶速度
转向盘转角传感器	检测转向盘的转角和转向,用于测量转弯离心力
车高传感器	检测车身相对车轮的位置,测量车身高度变化状态
节气门开度传感器	检测节气门位置,提供汽车负荷、加速度信号
加速踏板位置传感器	检测加速踏板位置,提供汽车加速度信号
工作模式开关	检测驾驶员设定悬架工作模式,有标准和运动两个模式
垂向加速度传感器	检测车身垂向振动大小,用于不良路面感应控制
横向加速度传感器	检测车身横向加速度大小,用于转弯控制

续上表

主要元件名称	功能
EMS ECU	将各传感器进行综合处理,输出对悬架减振器阻尼调节信号
减振器变阻尼执行元件	控制减振器阻尼孔的开度,实现阻尼变化控制,通常采用的执行元件有电磁阀、步进电机等

2. 变阻尼执行元件

变阻尼执行元件主要有步进电动机式、电动液压泵式、电磁阀式等形式,本节主要介绍步进电动机式和电动液压泵式。

1) 步进电动机式变阻尼执行元件

步进电动机式变阻尼执行元件都安装在减振器支柱顶部,其结构如图 10-6 所示,每个减振器的变阻尼执行元件都由步进电动机、驱动小齿轮、扇形齿轮、挡块、电磁线圈及阻尼控制杆等组成。

在 EMS 中,所有变阻尼执行元件的电路均并联连接,并由 EMS ECU 控制,当 EMS ECU 发出指令而使执行元件的步进电动机转动时,步进电动机轴下端的驱动小齿轮带动扇形齿轮转动,扇形齿轮带动阻尼控制杆转动,阻尼控制杆再带动减振器筒内部的阻尼调节回转阀转动。

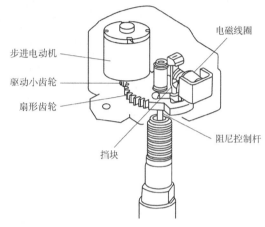

图 10-6　变阻尼减振器执行元件的结构

回转阀为管状结构,与减振器的阻尼控制杆(又称回转阀控制杆)连接,如图 10-7 所示,在回转阀的不同截面上设有阻尼孔,分别与减振器活塞杆上的减振油液孔处于同一个截面上,控制这些阻尼孔的开闭状态,即可控制减振器油液的流量,从而调节阻尼的大小。

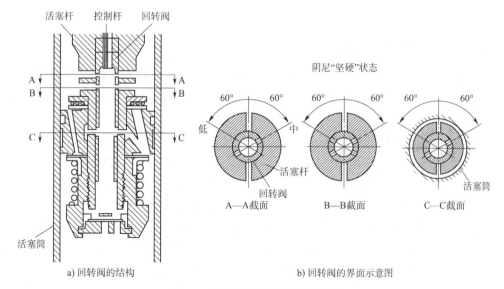

图 10-7　回转阀的结构及其界面示意图

挡块位于扇形齿轮的凹槽中,其功用是决定扇形齿轮停止运动的位置,从而决定回转阀的位置和减振器阻尼的状态。

2) 电动液压泵式变阻尼执行元件

电动液压泵式变阻尼执行元件安装在减振器支柱底部。主要由电动液压泵、电动液压泵控制单元、油管、高压气囊等构成,如图 10-8 所示。

图 10-8 电动液压泵式变阻尼执行元件

油管有两根,一根与减振器活塞上腔连接,一根与减振器活塞下腔连接。上、下两个油腔室分别连接减振器桶外嵌套的两个空心圆柱腔室,两个圆柱腔室内各安装一个高压气囊,高压气囊的体积随压力增减进行调节,起到阻尼器和蓄压器作用。减振器的液压压力约为30bar。

电动液压泵由电动机驱动,驱动电压一般为48V,电动泵的最大压力可达130bar,电动液压泵与两根油管相连,控制减振器上、下腔油液流动,如图 10-9 所示。

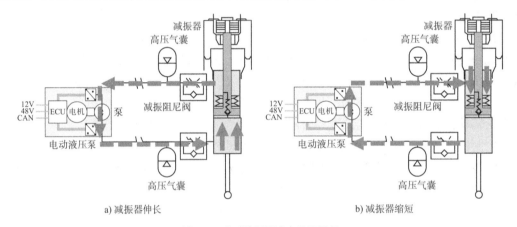

图 10-9 电动液压泵式变阻尼原理

二、减振器阻尼调节方法

电子控制减振器阻尼调节系统调节的阻尼分为"柔软""中等""坚硬"三种状态。电子控制减振器阻尼调节系统调节阻尼的原理是,通过调节减振器油液的流量来调节阻尼的大小。

1. 阻尼"柔软"调节方法

当 EMS ECU 根据传感器和控制开关信号确定阻尼为"柔软"状态时,EMS ECU 便向步进电动机发出控制指令,使其沿顺时针方向旋转,如图 10-10a)所示,因此,小齿轮驱动扇形齿轮沿逆时针方向转动,直到扇形齿轮一边的凹槽靠在挡块上为止。

当扇形齿轮转动时,便带动回转阀控制杆和回转阀转动。回转阀上阻尼孔与活塞杆上减振油液孔的相对位置如图 10-11 所示,由于 A-A、B-B 和 C-C 界面上的三个阻尼孔全部打开,允许减振油液以很快的速度流过活塞,因此,减振器能很快伸缩,使阻尼处于"柔软"状态。

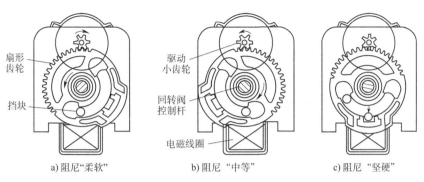

a) 阻尼"柔软"　　　　b) 阻尼"中等"　　　　c) 阻尼"坚硬"

图 10-10　扇形齿轮的旋转方向与位置

阻尼	阻尼孔位置		
	A—A截面阻尼孔	B—B截面阻尼孔	C—C截面阻尼孔
坚硬	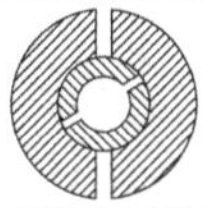	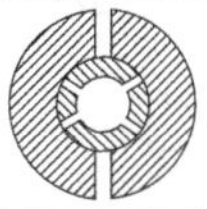	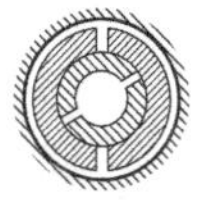
中等	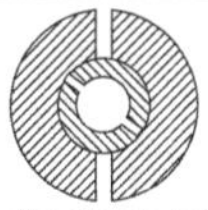	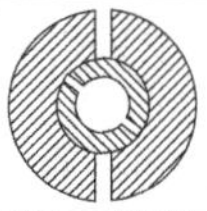	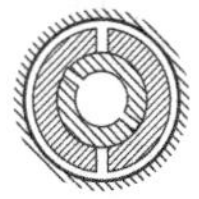
柔软	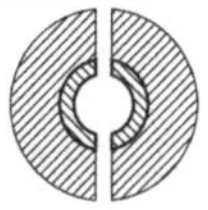	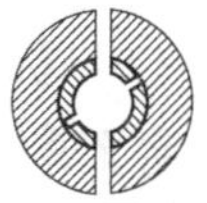	

图 10-11　阻尼孔与油液孔的相对位置

2. 阻尼"中等"调节方法

当 EMS ECU 根据传感器和控制开关信号确定阻尼为"中等"状态时，EMS ECU 向步进电动机发出控制指令，使其沿逆时针方向旋转，如图 10-10b)所示。小齿轮便驱动扇形齿轮沿顺时针方向转动，直到扇形齿轮凹槽的另一边靠在挡块上为止(从"柔软"的极限位置起算，其转角约为120°)，与此同时，扇形齿轮带动阻尼控制杆和回转阀旋转，回转阀上的阻尼孔与活塞杆上的减振油液孔的相对位置如图 10-11 所示。由于只有 B-B 截面上的阻尼孔接通，允许减振油液流过活塞的流动速度适中，因此减振器能以缓慢速度伸缩，使阻尼处于"中等"状态。

3. 阻尼"坚硬"调节方法

当 EMS ECU 根据传感器和控制开关信号确定阻尼为"坚硬"状态时，EMS ECU 将向步进电动机和电磁线圈同时发出控制指令，使步进电动机和扇形齿轮从阻尼"柔软"或"中等"的极限位置旋转约60°(从"柔软"的极限位置顺时针旋转60°，从"中等"的极限位置逆时针旋转60°)，电磁线圈电流接通时，其电磁吸力将挡块吸出，使挡块进入扇形齿轮凹槽中部的凹坑内，如图 10-10c)所示。与此同时，扇形齿轮带动回转阀控制杆和回转阀旋转，回转阀上的阻尼孔与活塞杆上的减振油液孔的相对位置如图 10-11 所示。由于 A-A、B-B 和 C-C 截面上的 3 个阻尼孔全部封闭，减振油液不能流动，因此减振器伸缩非常缓慢，使阻尼处于"坚硬"状态。

三、减振器阻尼控制原理

减振器阻尼控制系统的一般工作过程,如图 10-12 所示。阻尼控制系统可以根据激励和车身的响应,对阻尼进行控制,使车身的振动响应始终被控制在某个范围内。

阻尼控制系统通常以车身振动加速度的均方根值作为控制目标参数,以悬架减振器的阻尼为控制对象,阻尼控制模型如图 10-13 所示。

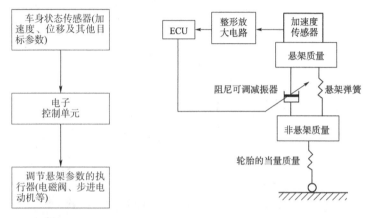

图 10-12 阻尼控制系统的工作过程　　图 10-13 阻尼控制模型图

在悬架 ECU 中,事先设定了一个目标控制参数 σ,它是以汽车行驶平顺性最优控制为目的设计的。汽车行驶时,安装在车身上的加速度传感器产生的车身振动加速度信号经整形放大后输入 ECU,ECU 立刻计算出当前车身振动加速度的方根值 σ_i(前一次为 σ_i),并与设定的目标参数 σ 比较,根据比较结果输出控制信号:

如果 $\sigma = \sigma_i$,ECU 不输出调整悬架阻尼控制信号。

如果 $\sigma < \sigma_i$,ECU 输出增大悬架阻尼控制信号。

如果 $\sigma > \sigma_i$,ECU 输出减小悬架阻尼控制信号。

悬架阻尼的改变一般是通过控制步进电动机驱动可调阻尼减振器中的有关部件,改变阻尼孔的大小实现的,当步进电动机带动驱动杆转动时,就改变了驱动杆与空心活塞的相对角度,从而改变减振器阻尼孔截面积,使减振器的阻尼发生变化。

第三节　悬架弹簧刚度控制

悬架刚度是指车轮中心相对于车架和车身向上移动单位距离所施加于悬架上的垂直载荷。

采用螺旋弹簧的悬架,其刚度通常是不可变的。要改变悬架刚度,悬架弹性元件通常采用空气弹簧悬架,改变空气弹簧的气压,就可以改变悬架刚度。

电子控制悬架刚度调节系统又称变刚度空气弹簧悬架系统,其主要功用是当汽车载荷变化时,自动调节悬架刚度,提高汽车的平顺性(乘坐舒适性)。

第十章　悬架控制

一、空气弹簧刚度控制系统组成

1. 基本组成

空气弹簧刚度控制系统，通常简称空气悬架，其刚度控制系统的组成如图10-14所示。

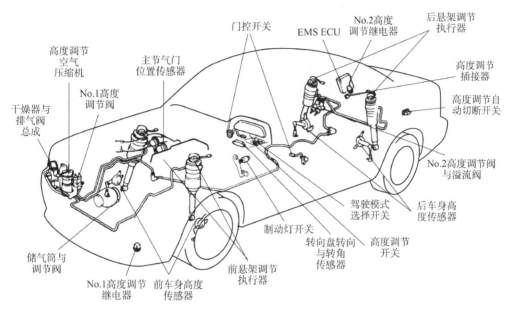

图10-14　空气弹簧刚度控制系统的组成

主要包括前后车身高度传感器、转向盘转向与转角传感器、高度调节开关、高度调节自动切断开关、驾驶模式选择开关、制动灯开关、EMS ECU、前后悬架调节执行器、前后高度调节继电器、前后空气压力调节阀、储气筒与调节阀、高度调节空气压缩机、干燥器与排气阀总成等。

2. 变刚度空气弹簧

变刚度空气弹簧的内部结构如图10-15所示，空气弹簧气压缸内部分为主气压腔和辅气压腔两个腔室，并在主、辅气压腔之间设有一个由步进电动机驱动的空气调节阀（空气阀）。将气压缸的主、辅气压腔设计为一体，不仅节省空间，而且质量降低。

3. 空气弹簧刚度调节阀

空气压力调节阀简称空气阀，其内部结构如图10-16所示，由阀体和阀芯组成。在主气压腔与辅气压腔之间的阀体上，设有小通道和大通道两个空气通道。空气调节阀控制杆由步进电动机驱动，步进电动机由 EMS ECU 控制。当步进电动机驱动空气压力调节阀控制杆转动时，阀芯随空气调节阀控制杆一起转动。当阀芯转动一定角度时，可以接通阀体上空气通道的大通道或小通道，使主、辅气压腔之间的空气流量改变，从而改变空气弹簧悬架的刚度。

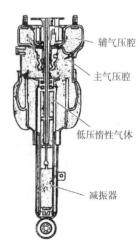

图10-15　变刚度空气弹簧的内部结构

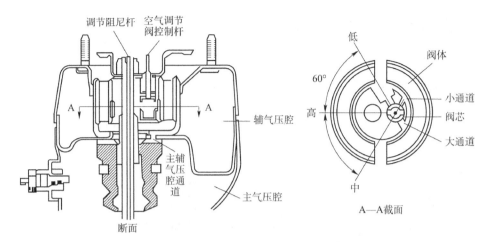

图 10-16　空气压力调节阀的内部结构

二、空气弹簧刚度调节方法

悬架弹簧刚度的调节原理是,改变空气弹簧主气压腔内压缩空气量的大小,使压缩空气的压力和密度改变来调节空气弹簧悬架的刚度。同理,如果使主、辅气压腔之间的压缩空气流动,那么改变主、辅气压腔之间压缩空气通路的大小,使主气压腔内压缩空气的压力和密度改变,就可改变空气弹簧悬架的刚度。

空气弹簧悬架的刚度分为"低""中""高"3 种状态。

1. "高"刚度调节方法

当步进电动机驱动空气阀控制杆并带动阀芯旋转到图 10-16 所示的"高"位置时,阀芯的开口被封闭,主、辅气压腔之间的空气通道被切断,两气压腔之间的空气不能流动。与此同时,EMS ECU 发出指令,将高度控制电磁阀与压缩机继电器的电路接通,压缩空气继续充入主气压腔,使空气压力升高、密度增大,因此,悬架刚度处于"高"状态。

2. "低"刚度调节方法

当步进电动机驱动空气阀控制杆并带动阀芯在图 10-16 所示位置的基础上沿顺时针方向旋转 60°,使阀芯开口对准图中"低"位置时,空气大通道构成通路,主气压腔内的压缩空气经阀芯中央的气孔和阀体侧面的气孔与辅气压腔构成通路并流入辅气压腔,两气压腔之间的空气流量较大。与此同时,EMS ECU 发出指令,控制高度控制电磁阀和排气阀电路接通,辅气压腔内的部分压缩空气从排气阀排出。因此,主气压腔的压缩空气减少、压力降低、密度减小,从而使悬架刚度处于"低"状态。

3. "中"刚度调节方法

当步进电动机驱动空气气阀控制杆并带动阀芯在图 10-16 所示位置的基础上沿逆时针方向旋转 60°,使阀芯开口对准图中"中"位置时,空气小通道构成通路,主、辅气压腔之空气流量很小。与此同时,EMS ECU 发出指令,控制高度控制电磁阀和压缩机继电器电路断电,因此,主气压腔内压缩空气量变化很小,悬架刚度处于"中"状态。

三、空气弹簧刚度控制原理

1. 抑制点头控制原理

当车紧急制动时,制动灯开关接通,EMS ECU 接收到该信号后,将根据车速传感器信号的变化率计算确定汽车减速度大小,向驱动前空气阀控制杆的步进电动机发出指令,使阀芯旋转到主、辅气压腔之间压缩空气不能流通的位置,EMS ECU 同时向前高度控制电微阀和压缩机继电器发出电路接通指令,压缩空气充入前空气弹簧的主气压腔,使前空气弹簧刚度升高。与此同时,EMS ECU 向后空气弹簧的高度控制电磁阀和排气阀发出电路接通指令,后空气弹簧放气,其空气压力和密度减小,使后空气弹簧的刚度降低。

由此可见,在紧急制动时,EMS 抑制汽车点头的方法是,控制前空气弹簧充气来升高其刚度,控制后空气弹簧放气来降低其刚度。

2. 抑制侧倾控制原理

在汽车急转弯时,由于汽车重心外移和离心力作用,车身会出现侧倾现象。EMS ECU 根据转向盘转向与转角(转动方向与转动角度)传感器以及侧向加速度(惯性力)传感器信号,即可判定车身侧倾情况。当这些传感器输入 EMS ECU 的信号表明汽车急转弯时,EMS ECU 将向空气弹簧和减振器阻尼调节元件发出控制指令,调节空气弹簧的刚度和减振器的阻尼,从而减小车身侧倾的程度,改善操纵性和乘坐舒适性。

调节空气弹簧刚度时,EMS ECU 将控制转向外侧的空气弹簧充气,使其空气压力升高、密度增大,刚度升高;同时,EMS ECU 还控制转向内侧的空气弹簧放气,使其空气压力降低、密度减小,刚度降低。

四、车身高度调节原理

对于空气弹簧悬架,不仅可以调节空气弹簧刚度大小,还可以对车身高度进行控制。

当汽车载荷量或乘员数发生变化时,汽车通过增加或减少空气弹簧气压缸内的空气量,使空气弹簧伸长或缩短来自动调节车身高度,车身高度的调节过程如图 10-17 所示。

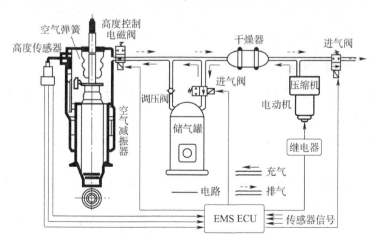

图 10-17　车身高度的调节过程

1. 车身高度不变

当车身高度传感器输入 EMS ECU 的信号表示车身高度在正常值范围内时，EMS ECU 将发出指令使空气压缩机停止转动，空气弹簧气压缸内的空气量不变，因此车身高度保持不变。

2. 车身高度升高

当汽车载荷量或乘员数增加而使车身"偏低"或"过低"时，高度传感器将向 EMS ECU 输入车身"偏低"或"过低"的信号。EMS ECU 接收到该信号后，立即向空气压缩机继电器和高度控制电磁阀发出电路接通指令，在空气压缩机运转的同时，高度控制电磁阀打开，压缩空气进入空气弹簧气压缸，气压缸内空气量增加使车身升高。

当空气压缩机继电器触点接通时，直流电动机带动空气压缩机运转，从压缩机输出的压缩空气经干燥器干燥后进入储气罐，储气罐的气体压力由调压阀调节。

3. 车身高度降低

当汽车载荷量或乘员数减少而使车身"偏高"或"过高"时，高度传感器将向 EMS ECU 输入车身"偏高"或"过高"的信号。EMS ECU 接收到该信号后，立即向空气压缩机继电器发出电路切断指令，并向排气阀和高度控制电磁阀发出电路接通指令，空气压缩机继电器触点迅速断开使电动机电路切断而停止运转，排气阀和高度控制电磁阀线圈电路接通，使电磁阀打开，空气经空气弹簧气压缸、高度控制电磁阀、干燥器、排气阀后排出，气压缸内空气量减少而使车身降低。

第四节　主动悬架控制

一、主动悬架控制系统的组成

既能实现变阻尼控制，又能实现变刚度控制的悬架，通常称为全主动悬架或主动悬架。

主动悬架一般是由可变阻尼的减振器和可变刚度的空气弹簧构成，两者联合控制，实现不同行驶状况的车身姿态控制（阻尼、刚度、车高控制），以提高汽车的通过性和乘坐舒适性。

主动悬架控制系统由车速传感器、车身高度传感器、加速度传感器、EMS ECU、阻尼调节元件、刚度调节元件、车身高度控制电磁阀，如图 10-18 所示。

二、主动悬架控制原理

主动悬架按其控制功能，可分为车速与路面感应控制、车身姿态控制和车身高度控制。

1. 车速与路面感应控制

车速与路面感应控制具备车速感应控制、前后车轮相关控制和坏路面控制三种控制功能。

1）车速感应控制

在车速很高时，悬架 ECU 输出的控制信号，使悬架的刚度和阻尼相应增大，以提高汽车高速行驶时的操纵稳定性。

当汽车速度超过 110km/h 时，悬架 ECU 就会根据车速传感器信号，经过计算分析后，输出控制信号。如果驾驶员选择的是"软"模式，则悬架的刚度和阻尼就自动从"低"状态转入

"中"状态;如果驾驶员选择的是"硬"模式,则悬架在"中"状态保持不变。当车速降低后,悬架的刚度和阻尼又自动回到选定模式的经常保持状态。

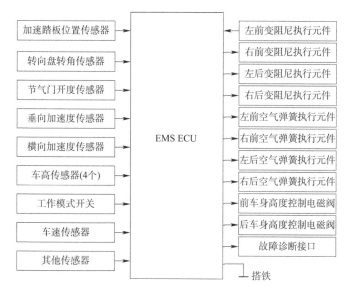

图 10-18　主动悬架控制系统框图

2) 前后轮感应控制

当汽车前轮遇到路面接缝等单个的突起障碍时,悬架 ECU 输出控制信号,相应减小后轮悬架的刚度和阻尼,以减小车身的振动和冲击。

前后轮感应控制还与车速有关,当汽车以 30～80km/h 的速度行驶遇到障碍时,安装在汽车前面的车身位移传感器的脉冲信号输入悬架 ECU,ECU 经过计算分析后输出控制信号。如果驾驶员选定的是"软"模式,后轮悬架保持"低"的状态;如果是"硬"模式,则从"中"状态自动转入"低"的状态,当后轮越过障碍后悬架又自动回到选定模式的经常保持状态。

如果汽车的行驶速度超过 80km/h,在前轮遇到障碍时,后轮悬架若转入"低"的状态会影响汽车的操纵稳定性,因此,无论在哪种模式下,悬架的刚度和阻尼都将在"中"的状态。前、后轮感应控制原理如图 10-19 所示。

3) 不良路面感应控制

当汽车进入不良路面行驶时,为抑制车身产生大的振动,悬架 ECU 输出控制信号,相应增大悬架的刚度和阻尼。

当汽车以 40～100km/h 的速度驶入不良路面时,车身位移传感器输出周期小于 0.5s 的车身高度变化信号。ECU 经过计算分析后输出控制信号,如果是在"软"模式下,悬架就自动从"低"状态转入"中"状态;如果是在"硬"模式下,则保持"中"的状态不变。

当汽车在高于 100km/h 的速度驶入坏路面时,如果是在"软"模式下,悬架会在"低"或"中"状态下转入"高"的状态;如果是在"硬"模式下,则从"中"转入"高"的状态。

2. 车身姿态控制

车身姿态控制是指在汽车车速突然转向等情况下,悬架 ECU 对悬架的刚度和阻尼实施控制,以抑制车身的过度摆动,从而确保汽车乘坐舒适性和操纵稳定性。

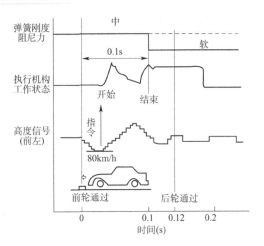

图 10-19 前、后轮感应控制原理

车身姿态控制包括：转向车身侧倾控制、制动车身点头控制和起步车身俯仰控制。

1) 转向车身侧倾控制

在汽车急转弯时，应增大悬架的刚度和阻尼，以抑制车身的侧倾。当驾驶人急打转向盘时，转向传感器将转向盘的转角和转速电信号输入悬架 ECU，ECU 经过计算分析后向悬架输出控制信号。如果驾驶人选择的是"软"模式，悬架就自动从"中"或"低"状态转入"高"状态；如果是在"硬"模式下，则从"中"转入"高"的状态。

2) 制动车身点头控制

在汽车紧急制动时，应增大悬架的刚度和阻尼，以抑制车身的点头。

当汽车在大于 60km/h 速度下紧急制动时，车速传感器的车速信号的制动开关的阶跃信号输入悬架 ECU，ECU 经过计算分析后输出控制信号，调整悬架的刚度和阻尼。如果这时处在"软"模式下，悬架就自动从"中"或"低"状态自动转入"高"状态；如果是在"硬"模式下，则从"中"转入"高"的状态。

3) 起步车身俯仰控制

在突然起步或突然加速时，也应增加悬架的刚度和阻尼，以抑制车身的俯仰。

在车速低于 20km/h 的情况下，驾驶人猛踩加速踏板时，车速传感器的车速信号和节气门开度传感器的阶跃信号输入悬架 ECU，ECU 经过计算分析后输出控制信号，调整悬架的刚度和阻尼。如果这时处于"软"模式下，悬架就自动从"中"或"低"状态自动转入"高"状态；如果是在"硬"模式下，则从"中"转入"高"的状态。

3. 车身高度控制

车身高度控制是控制器在汽车行驶车速和路面变化时，悬架 ECU 对悬架输出控制信号，调整车身的高度，以确保汽车行驶的稳定性和通过性。车身高度控制也分"标准"模式和"高"模式两种情况，在每种模式中又分"低""中""高"三种状态。控制方式包括高速感应控制、连续坏路面行驶控制、水平控制和驻车控制。

1) 高速感应控制

当车速超过 90km/h 时，为了提高汽车的行驶稳定性和减少空气阻力，悬架 ECU 输出控制信号,使排气阀和高度控制阀通电工作,悬架气室向外排气,以降低车身的高度。如果悬架是在"标准"模式下,则车身将从"中"状态降低到"低"状态;如果是在"高"模式,则从"高"状态转入"中"状态。当车速低于60km/h时,又恢复原有的高度。提高车身高度是通过ECU输出的控制信号,使空气压缩机和高度控制阀通电工作,将压缩空气送入悬架空气室实现的。

2) 连续不良路面行驶控制

汽车在不良路面行驶时,应该提高车身,以减弱来自路面的突然抬起感。并提高汽车的通过性能。

当车身位移传感器连续2.5s以上输出大幅度的振动信号,且车速在40～90km/h时,如果悬架是在"标准"模式下,则车高从"中"状态转为"高"状态;如果是在"高"模式,则维持在"高"状态不变。当汽车在连续不平路面行驶的速度在90km/h以上时,优先考虑汽车的行驶稳定性,在标准模式下将维持"中"状态不变,在"高"模式下则从"高"转入"中"的状态。

3) 自动水平控制

自动水平调节就是无论汽车乘员人数或装载质量如何增减,车身高度自动维持在一恒定值,并使车身尽可能地保持水平。保持一定的车身高度不仅可以使汽车行驶保持稳定,而且还可以使汽车前照灯光束方向保持不变。

4) 驻车控制

当汽车处于驻车控制模式时,为了使车身外观平衡,保持良好的驻车姿势,当点火开关关闭后,ECU即发出指令,使车身高度处于常规值模式的低控制模式。

复习思考题

10-1 名词解释:被动悬架、主动悬架、半主动悬架、独立悬架、非独立悬架、EMS。

10-2 理想的汽车悬架应具有什么样的特性?

10-3 悬架减振器阻尼系数是如何改变的?

10-4 步进电机式变阻尼执行元件是如何工作的?

10-5 电动液压泵式变阻尼执行元件是如何工作的?

10-6 简述减振器阻尼控制原理。

10-7 空气弹簧的刚度是如何变化的?原理是什么?

10-8 空气弹簧"高""中""低"三种刚度是如何调节实现的?

10-9 简述抑制汽车点头的控制原理。

10-10 简述抑制汽车侧倾的控制原理。

10-11 简述车身高度控制原理。

10-12 主动悬架有哪些控制功能?

10-13 简述主动悬架的车速与路面感应控制原理。

10-14 简述主动悬架的车身姿态控制原理。

10-15 简述主动悬架的车身高度控制原理。

第十一章 车身控制

本章主要介绍：安全气囊、巡航、空调、前照灯、刮水器、中央门锁、防盗、车道偏离、自动泊车等控制系统的基本组成、控制原理、控制方法及相关的特性分析。

对车身电子或电气装置，进行电子控制，可以有效提高汽车安全性，改善乘坐舒适性，扩大驾驶员的视野性。车身电子控制设备多，相应的控制内容多，但安全气囊控制、巡航控制、自动空调控制、前照灯控制、刮水器控制、中央门锁控制、防盗控制、车道偏离预警控制、自动泊车控制等是主要内容。

第一节 安全气囊控制

一、安全气囊的作用与类型

1. 安全气囊的作用

安全气囊系统(Supplemental Restraint System，SRS)，也称为辅助约束系统。

安全气囊的作用是：当汽车遭受碰撞导致减速度急剧变化时，气囊在 40ms 内迅速膨胀，在驾驶员、乘员与车内构件之间迅速铺垫一个气垫，利用气囊排气节流的阻尼作用来吸收人体惯性力产生的动能，从而减轻人体遭受伤害的程度。

汽车发生正面严重碰撞事故时，协同三点式安全带对前排乘员的头部及胸部提供有效保护。发生侧面碰撞时，侧面 SRS 可减轻乘员头部和脑部的伤害程度。

2. 安全气囊的类型

1) 按触发机构分类

按安全气囊的触发机构不同，可分为机械式、机电式和电子式三种，其中，电子式应用较广。

电子式安全气囊是通过安全气囊的电控单元对由传感器产生的能反映车身减速度情况的信号进行分析判断，确定是否点火。其优点是对路况及碰撞情况判断较为准确，并能根据不同的碰撞速度、乘员在碰撞时的具体状态等控制安全气囊的爆发时间，以达到对乘员的最佳保护。

2) 按保护对象分类

按保护对象的不同，安全气囊可分为驾驶席侧 SRS、前排乘员侧 SRS、胸部侧撞 SRS、头部侧撞 SRS、顶部 SRS、后座椅 SRS、膝部 SRS、充气地毯、安全气帘、发动机舱盖 SRS 等多种类型。

3) 按气囊数量分类

按照汽车上安装气囊的数量多少，可分为单 SRS、双 SRS 和多 SRS。

4)按碰撞传感器的传感方式分类

按碰撞传感器的传感方式的不同,安全气囊可分为分布式 SRS 和单点式 SRS 两种。

分布式 SRS 是指采用多个碰撞传感器且分布在汽车的多个位置以分布传感汽车的碰撞减速度和碰撞冲击力。通常采用 3 个碰撞传感器,其中 2 个安装在汽车的左前方和右前方(如两侧的前翼子板、两侧前照灯支架下方、散热器支架的左右两侧等),另一个安装在 SRS ECU 内部。

单点式 SRS 只采用一个碰撞传感器,且与 SRS ECU 集成一体。由于单点式 SRS 的传感器无引线,体积小、易集成、易建模、且性能稳定,因此,单点式 SRS 逐渐取代了分布式 SRS。

二、SRS 的组成

SRS 主要由碰撞传感器、SRS ECU、气囊组件、气体发生器等组成,如图 11-1 所示。

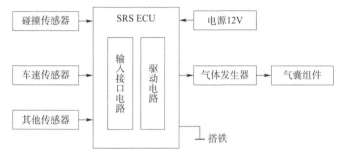

图 11-1 SRS 的组成

1. 碰撞传感器

碰撞传感器有压阻效应式和压电效应式两种,如图 11-2 所示,分别利用半导体的压阻效应和压电效应制成。

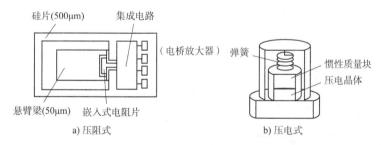

a) 压阻式　　b) 压电式

图 11-2 碰撞传感器的类型

在压阻式碰撞传感器中,电阻应变片随弹性元件受到碰撞压力作用产生变形,其阻值随之发生变化,经信号调理电路后转变成电压,送入 SRS ECU。当汽车遭受碰撞且减速度达到设定阈值时,传感器信号电压也达到设定阈值,SRS ECU 发出控制指令将气囊点火器电路接通,引爆气囊充气。

在压电式碰撞传感器中,压电晶体受到碰撞压力作用,其输出电荷发生变化,经放大电路转变成相应电压送入 SRS ECU,作用力越大,晶体变形量越大,电压就越高。当汽车遭受碰撞且减速度达到设定阈值时,传感器输入 SRS ECU 的信号电压达到设定阈值,SRS ECU

立即发出控制指令,使气囊点火电路接通,引爆气囊充气,达到保护驾驶员和乘员的目的。

2. SRS ECU

SRS ECU 的作用是检测汽车碰撞情况及系统故障情况,对系统关键部件进行反复诊断试测。SRS ECU 在汽车行驶中不断地接受碰撞传感器等传来的车速信息,经过计算、分析、判断,随时准备把确认的信号传送给引爆器。SRS ECU 还可以调节自身内部电路,确定系统的准备状态,装有备用电源以及故障警告灯。

SRS ECU(图 11-3)的核心部件包括一个微控制单元(微控制单元含有操作系统、运算单元、诊断等功能),一个冗余安全通道(例如用微控制单元或逻辑开关实现),内部传感器,执行器供电(电源线),能量储备(电容),总线(BUS),用于启动电路和执行器的冗余型放大器,外部传感器和开关的信号进口。

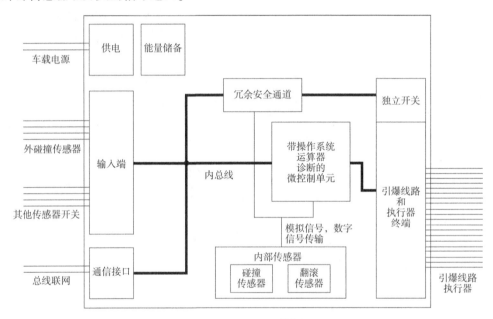

图 11-3　SRS ECU 结构

SRS ECU 识别汽车的碰撞(或翻滚),启动相应的成员约束装置,切断电池电源,甚至启动紧急救援呼叫。

3. 气体发生器

SRS 常用气体发生器结构如图 11-4 所示。通常气体发生器用轻金属铝制作外壳,内装能产生无毒氮气的气体发生剂。电子点火器(也称电雷管)接收到经 SRS ECU 分析并确认的汽车发生碰撞的信号,电雷管获得足够电能被引爆,使气体发生器内氮化钠和氧化铜剧烈反应产生高温的氮气,氮气经增压过滤器降温过滤后迅速流入气囊,冲破气囊盖模件,膨胀展开。

三、SRS 的控制过程

电子控制安全气囊系统的工作过程如图 11-5 所示。

当汽车受到前方一定角度范围内的高速碰撞时,碰撞传感器和检测到汽车突然减速的信号,并传送到 SRS ECU。

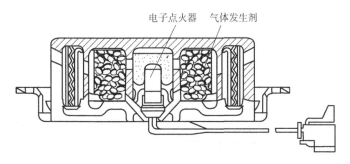

图 11-4　气体发生器总成

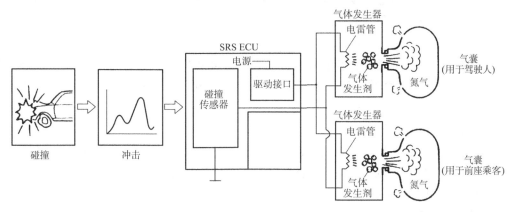

图 11-5　电子控制安全气囊的工作过程

ECU 按预先设置的程序经过数学计算和逻辑判断,当碰撞减速度达到设定值时,ECU 立即向 SRS 气囊组件内的电子点火器(电雷管)发出点火指令,引爆电雷管,气体发生剂受热爆炸(即电热丝通电发热引爆火药)。

气体发生剂引爆时,迅速产生大量热量充气剂(叠氮化钠固体药片)受热分解释放大量氮气充入气囊,气囊便冲开气囊组件的装饰盖板鼓向驾驶员,使驾驶员头部和脑部压在充满气体的气囊上。

在人体与车内构件之间铺垫一个气垫将人体与车内构件之间的碰撞变为弹性碰撞,通过气囊产生变形来吸收人体碰撞产生的动能,达到保护人体的目的。

对于不同位置的 SRS,其气体发生器的充气时间不同,则点火时刻是不一样的。

对于驾驶员侧 SRS,气囊点爆后,气体发生器的充气时间均为 30ms。由于人头部离转向盘的距离为 305mm(12in),气囊充满气体时的厚度为 178mm(7in),因此,人的头部移动 127mm(5in)后即与气囊接触,此时气囊应充满气体,而气囊充满气体的时间约为 30ms。所以汽车碰撞过程中,成员头部向前移动 127mm(5in)时的前 30ms 为最佳点火时刻。

四、SRS 的控制算法

气囊点爆算法有很多,并不断发展,主要有加速度峰值法、速度变量法、加速度坡度法、比功率法、基于速度判断法等。

1）加速度峰值法

加速度峰值法是通过测量汽车碰撞时的加速度信号,当加速度达到预定的值时就点爆气囊。

2）速度变量法

速度变量法是通过对加速度信号进行积分运算得到碰撞过程中的速度变化量,当速度变化量大于预先设定的值时就发出点火信号。由于速度变化量曲线比加速度曲线平滑得多,所以这种算法有较强的抗干扰能力,但对于碰撞不够敏感。

3）加速度坡度法

加速度坡度法是对加速度信号求导,得到加速度变化量,并将其作为点火判断指标。这种算法需对加速度进行很好的滤波。

4）比功率法

比功率法是对碰撞过程动能信号进行两次求导,得到比功率作为指标进行点火条件判断,该指标中综合了速度、加速度、加速度梯度三个量,对不同碰撞波形具有更好的适应能力,但算法复杂。

5）基于速度判别法

基于速度判别法是根据加速度传感器测得汽车的加速度信号,由硬件和软件进行低通滤波,积分计算汽车的速度。以速度为横坐标,计算加速度、加速度平方、加速度平方积分值等。计算结果中任何一项超过某种标准,则点爆气囊。这种算法消除了由于积分起始点判断不准而引起的算法误差。

五、乘员感知 SRS

乘员感知 SRS 具有除了能检测汽车碰撞的类型和强度外,还可以探测乘员的位置和存在。

乘员位置感应可采用红外线、激光、雷达、超声波等原理检测乘员的坐姿,精确计算 SRS 的点头时刻或屏蔽气囊。乘员位置感应可实现 SRS 反馈控制,并具有以下功能:

（1）当乘员离转向盘太近时,屏蔽气囊并发出警报。

（2）当乘员离转向盘较近但仍在气囊膨胀区以外时,提前触发气囊。

（3）乘员离转向盘较远,应延缓触发。

（4）如果使用多级触发气囊,选择气囊的点火级数。

（5）将乘员信号与碰撞强度信号综合构成智能安全约束系统(ISRS),使安全带、正面气囊、侧面气囊等其余被动安全设施协调作用,达到最佳保护效果。

（6）乘员的信号也可用于调节车内温度、音响等,提高乘员的舒适性。

乘员存在探测可运用座椅承重传感器、电感变化原理、超声波测距、电容变化原理等方式,具有以下功能:

（1）当有反向儿童座椅时,气囊不再起爆。

（2）当乘客座无人乘坐时,气囊不再起爆。

第二节 巡航控制

一、巡航控制的功用与类型

1. 巡航控制的功用

汽车巡航控制系统(Cruise Control System,CCS),又称为恒速行驶系统或定速控制系统,能自动调节节气门开度,使汽车按设定的速度行驶。在高速公路上以巡航车速行驶时,CCS将根据行车阻力的变化自动增减节气门开度,而驾驶员无需频繁踩加速踏板,即可保证汽车以设定车速行驶。

装有巡航控制系统的汽车有如下优点:

1) 保持车速稳定

无论是上坡、下坡还是在平直的路面上行驶,只要在发动机功率允许范围内,汽车均可保证匀速行驶。

2) 可提高驾驶时的舒适性和安全性

这一优点在高速公路或是城市间高等级公路上表现尤为明显。此外,这一系统减轻了驾驶员负担,对保证行车安全十分有利。

3) 可最大限度地节省燃油,降低排气污染

汽车以恒定车速行驶时,可使燃油消耗与发动机输出功率处于最佳配合状态,既能降低燃油消耗,又可减少排气污染。

2. 巡航控制的类型

按执行器不同,有真空式 CCS 和电动式 CCS 两种。

真空式 CCS 是由 ECU 控制真空驱动型执行器中的控制阀占空比,以控制真空力来驱动节气门开度,从而保持车速恒定。真空源有两种取得方式,一种是仅从发动机进气歧管取得;另一种是从发动机进气歧管和真空泵取得。

电动式 CCS 是由 ECU 控制电动机驱动型执行器中的电动机,使其顺时针或逆时针旋转,再通过减速机构以控制节气门开度,保持车速恒定。

真空式 CCS 在早期汽车上应用,目前均采用电子式 CCS。

二、CCS 的组成

CCS 由巡航控制开关、车速传感器、CCS ECU、节气门执行器等构成,如图 11-6 所示。

巡航控制开关通常位于转向盘上,主要有主开关、恢复/加速(RES/ACC)开关、设定/加速(SET/DEC)开关、取消开关等构成,以实现车速设定、加速、减速、恢复、解除等功能。

车速传感器的作用是将汽车的车速信号转变成电信号送入 CCS ECU,作为实际车速反馈信号,以便实现定速行驶功能。车速传感器通常和车速表驱动装置相连,如果车速表是电子式的,车速表传感器给出的信号可直接用作巡航 CCS ECU 的反馈信号,而不必为巡航控制系统另设车速传感器。专门用于巡航控制系统的车速传感器一般安装在变速器输出轴

上,这是因为汽车正常行驶时,实际车速与变速器输出轴转速成正比。车速传感器有磁感应式、霍尔式、光电式等多种形式,但一般常用磁感应式传感器。

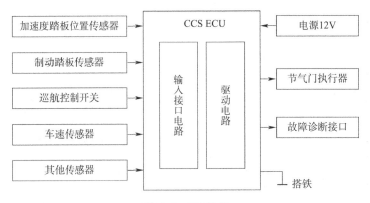

图 11-6 CCS 组成

巡航控制系统的 CCS ECU 是接受车速传感器、巡航控制开关、保护开关等的作用信号,经计算、记忆、放大信号转换等处理后,输出控制信号,驱动执行器动作。

执行器的作用是接受 CCS ECU 发出的指令信号,以电动或气动方式操纵节气门,通过改变节气门开度,使汽车加速、减速及定速行驶。执行器可分为电动机式和真空式两种,电动机式执行器的控制方式更为先进,在汽车巡航控制系统中得到广泛应用。

三、CCS 的工作原理

典型闭环汽车电子巡航控制系统的工作原理如图 11-7 所示。控制器的输入是两个车速信号的差值 $\Delta v (\Delta v = K_1 - K_2)$,即一个是驾驶员按要求车速设定的车速信号 K_1,另一个是实际车速的反馈信号 K_2。

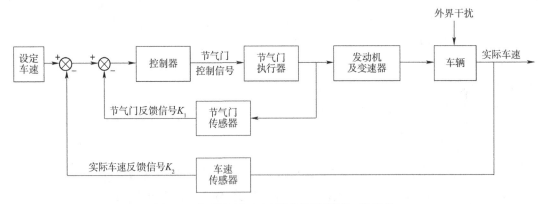

图 11-7 典型闭环汽车电子巡航控制系统的工作原理

CCS ECU 将这两种信号进行比较,得出误差信号,误差信号经放大、处理后成为节气门控制信号,被送至节气门执行器,驱动节气门执行器工作,调节发动机节气门开度,以修正实际车速,从而将实际车速很快调整到驾驶员设定的车速,并保持恒定。

巡航控制系统根据目标车速自动维持汽车恒速行驶。汽车在巡航定速状态下,当汽车速度下降时,ECU加大节气门开度,使发动机功率升高,转矩增大,车速达到设定速度。反之,减小节气门开度。

四、CCS的控制方法

用于汽车巡航控制的方法主要有PID控制、模糊控制、迭代学控制、自适应控制等。

1. PID控制

根据实际车速与设定车速的偏差,考虑过去、现在、将来的情况,实现汽车不变参数的巡航控制。

在汽车行驶过程中,驾驶员设定一个车速给CCS ECU,同时,车速传感器测得的实际车速也输入CCS ECU,产生实际车速和设定车速的偏差,设为Δv,ECU的比例部分根据偏差的大小输出相应的控制量以控制节气门的开度,使车速迅速趋近设定车速。考虑到偏差一直存在,CCS ECU的积分部分就把偏差积累起来加大控制量以消灭偏差,使车速保持恒定,而微分部分则起预估作用。

当$\Delta v > 0$,表示偏差在加大,就及时增加控制量,使Δv减小;当$\Delta v < 0$,表示偏差在减小,则减小控制量,以避免当Δv趋近于零时又反方向发展而引起振荡。

2. 模糊控制

驾驶员对汽车的控制,从本质上来说是一个模糊控制的过程。驾驶员驾驶汽车时,根据目标车速与实际车速之间的偏差及路面情况,利用自己的经验,决定加速踏板的变动量,从而使汽车趋近于目标车速。汽车巡航控制的模糊控制原理就是模仿这一过程设计的,输入量一般可选择设定车速与实际车速的偏差以及偏差的变化率。

3. 迭代学控制

因为汽车巡航行驶中存在着严重的非线性和不确定性,特别是巡航控制参数在不同车速下其值是不确定的,并且运动载体对控制的实时性要求较高,所以可将迭代学习算法应用到了汽车巡航控制系统中。基于迭代学习技术的汽车巡航控制原理是利用实际车速与设定车速的偏差,通过多次的迭代计算得出一个修正量,进一步修正CCS ECU给出的控制量,从而使实际车速更趋近于设定车速。

4. 自适应控制

汽车巡航控制的自适应控制主要为模型参考自适应控制。设定车速同时加到控制器和参考模型上,由于参考模型的理想车速和实际车速不一致,产生偏差,自适应机构检测到这一偏差后,经过一定的运算,产生适当的调整信号改变控制器参数,从而使实际车速迅速趋近于理想车速,当偏差趋于零时,自适应调整过程就停止,控制参数也就调整完毕。当汽车在行驶过程中遇到上下坡或是由于风力而使车速发生变化时,系统也如上述过程一样,对控制器参数进行调整。

汽车巡航控制技术除上述4种以外,也有将几种控制技术综合起来的,例如,自适应控制和PID控制结合起来成为自适应PID控制;神经网络和自动模式识别有机结合成模糊神经网络控制等。

五、自适应 CCS

1. 特点

自适应巡航控制系统（Adaptive Cruise Control，ACC）又称为主动巡航系统，是在传统巡航控制技术基础上发展起来的，不仅具有传统巡航控制的定速巡航能力，而且可以应用雷达、车载传感器等信息，自适应调整汽车行驶速度，从而保持本车与目标汽车之间的安全距离和速度。

2. ACC 的组成

ACC 系统主要由各种传感器、ACC ECU 和执行器组成，如图 11-8 所示。

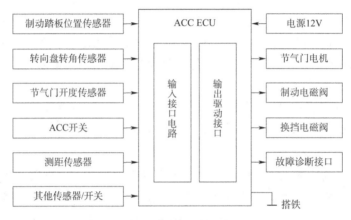

图 11-8　ACC 系统组成

测距传感器可使用激光雷达、毫米波雷达或摄像头，主要获得本车与目标汽车之间的距离信号。

ACC ECU 是 ACC 的大脑，主要由硬件和软件组成。硬件从外观上看是一块电路板，内置 CPU、ROM、RAM、I/O 电路、CAN 总线和电源电路等，通过连接器和其他部件相连，通常安装在一个具有散热功能的铝盒中。软件是 ACC ECU 的核心，它根据驾驶人所设定的安全车距及车速，结合信息感知部分的信息确定本车和前车的行驶状态，按照控制算法计算、输出各种信号从而控制执行机构，并显示各种状态。执行单元主要执行 ACC ECU 发出的指令，实现主车速度和加速度的调整，它包括驱动控制机构、制动控制机构、转向控制机构和挡位控制机构。

3. ACC 的控制原理

ACC 系统通常采用双输入双闭环控制，如图 11-9 所示。

设定车速 v_1（30～150km/h）和设定车间时距 t_1（1.0s～2.5s）是 ACC 控制系统给定或输入，由驾驶人在操作面板上的 ACC 控制开关完成。两种设定值选取哪一个作为 ACC 的输入，取决于实际车间时距 t_2。

汽车在巡航控制过程中，ACC ECU 不断实时采集本汽车信息和前方汽车信息，并计算实际车间时距 t_2。

当 $t_1 > t_2$ 时，ACC 的给定值为设定车速 v_1，也就是 ACC 控制开关设定的车速，即巡航车速 v_1，此时，由实际车速 v_2 实现闭环巡航控制。

第十一章 车身控制

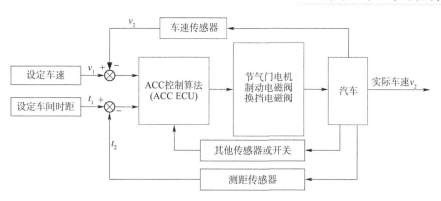

图 11-9 ACC 系统的控制原理

当 $t_1 < t_2$ 时，ACC 的给定值为设定车间时距 t_1，t_1 系统控制执行器中的节气门电机或制动电磁阀，或换挡电磁阀，降低车速达到合适速度，保证安全车间时距下进行巡航控制。

4. ACC 的工作模式

ACC 通常由 4 中工作模式，即巡航控制、减速控制、跟随控制和加速控制。

假设本车设定巡航车速 $v_1 = 100 km/h$，前车行驶速度为 80km/h，ACC 的 4 中模式如图 11-10 所示。

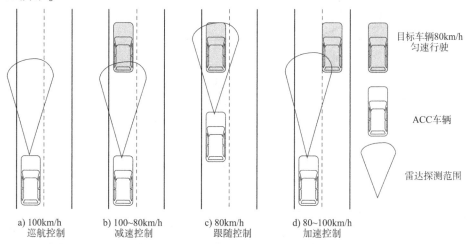

图 11-10 ACC 的 4 种工作模式

1）巡航控制

巡航控制是 ACC 系统最基本的功能。当本车前方无行驶汽车时，本车将处于巡航行驶状态，ACC 系统按照设定车速对本车进行巡航控制，即巡航速度为 100km/h。

2）减速控制

当本车前方有目标汽车，并且前汽车行驶速度小于本车行驶速度时，ACC 系统将控制本车进行减速，减速直至 80km/h，确保两车具有安全时距。

3）跟随控制

当 ACC 系统将当前汽车车速减至理想的目标值之后采用跟随控制，与目标汽车以相同的速度行驶。即巡航速度为 80km/h。

4)加速控制

当前车加速行驶或发生移线,或当前车移线行驶使得本车前方又无行驶汽车时,ACC系统将对本车进行加速控制,使本车恢复到设定车速。在恢复行驶速度后,ACC系统又转入对本车巡航控制,此时巡航速度为100km/h。

第三节 自动空调控制

一、电控自动空调的组成

电控自动空调系统如图11-11所示,主要由冷风、热风、送风、操作、控制等系统组成。其中冷风系统中有压缩机、冷凝机、蒸发器;热风系统有加热器、水阀等;送风系统有鼓风机、风道、吸入与吹出风门;操作系统有温度设定与选择开关;控制系统有传感器、ECU、各种转换阀门、执行元件等。电控自动空调中电子控制系统主部件的功用见表11-1。

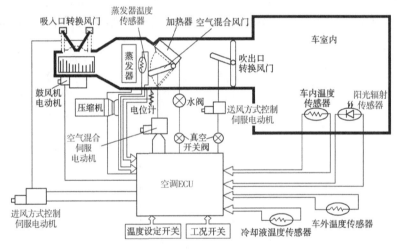

图11-11 电控空调系统的组成

电子控制系统主要部件的功能表　　　　表11-1

	元件名称	功用
传感器	车内温度传感器	通常安装在仪表板的下端,是一个具有负温度系数的热敏电阻,当车内温度发生变化时,热敏电阻的阻值改变,从而向空调ECU输送车内温度信号
	车外温度传感器	通常安装在前保险杠下端,是一个热敏电阻,向空调ECU输送车外温度信号
	蒸发器温度传感器	安装在蒸发器壳体上,用以检测蒸发器温度的变化,当蒸发器周围温度发生变化时,传感器电阻的阻值也随之改变,并向ECU输出电信号
	阳光辐射传感器(光照传感器)	它是一个光敏二极管,安装在汽车前风窗玻璃下面,利用光电效应,该传感器将阳光辐射程度转变成电信号,并输送给空调ECU
	空调温度设定开关	主要用于可变容量压缩机系统,根据汽车冷气的状况控制压缩机是否工作,从而提高压缩机的工作效率

续上表

元件名称		功用
传感器	冷却液温度传感器	它直接安装在暖风散热器底部的水道上,检测冷却液温度,产生的冷却液温度信号输送给空调ECU,用于低温时的风机转速控制
	制冷剂流量传感器	用于检测制冷剂流量,安装在储液干燥器和膨胀阀之间,通过传感器的电极检测出制冷剂流量的变化,并以频率信号输入到空调ECU。ECU根据此信号判断制冷剂量是否正常,当出现异常时,利用监控显示系统进行报警
	压缩机转速传感器	是一种磁感应式传感器,安装在空调压缩机内,检测压缩机转速,压缩机每转一圈,该传感器线圈产生多个脉冲信号送给空调ECU
	烟雾浓度传感器	香烟的烟雾及车外传来的灰尘会污染车内空气,为排除烟雾或被臭味污染的空气,使空气清新,在一些电控自动空调上安装了空气交换器,采用光电型散热式烟雾浓度传感器检测烟雾,通过空调ECU可使空气交换器在有烟雾时自动运转,没有烟雾物时自动停止,以保持车内空气清新
	湿度传感器	用于汽车风窗玻璃的防霜和电控自动空调车内相对湿度检测
空调ECU		空调ECU与操纵面板制成一体,它对输入的各种信号进行计算、分析、比较后,发出指令,接通所需的电路并指令伺服电动机转动,按照功能选择键的输入指令,打开所需的出风口风门,调节出风温度;按照输入的预设温度,控制温度风门的位置;通过进气风门控制进气是来自车内或车外,另外空调ECU还有故障自诊断功能
执行器	进风方式控制伺服电动机	用于进风方式控制
	空气混合伺服电动机	用于车内温度方式控制
	送风方式控制伺服电动机	用于送风方式控制
	压缩机电磁离合器	用于压缩机控制

二、电控自动空调的控制原理

电控自动空调的控制功能包括温度控制、鼓风机转速控制、进气控制、气流方式控制和压缩机控制。电控自动空调的控制逻辑框图如图11-12所示。

1. 计算所需送风温度

空调ECU根据驾驶人设定温度及车内温度传感器、车外温度传感器、阳光辐射传感器等传感器输送的数据,按下式计算所需送风温度 T_{AO}:

$$T_{AO} = aT_S - bT_R - cT_A - dT_B + e \tag{11-1}$$

式中: T_{AO}——所需送风温度;

T_S——驾驶人设定温度;

T_R——车内温度;

T_A——车外温度；

T_B——阳光辐射传感器输送数据；

a、b、c、d、e——系数。

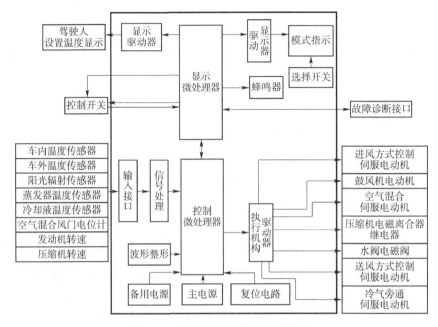

图 11-12 电控自动空调的控制逻辑框图

空调 ECU 根据 T_{AO} 值，向伺服电动机等执行元件发出控制信号，实现各种控制功能。但是当驾驶人将温度设置在最冷或最热时，空调 ECU 将用固定值取代上述计算值进行控制，以加快响应速度。

2. 车内温度控制

空调 ECU 根据计算出的送风温度及蒸发器温度信号，确定是否向空气混合伺服电动机通电，控制空气混合风门的位置，实现车内温度控制。空调 ECU 根据下式计算空气混合挡风板开度值 SW：

$$SW = \frac{T_{AO} + f - (T_E + g)}{h - (T_E + g)} \times 100\% \qquad (11\text{-}2)$$

式中：T_E——蒸发器温度；

f、g、h——系数。

当 SW 值近似为零时，表示 T_{AO} 与 T_E 接近，空调 ECU 即截止输入空气混合伺服电动机的控制电流，空气混合挡风板居于原位置；若 SW 值小于零，表示 T_{AO} 小于 T_E，空调 ECU 控制空气混合挡风板向冷的方向转动，降低出风温度。与此同时，电动机内的电位计将挡风板的转动位置信息反馈给 ECU，当温度降低使 SW 近似为零时，ECU 切断电流，伺服电动机停止转动。若 SW 大于零，表示 T_{AO} 大于 T_E，于是空调 ECU 控制空气混合挡风板向热的方向转动，提高出风温度，直至 SW 重新接近于零。

3. 鼓风机转速控制

AUTO 开关位于暖风装置控制板上，按下 AUTO 开关，空调 ECU 根据送风温度 T_{AO} 值与鼓风机转速之间的关系如图 11-13 所示。

4. 进风方式控制

当按下进风方式键时，空调 ECU 控制进风控制伺服电动机转动，将进风风门固定在"车外新鲜空气导入"或"车内空气循环"位置上。当按下"AUTO"键时，空调 ECU 根据计算值，在上述两种方式之间交替自动改变进风方式。

5. 送风方式控制

当按下送风方式控制键时，空调 ECU 控制送风方式伺服电动机动作，将送风方式固定在相应状态上。当进行自动控制时，空调 ECU 根据求得的 T_{AO} 值，自动调节送风方式。当 T_{AO} 值非常小时，最冷控制挡风板完全开启，增加送风风力（图 11-14）。

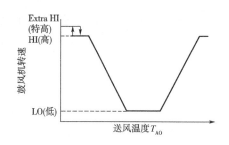

图 11-13　鼓风机转速控制曲线

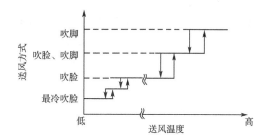

图 11-14　送风方式与送风温度关系曲线

6. 压缩机控制

同时按下空调"A/C"键和"鼓风机"键，或按下"自动控制"键，空调 ECU 使电磁离合器接合，压缩机开始工作。压缩机控制电路如图 11-15 所示，空调 ECU 的 MGC 端首先向发动机 ECU 发出压缩机工作信号，发动机 ECU 的 A/CMG 端随即搭铁，使磁吸继电器吸合，电流流入磁吸，使压缩机运转。与此同时，电流也加到空调 ECU 的 A/C 一端，向空调 ECU 反馈磁吸工作信号。

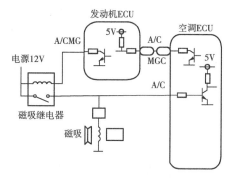

图 11-15　压缩机控制电路

进行自动控制时，若环境温度或蒸发器温度降到一定值以下，空调 ECU 将控制压缩机间歇工作，即磁吸交替导通与断开，以节省能源。

空调装置工作时，空调 ECU 同时从发动机点火器及压缩机转速传感器采集发动机转速与压缩机转速信号，并进行比较。若两种转速信号的偏差率连续 3s 超过 80%，ECU 则判定压缩机锁死，同时与电磁离合器脱开，防止空调装置进一步损坏，并使操纵面板上的 A/C 指示灯闪烁，以提示驾驶人。

7. 故障自诊断功能

当空调 ECU 检测到某些传感器或执行元件控制电路故障时，其故障自诊断系统将故障以代码的形式存储起来，检修时只要按下操纵面板上的指定键，即可读取故障码。

第四节　前照灯控制

为了提高夜间行车的安全性,一些汽车上应用了前照灯自适应照明系统,能对前照灯照射方向、亮度进行控制。

一、自适应照明系统的组成

自适应照明系统(Adaptive Front lighting System,AFS),能够根据行车速度、转向角度等自动调节前照灯的偏转,以便能够提前照亮"未到达"的区域,从而提供全方位的安全照明,确保驾驶人在任何时刻都拥有最佳的可见度。而普通前照灯只有固定的照射范围,当夜间汽车在弯道上转弯时,由于无法调节照明角度,常常会在弯道内侧出现"盲区",极大地威胁了驾驶人夜间的安全驾车。

AFS 主要由转向盘转角传感器、车速传感器、AFS ECU、执行器等构成,如图 11-16 所示。

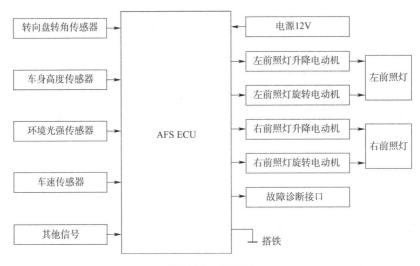

图 11-16　AFS 组成

1. 传感器

AFS 中除了转向盘转角传感器外,还有车身高度传感器和车速传感器,用来采集转向盘转角、车速信号等。根据输出方式不同,转向盘转角传感器分为脉冲式和电压式,由于电压式传感器的转向盘转角与输出电压成线性比例关系,确定输入电压后,若能得知传感器输出信号的电压量,便可以推断出转向盘转动的角度。另外,此种传感器的信号由控制单元的 A-D 采集,测量范围很大,因此 AFS 选择电压式较多。车速传感器有磁电式、霍尔式和光电式三种。由于光电式车速传感器输出为脉冲信号,信号的频率与车速呈正相关。

2. AFS ECU

控制单元是汽车 AFS 的核心。如图 11-17 所示,AFS 控制单元可以将采集到的车速信号、转向盘转角信号等,通过内置的控制算法计算出对应的前照灯水平和竖直偏角,传达给驱动步进电动机转动车灯,从而调节前照灯系统中的近光灯的左右偏转。与此同时,控制单元还能监测步进电动机和传感器的运行状况,对步进电动机和传感器的故障诊断,通过 CAN 总线反馈给车身网络。

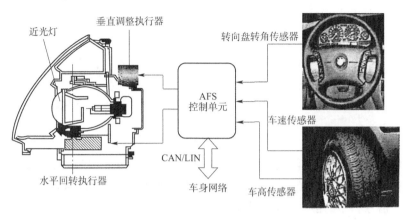

图 11-17 AFS 结构图

3. 执行机构

执行机构一般是由电动机组成,而电动机有三种,即直流电动机、交流电动机和步进电动机。步进电动机、交流电动机和直流电动机分别通过脉冲占空比、交流电的相位和直流电压调节转速。由于步进电动机能将电脉冲信号转变为线位移,并且具有动作平稳和工作寿命长等优点,系统执行电动机一般选用步进电动机。车灯支架上有两个步进电动机,作用于光轴(光束或光柱的中心线),通过齿轮线性缩小控制量分别控制车灯垂直和水平转动角度。另外,在水平电动机旁边有霍尔式位置传感器,它能将步进电动机对车灯的水平转角转化为电压信号,并将此信号反馈给控制单元,实现控制系统对步进电动机的故障诊断。

二、AFS 的控制原理

1. 前照灯水平旋转角度控制

其原理是当汽车进入弯道或其他特殊的道路状况时,通过转角传感器和速度传感器将前轮的转角信号和车速信号传输到控制单元,控制单元通过内部程序判断汽车的行驶状态,实时计算出前照灯左右调整的角度,通过 AFS 控制单元发出相应的控制指令给汽车前照灯的操控单元,由控制单元改变前照灯的水平照射位置,进行左右摆动,调整前照灯光线的覆盖角度,实时与前轮保持联动,这样灯光的有效覆盖范围,特别是在转弯时的弯道有效覆盖范围就会宽阔很多,从而及时照亮前轮达到的位置,使驾驶人能够看清转弯处的实际路况,进而有充分的时间来应对紧急情况,增加汽车的主动安全性。

随动调节是前照灯上的电动机水平调节近光灯的角度旋转角度范围:外侧最大约为 7.5°,内侧最大约为 15°,转弯时内侧灯光的水平旋转角度是外侧灯光的两倍,这样,转弯时不同的旋转角度可以提供更好的照明(图 11-18)。

2. 前照灯垂直高度控制

汽车行驶过程中,如果汽车前部和后部负载不均匀或者汽车行驶在凹凸不平的路面时,都会造成车身的倾斜,这样传统前照灯的光线也会随之倾斜。如果前照灯光线下倾,则其照射范围就缩短了很多;如果前照灯光线上翘,则会对迎面汽车的驾驶人造成直射,容易导致眩目。

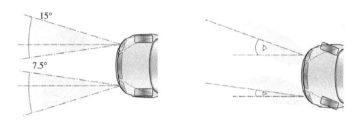

图 11-18 转弯时灯光随动控制

在负载均匀情况下,高速行驶时,应该调整前照灯将光束照得较远,以便实时看清较远距离的路况;慢速行驶时,灯光角度应往下修正,避免照射对向车道。这些情况下,AFS 通过对采集的车速信号和车高信号进行分析,由控制单元计算出前照灯在垂直方向上需要的调节角度,从而控制驱动器驱动前照灯的垂直调整步进电动机达到调整效果。

当汽车前、后负载不均匀时,控制单元采集安装于前、后轴水平位置传感器的信号来确定汽车的负载情况,然后命令电动机动作,使前照灯照程始终处于最佳状态(图 11-19)。

图 11-19 前照灯照程自动调节

第五节 其他车身控制

一、刮水器控制

汽车风窗玻璃刮水器通过电子控制系统不仅可以实现刮水器的延时控制,还可以实现其他一些复杂控制。如清洗、刮水、高速刮水、低速刮水、间歇刮水和延时控制。

1. 刮水器控制系统的组成

刮水器控制系统主要由雨量传感器、压力传感器、刮水器 ECU、刮水电动机、压力调节电动机等构成,如图 11-20 所示。

车窗刮水器 ECU 与整车中央控制单元通过 CAN 网络进行数据信息交换,同时还要接受各种传感器和测量装置传送进来的不同信号,并做出相应的控制操作。

电控刮水器的电动机驱动电路需要满足电动机正反两个方向运转的要求,因此电动机驱动模块多采用 H 桥形式,其电路原理如图 11-21 所示。

由图 11-21 可以看出,当 A 和 A'晶体管同时导通时,电流按实线箭头方向流动;当 B 和

B'晶体管同时导通时,电流按虚线箭头方向流动。不同的电流方向对应不同的电动机转动方向。

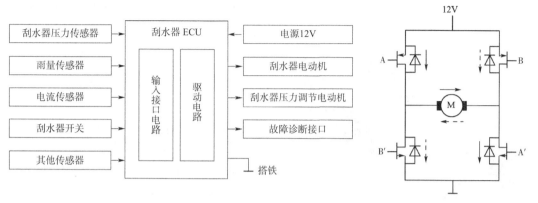

图 11-20　刮水器控制系统组成　　　　图 11-21　刮水电动机 H 桥驱动电路

刮水器 ECU 的所有控制功能可以按事先设定的程序运行。电动机过载信号的获取是通过检测电动机工作电流的方式实现的。雨量检测、刮水器压力检测则要通过专门的检测装置。

2. 刮水器控制原理

1）基本控制

电控刮水器具有以下基本控制功能。

(1)前刮水器/清洗器基本逻辑控制。当清洗器开关打开时,ECU 控制刮水器电动机转动,并且在清洗器开关关闭后继续工作 6s。

(2)间歇刮水。当刮水器开关置于间歇工作状态时,ECU 控制电动机转动,使刮水器实现一次往复运动,并且等待预先设定的延时,然后进行下一个往复控制,直到刮水器开关置于关闭状态。延时的时间长短由驾驶人设定,通过改变串联电阻的大小来实现。

(3)后窗刮水器。当后窗刮水器开关打开时,ECU 控制后窗刮水器电动机转动,使其工作 3 个循环(对摆动条撞击停止位置限位开关计数),然后延时 6s,再进行下一个工作循环,直到后窗刮水器开关关闭。

(4)后窗刮水器、清洗器。当后窗清洗器开关打开时,ECU 控制后窗刮水器转动,并在清洗器开关关闭后继续工作 3 个工作循环,等待 18s 后再进行一次循环,这被称为漏滴擦洗,用于擦干后水膜重新汇聚而产生的水珠。

(5)过载保护。当后窗刮水器开关打开后,ECU 就会触发计时器,如果 15s 后仍然没有检测到刮水器运动的信号,电动机的电流会被切断。

2）摆动条正压力控制

刮水器压力控制系统可以根据车速、雨水量等因素对其压力进行无级调整。汽车高速行驶时,气流往往导致摆动条升起并抖动,大大降低擦除效能。如果在一开始就给摆动条预加很大的压力,则会导致摆动条变形、摩擦阻力过大,使得汽车在低速行驶时摆动条运动困难。刮水器压力控制系统执行机构如图 11-22a)所示。

刮水器压力控制系统如图11-22b)所示,它包括一组测量气流速度和降雨量的传感器,ECU根据这些传感器的数据向伺服电动机发送合适的控制命令,调整刮水器压力。刮水器位于停止位置时,压力很低,防止摆动条损坏;当车速增加或者降雨量增大时刮水器的压力也相应增加。

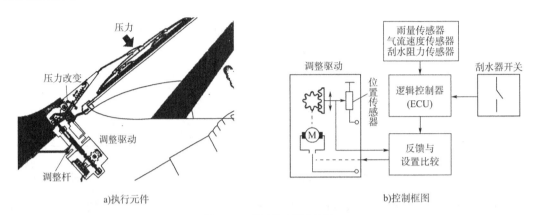

图 11-22 摆动条正压力控制

该系统反应速度很快,当汽车遭受大雨时刮水器压力迅速上升,保持风窗玻璃的清晰度;而当风窗玻璃上的水减少后压力又迅速降低,以免刮伤玻璃。

3) 摆动条正压力控制

刮水器设有可变间歇方式,可以让驾驶人根据降雨量的大小来调整刮雨器的工作间歇。但根据天气和行驶情况对刮水器的工作状态进行实时的自动调整也是十分必要的。降雨量传感器在降雨量比较小的情况下可以连续监测风窗玻璃上的降雨量,基于微控制器的ECU根据传感器的输出信号改变刮水器的间歇,以适应不同的降雨强度。

降雨量感应系统安装在车内,位于驾驶室内风窗玻璃的左右两端,它监测经风窗玻璃外表面全反射回来的红外线,如图11-23所示。红外线发射二极管产生红外线,经过透镜聚焦,然后通过一个导光棱镜导入风窗玻璃内,导光棱镜用透明的导光黏合剂与风窗玻璃相连。

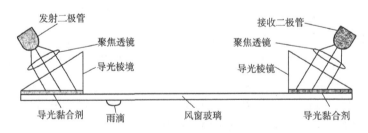

图 11-23 降雨量感应系统的工作原理

如果风窗玻璃非常干燥,大部分红外线都会在风窗玻璃的外表面形成全反射,使红外线在风窗玻璃内部经过多次全反射到达另一端的导光棱镜,被另外一组透镜聚焦,并传递到接收二极管上。

如果风窗玻璃上有水滴,发射出的红外线就有一部分会被雨滴折射出风窗玻璃而损失掉,这样到接收二极管的红外线信号就会有所减弱。ECU 将红外信号的损失量与一定的降雨量对应起来,并依此调整刮水器的工作状态。

二、中央门锁控制

1. 组成

电控中央门锁由信号输入装置、ECU 和执行器三部分组成。电控中央门锁各元件在车上分布位置如图 11-24 所示。

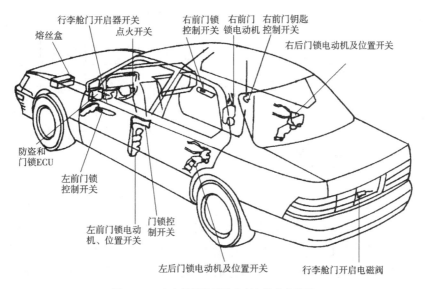

图 11-24　中央门锁各元件在车上的分布位置

1) 信号输入装置

信号输入装置由门锁控制开关、钥匙开锁报警开光、钥匙控制开关、行李舱门开关、行李舱门开启器、门控开关、门锁开关等组成。

2) ECU

中央门锁 ECU 包括编码器、输入器、存储器、鉴别器、驱动级抗干扰电路、显示器、报警器、保险装置等组成。

3) 执行器

中央门锁执行器一般采用电磁式和电动机式两种。

2. 控制原理

中央门锁系统基本电路如图 11-25 所示。按下开锁按钮时,门锁主开关的门锁电动机的"开锁"触点闭合,门锁继电器右边的继电器线圈通电工作,将"开锁"触点吸合,而左边的继电器没有工作,触点被直接引到接地,蓄电池的电流经熔断器流经右边继电器开锁触点,再经过各门的门锁电动机后经左边继电器的触点接地,电动机正向转动将门锁打开。

按下锁止按钮时,门锁主开关的"锁止"触点闭合,门锁继电器左边的继电器线圈通电工作,将"锁止"触点吸合,而右边的继电器没有工作,触点被直接引到接地,蓄电池的电流经熔断器流经左边继电器锁止触点,再经过各门的门锁电动机后经右边继电器的触点接地,电动机反向转动将门锁锁止。

三、汽车防盗控制

电子防盗系统主要由电子钥匙、防盗控制单元、发动机控制单元、警报器等组成(图11-26)。

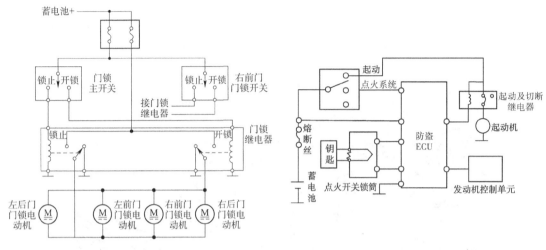

图11-25　中央门锁系统基本电路　　　　图11-26　电子控制防盗系统

当将点火钥匙插入钥匙孔时,防盗ECU就对钥匙内部装置的特定电阻进行检测,并与内部设定的特定电阻阻值相对比,二阻值若为同一挡,则为正常,此时,可接通起动机控制电路和发动机控制单元,发动机开始工作,否则,防盗系统就发出警报,切断起动机、发动机控制电路,使车依靠自己的动力无法被开走。

防盗电子钥匙有电阻式和集成电路编码式两类,其原理相同,在结构上两者略有不同,都是利用钥匙接通后的回路振荡频率,检验是否与汽车预设的振荡频率一致,如果一致,能实现编码、解码集成电路正常工作,汽车才能正常起动;如果不一致,则认为汽车没有得到使用的允许。

电阻式钥匙有2个引脚触点,而编码式钥匙有3个引脚触点,后者除2根引线接通回路外,第3根线是编码脉冲发送线。如将钥匙条上的机械牙花与点火钥匙电路脉冲数组成组合,总数达数亿个,使得"套锁"盗车几乎不可能,可见电子钥匙有很好的防盗安全性。如果钥匙遗失,可到特约维修店重配新的编码、解码系统。

四、车道保持辅助控制

1. 作用

车道保持辅助(Lane Keeping Assist,LKA)系统是在车道偏离报警系统的基础上对转向和制动系统协调控制,使汽车保持在预定的车道上行驶,减轻驾驶人负担,防止驾驶失误的系统。

车道保持辅助系统能够暂时接管并控制汽车主动驶回原车道,如果对汽车控制介入程度更高,还可以根据需要进行主动制动减速等一系列复杂的动作,自动化程度越高,功能越多,系统越复杂。

LKA 系统既可以进行车道偏离预警,又可以暂时主动控制汽车驶回车道。

2. LKA 系统组成

车道保持辅助控制系统主要由信息采集单元、LKA ECU、执行单元等组成,如图 11-27 所示。

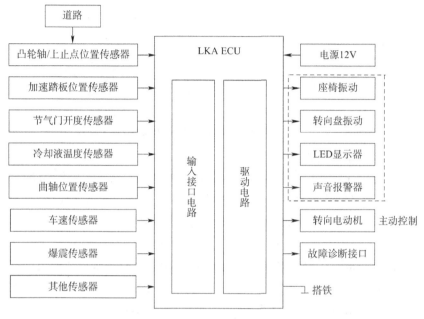

图 11-27 LKA 系统组成

1) 信息采集单元

信息采集单元主要通过多功能摄像头采集道路信息,通过车载传感器采集汽车状态信息,并把这些信息传送给电子控制单元。

2) 电子控制单元

电子控制单元对采集的信息进行分析、计算、判断等,把控制指令传送给执行单元。

3) 执行单元

执行单元按照电子控制单元的指令实施报警或转向盘操作。

3. LKA 系统的控制原理

车道保持辅助系统利用视觉传感器采集道路图像,利用转速传感器采集车速信号,利用转向盘转角传感器采集转向信号,然后对车道两侧边界线进行识别,通过比较车道线和汽车的行驶方向,判断汽车是否偏离行驶车道。当汽车行驶可能偏离车道线时,发出报警;当行驶偏离车道线后,电子控制单元计算出辅助操舵力、对应偏离的程度来控制转向盘操纵模块,施加操舵力使汽车回到正常轨道;如果驾驶员打开转向灯,正常进行变线行驶,那么系统不会做出任何提示;如果驾驶员既没有打开转向灯,也没有主动减速、转动转向盘,则系统就会使用视觉、听觉甚至振动转向盘提醒驾驶员潜在的危险,但提醒不会直接影响汽车的行驶状态。

4. 车道标线识别方法

车道标线识别方法主要有两种:基于特征识别和基于模型识别,如图 11-28 所示。

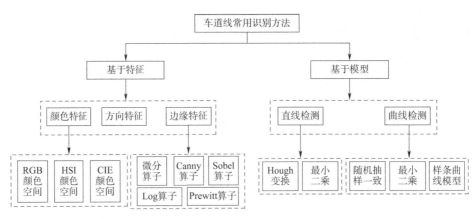

图 11-28 车道线常用识别方法

1)基于特征的车道标线识别方法

基于特征的方法通过分析车道线的一些图像特征信息如颜色、边缘、宽度等,利用车道线与背景的差异,根据车道线的一些固有属性将其与背景进行分离,对路面进行分割提取,凸显车道线特征,实现车道线识别。

2)基于模型的车道标线识别方法

基于模型的方法根据车道线的自身几何特性,采用数学模型来描述车道线,其匹配方法是根据道路模型和预置的车道线参数,将车道线检测转化为计算模型参数的过程,当参数相似时被认为是车道线信息,然后对其进行提取,最终进行车道线的识别。

五、自动泊车控制

自动泊车全称为自动泊车辅助系统,也称为智能泊车辅助(Intelligent Parking Assist,IPA)系统。IPA 系统是利用车载传感(泊车雷达)和控制单元,自动识别有效泊车空间,并自动完成停车入位。

1. 组成

IPA 系统主要由各种传感器、IPA ECU、各种执行器组成,如图 11-29 所示。

1)感知单元

包括泊车环境信息感知和汽车自身运动状态感知。泊车环境信息感知由车位检测传感器、避障保护传感器等组成。汽车自身运动状态感知主要通过轮速传感器、陀螺仪、挡位传感器等获取汽车行驶状态信息。泊车系统中央控制器在环境信息和汽车自身运动状态已知的前提下进行汽车运动控制,因此感知单元是泊车系统的基本单元。

2)IPA ECU

IPA ECU 的主要功能:一是分析处理感知单元获取的环境信息,得出准确的车位信息;二是汽车泊车运动控制。IPA ECU 根据汽车运动状态,判断所需汽车挡位,并将挡位操作提示通过人机交互界面传达给驾驶人。当驾驶人完成正确的挡位操作时,IPA ECU 根据汽车实际泊车位姿与目标泊车位姿偏差,计算出合理的转向盘转角,并实时向转向执行机构发送转向指令。整个泊车过程中,泊车系统 IPA ECU 实时接收并处理汽车避障传感器输出的信息,当汽车与周围物体相对距离小于设定安全值时,泊车系统 IPA ECU 将采取合理的汽车运动控制,以保证泊车过程的安全性。

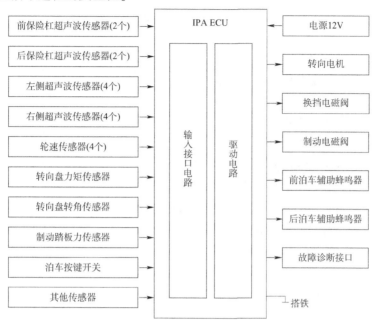

图 11-29　IPA 系统组成

3) 转向执行机构

包括转向系统、转向驱动电机、转向电机控制器、转向柱转角传感器等。转向执行机构接收泊车系统中央控制器发出的转向指令后执行转向操作。

4) 人机交互系统

其功能是实现驾驶人与泊车系统之间的信息交互。中央处理单元通过人机交互界面将车位信息及操作提示信息显示给驾驶人,同时,驾驶人通过人机交互系统向泊车系统发出泊车要求指令,如,是否选择泊车系统已检测到的车位、汽车停放基准等。

2. 控制原理

自动泊车系统的控制原理(图 11-30):首先是车位探测阶段,通过传感器探测路边车位信息,若发现车位则判断是否可用;其次为路径规划阶段,如果车位可用则根据此刻车身和目标停车位的相对位置,规划出一条最优泊车路径;最后为泊车运动控制阶段,IPA ECU 根据传感器检测的状态信息,实时修正泊车速度和转向盘角度,以期准确安全地到达泊车位。

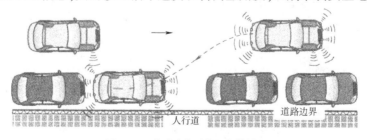

图 11-30　自动泊车系统的控制原理

自动泊车系统的关键技术主要有车位检测、路径规划和运动控制等。

复习思考题

11-1　名词解释：SRS、自动空调、ACC、CCS、AFS、LKA、IPA。
11-2　SRS 引爆需要哪些条件？
11-3　简述 SRS 的控制过程。
11-4　SRS 是怎样进行乘员感知的？
11-5　CCS 是如何实现巡航车速控制的？
11-6　简述自适应 CCS(ACC) 的控制原理。
11-7　自动空调是如何控制车内温度的？
11-8　自动空调为何采用伺服电机控制风门开度？
11-9　AFS 是如何实现前照灯水平旋转角度控制的？
11-10　简述刮水器的自动控制原理。
11-11　简述汽车电子防盗控制原理。
11-12　简述车道偏离预警控制原理。
11-13　简述自动泊车的控制原理。

第十二章 车载网络

本章主要介绍：汽车网络的类型、传输原理和组成；并详细讲述控制器局域网(CAN)、局域互联网(LIN)和车辆局域网(VAN)三种网络的基本特点、基本组成、网络结构、信息帧、防干扰、优先权等内容。

智能网联汽车主要包括三种网络：以车内总线通信为基础的车内网络，也称车载网络；以短距离无线通信为基础的车载自组织网络；以远距离通信为基础的车载移动互联网络。智能网联汽车是融合车载网络、车载自组织网络和车载移动互联网的一体化网络系统，如图 12-1 所示。

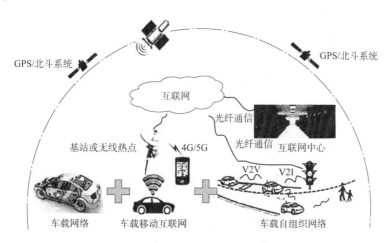

图 12-1　智能网联汽车网络体系构成

1）车载网络

车载网络是基于 CAN、LIN、FlexRay、MOST、以太网等总线技术建立的标准化整车网络，实现车内各电器、电子单元间的状态信息和控制信号在车内网上的传输，使汽车具有状态感知、故障诊断和智能控制等功能。

2）车载自组织网络

车载自组织网络是基于短距离无线通信技术自主构建的 V2V、V2I、V2P 之间的无线通信网络，实现 V2V、V2I、V2P 之间的信息传输，使汽车具有行驶环境感知、危险辨识、智能控制等功能，并能够实现 V2V、V2I 之间的协同控制。

3）车载移动互联网

车载移动互联网是基于远距离通信技术构建的汽车与互联网之间连接的网络，实现汽车信息与各种服务信息在车载移动互联网上的传输，使智能网联汽车用户能够开展商务办公、信息娱乐服务等。

本书仅介绍车载网络。

第一节　车载网络的类型与多路传输原理

一、车载网络的特点

汽车网络具有如下特点：

(1) 减少了线束的数量和占用空间，因而也就减少了线束的造价和质量，提高了电子系统的可靠性，使之维修容易，安装简便。

(2) 由于采用了通用传感器(如动力系统和传动系统共用车速传感器)，通过网络进行数据通信，可以达到消除冗余传感器并实现数据共享的目的。

(3) 改善了汽车系统设计和配置的灵活性，即通过网络的软、硬件变化可以实现整车功能的变化和扩展，真正实现汽车各个装置的模块化。

(4) 使用网络将汽车各个电子控制单元连接起来，让汽车真正成为系统控制的整体对象，利于汽车动力性、排放性、操纵性、经济性和安全性的改进和完善。

随着过程控制技术、现场总线控制技术、信息技术、计算机网络技术、微处理器技术、集成电路技术等的高速发展，汽车网络技术得到了迅速发展，并不断适应线控、光纤、蓝牙等技术在汽车上的应用。

汽车网络系统广泛应用于车身系统、动力传动系统、安全系统和信息系统，如图12-2所示。

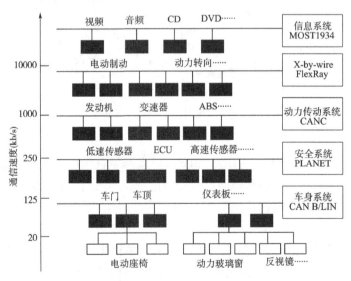

图12-2　汽车网络系统的拓扑图

汽车车载网络结构示意图如图12-3所示。

二、车载网络的类型

车载网络较多，分类较多。

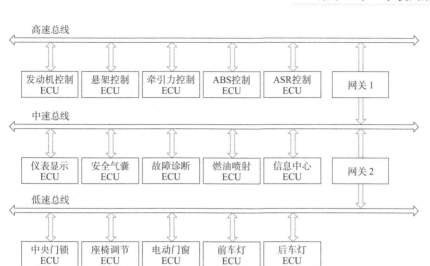

图 12-3 车载网络结构示意图

1. 按网络拓扑结构分类

拓扑是研究与大小、形状无关的线和面特性的方法,通常把控制器抽象为点,把网络中的通信介质(如数据线)抽象为线,从而抽象出网络的拓扑结构。

按网络的拓扑结构不同,汽车网络主要有星形式、总线式、环形式和树形式,如图 12-4 所示。

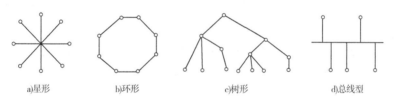

图 12-4 常见局域网拓扑结构

1) 星形拓扑结构

这种类型的网络每个节点均以一条单独信道与中心节点相连,中心节点是通信控制中心。其优点是建网容易、控制简单;缺点是网络共享能力差、可靠性低,一旦中心节点出现故障,则会导致全网瘫痪。

2) 环形拓扑结构

这种类型的网络中各节点通过一条首尾相连的通信链路连接而成一个闭合环形结构网,数据在环上流动。由于各节点共享环路,因此需要采取措施(如令牌控制)来协调控制各节点的发送。其优点是无信道选择问题,缺点是不便于扩充,系统响应延时大,如多媒体网络。

3) 树形拓扑结构

这种类型的网络为天然的分层网络结构,网络成本低,结构简单,适合于分主次、分等级的层次型管理系统。

4) 总线型拓扑结构

这种类型的网络将各个节点和一根总线相连,网络结构简单、灵活、可扩充性好、可靠性高、资源共享能力强。但由于同环形结构一样采用共享信道,因此需处理多站争用总线的问题。汽车上的网络多采用此种结构,如 CAN 网。

2. 按信息传输速率分类

为方便研究和设计应用,美国汽车工程师学会(SAE)的汽车网络委员会按照系统的复杂程度、传输流量、传输速率、传输可靠性、动作响应时间等参量,将汽车数据传输网络划分为 A、B、C、D、E 五类。

A 类网络是面向传感器/执行器控制的低速网络,数据传输速率通常小于 10kbit/s,主要用于车外后视镜调节、电动车窗及灯光照明等的控制。

B 类网络是面向独立模块间数据共享的中速网络,传输速率在 10～125kbit/s 之间,主要应用于车身电子舒适性模块、仪表显示等系统。

C 类网络是面向高速、实时闭环控制的多路传输网络,传输速率在 125kbit/s～1Mbit/s 之间,主要用于发动机控制、ABS、ESP 等系统。

D 类网络是智能数据总线 IDB(Intelligent Data BUS)网络,主要面向影音娱乐信息、多媒体系统,传输速率在 250kbit/s～100Mbit/s 之间。按照 SAE 的分类,IDB-C 为低速网络,IDB-M 为高速网络,IDB-Wireless 为无线通信网络。

E 类网络是面向汽车被动安全系统的网络,传输速率为 10Mbit/s。

3. 按通信协议分类

按通信协议不同,汽车网络系统可分为 CAN 网、VAN 网、MOST 网等。

CAN 网是根据 VAN 协议设计的汽车网络系统。由于 CAN 协议已被 ISO 颁布为国际标准,因此得到广泛应用。CAN 协议发展很快,既有高速 CAN 协议(如 ISO 11898、SAE J1939、SAE J2284),也有低速 CAN 协议(ISO 11519、SAE J2411),以及 CAN 网络。

VAN 网是采用 VAN 协议建立的汽车网络系统,主要有车身 VAN 网、舒适系统 VAN 网两种。

LIN 网是采用 LIN 协议建立的汽车网络系统,适应于智能传感器和执行器的低速通信网络。

MOST 网是根据 MOST 协议建立的汽车网络系统,主要应用于汽车多媒体和通信的分布式网络。

4. 按应用系统分类

按应用系统不同,汽车网络系统大致分为动力传动网络系统、车身网络系统、安全网络系统、信息与车载媒体网络系统和故障诊断系统等类型。

动力传动网络系统主要是将发动机、ABS、自动变速器三个控制单元连接成一个网络,也可连接 SRS、ESP、悬架组合仪表等控制单元。动力传动系统的受控对象直接关系汽车的行驶状态,对通信实时性有较高的要求,因此使用高速的总线连接动力传动系统。传感器组的各种状态信息可以通过广播的形式在高速总线上发布,各节点可以在统一时刻根据自己的需要获取自己需要获取的信息,这种方式最大限度地提高了通信的实时性。动力传动网络系统属于高速网络,数据传递应尽可能快,以便及时利用数据,数据传输速率一般为 1Mb/s。

车身网络系统主要将防盗、刮水器、天窗、车门、车灯、座椅等电子控制单元连接成一个网络。车身系统的控制单元多为低速电动机和开关量器件,对实时性要求低而数量众多,使用低速的总线连接这些电控单元。将这部分电控单元与汽车的驱动系统分开,有利于保证驱动系统通信的实时性。此外,采用低速总线还可增加传输距离、提高抗干扰能力以及降低硬件成本。数据传输速率一般为 100~125kb/s。

安全网络系统主要是将 SRS、安全带、加速度传感器、儿童安全带识别等电子控制单元连接为一个网络。这是根据多个传感器的信息使安全气囊启动等的系统控制系统,由此使用节点数将急剧地增加。对此系统的要求是:成本低、通信速度快、通信可靠性高。

信息与车载媒体网络系统将北斗/GPS、组合仪表、CD、车载电话、电视、收音机等电子控制单元连接为一个网络。信息与车载媒体网络系统的容量大、通信速度非常快,通信速率一般在 2Mb/s 以上。

故障诊断网络系统是专为车用故障诊断设备建立的通信网络系统,以用于汽车再现诊断或远程诊断。

三、多路传输基本原理

1. 数据传输方式

1) 串行传输与并行传输

串行传输的数据是逐位在设备间进行传输,在发送站需将并行数据流变成串行数据流,然后发送到传输信道上;而在接收站又要将从传输信道接收到的数据流变换成并行数据流。并行传输时,多个位在设备间同时传输。串行传输的速率比并行传输要慢得多,但费用低,通常传输距离较远的数字通信系统多采用串行传输,并行传输的速度高,但设备费用也高,适用于近距离传输。

2) 同步传输与异步传输

同步传输方式中,各字符没有起始位和停止位,采用按位同步的原则。位同步即接收端接收的每一位数据信息都要和发送端准确地保持同步。异步传输方式是在位同步基础上的同步,要求发送端与接收端必须保持一个群内的同步。异步传输方式实现简单,但传输效率低。同步传输方式对发送端和接收端的要求较高,由于取消了每个字符的起始位和停止位,传输效率高于异步传输方式,适用于高速数据通信。

3) 多路复用技术

在同一条通信线路上,实现同时传送多路信号。该技术分为时分多路复用、频分多路复用和波分多路复用。时分多路复用(TDM)是在传输时将时间分成小的时间段,每一时间段由复用的一路信号占用,各路信号在微观上串行传输,宏观上并行传输,广泛应用于数字通信和计算机网络系统。频分多路复用(FDM)是将多路信号分别调制到互不交叠的频段进行传输,各路信号在微观上并行传输,缺点是各路信号之间易互相干扰,多用于模拟通信。波分多路复用(WDM)是在光波频率范围内,将不同波长的光波,按一定间隔排列在一根光纤中传输。

汽车网络一般采用时分多路复用传输方式,如图 12-5 所示。

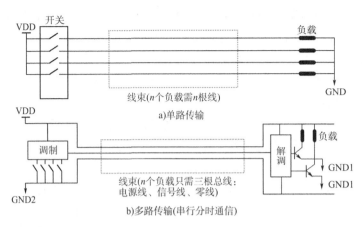

图 12-5 多路传输与单路传输

2. 信息多路传输与分离过程

通过寻址系统 A,数据 D0 或 D1 由多路传输模块进入到交流线 S。信息 D 一旦传输到信息分离模块就被导引到由新的寻址系统 A 所储存的输出口 S0 和 S1 处(图 12-6)。

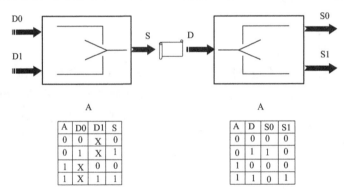

图 12-6 多路传输及信息分离原理

通过一个地址,可以导引两个数据,通过两个地址,可以导引 4 个数据,依此类推。

数据 D0 和 D1 进入到多路转换器中呈并行方式排列,而数据 D 则以串行方式传输到输出 S。数据 D 以串行方式进入到信息分离器,然后以并行方式传输到输出 S0 和 S1。这些数据的传输通过一个时钟同步完成,每一个发送器和接收器都是同步发送和接收的。

1) 多路传输阶段

当地址 A 处于"0"状态时,不管 D1 处于什么状态,在输出 S 处都可以得到数据 D0。当地址 A 处于"1"状态时,不管 D0 处于什么状态,在输出 S 处都可以得到数据 D1。数据 D0 和 D1 总是位于输入处,由地址 A 决定它们之间谁将被传输。数据 0 或 1 是一些电平符号,如图 12-7 所示。

2) 信息分离阶段

当地址 A 处于状态"0"时,数据 D 被传输到输出 S0,S1 保持"0"状态。当地址 A 处于状态"1"时,数据 D 被传输到输出 S1,S0 保持"0"状态。数据 D 总是位于输入处,由地址 A 的状态决定它们的去向,如图 12-8 所示。

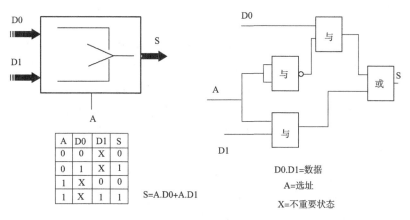

图 12-7　多路传输阶段

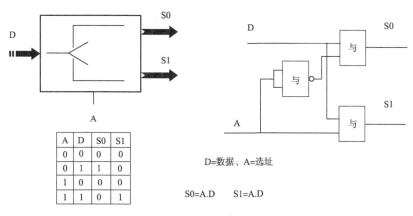

图 12-8　信息分离阶段

第二节　车载网络组成

车载网络由硬件或软件两大部分组成。硬件主要由模块、传输介质、负载电阻、网关等组成,如图 12-9 所示,软件主要指通信协议。

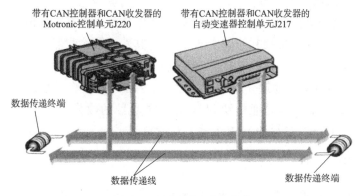

图 12-9　汽车网络系统的组成

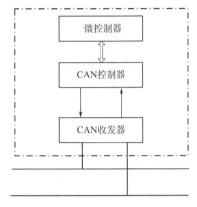

图 12-10 模块(节点)的组成

一、模块

模块是探测信号和(或)进行信号处理的一种电子装置,通常是指电子控制单元、传感器和执行器。模块的功能是将信号发送至数据总线上,并接收来自数据总线上的信号。在车载网络通常将模块称为节点。

模块(节点)一般由微控制器、控制器、收发器(或线路接口)等组成,如图 12-10 所示。

1. CAN 控制器

1) CAN 控制器功能

控制器位于模块的内部,安装在微控制器与收发器之间。控制器的功能有两大功能:

(1)接收模块中微控制器传来的数据,并对这些数据进行处理后,传送到收发器。

(2)接收收发器从网络传来的数据,并对这些信号处理后,传送到模块中的微控制器。

2) CAN 控制器的类型

不同通信协议采用的控制器型号不同,但通常分为两大类,即独立控制器和单片控制器。

(1)独立 CAN 控制器。独立 CAN 控制器是指单一模块,不与 ECU 的微控制器集成,具有自己的处理器和内存。使用起来比较灵活,可与多种类型的单片机进行接口组合。主要型号有:Intel 82526、Philips 82C200、Philips SJA1000、Siemens 81C90/91、NEC72005、MCP2510 等。

(2)集成 CAN 控制器。集成 CAN 控制器与 ECU 微控制器集成为一体,它们在许多特定情况下,共享微控制器的资源,如内存、I/O 接口,使电路设计简化和紧凑,效率提高,如 Philips 8XC592、Motorola 68HC05X4、Siemens C167C 等。

2. 收发器

1) 收发器功能

收发器又称为驱动器或线路接口,收发器也位于模块的内部,安装在控制器与数据传输介质之间。收发器的功能主要有:

(1)接收控制器传来模块的信号,并将其转化为电信号输送至数据传输介质。

(2)接收数据传输介质传来其他模块信号,并将其发送至控制器。

2) 收发器的类型

收发器是提供控制器与物理介质(总线)之间的接口,是影响网络系统安全性、可靠性、电磁兼容性的主要因素。不同通信协议采用不同型号的收发器,常见的收发器主要有82C250、82C251、TJA1050、TJA1040、MC33897、SI9200 等。

二、传输介质

车载网络的传输介质主要有双绞线、同轴电缆、光纤、无线介质等。

1. 双绞线

双绞线(TPL)是综合布线工程中最常用的一种传输介质。双绞线由两根具有绝缘保护层的铜导线按一定密度互相绞在一起,这样可降低信号干扰的程度,每一根导线在传输中辐射的电波都会被另一根线上发出的电波抵消。双绞线既可以用于传输模拟信号,也可以用于传输数字信号。区域网中的双绞线在100kb/s速率下的传输距离可达1km。双绞线比同轴电缆或光纤的价格便宜得多。双绞线根据是否具有屏蔽性分为非屏蔽双绞线(UTP)和屏蔽双绞线(STP)两类如图12-11a)、b)所示。

STP在UTP外面再加上一个由金属丝纺织而成的屏蔽层,以提高其抗电磁干扰能力,因此,STF抗外界干扰的性能优于UTP,但价格要比UTP昂贵。相互缠绕的一对双绞线可作为一条信息通路。

双绞线中的两条线的电位总相反,如果一条是STP,另一条就是0V,始终保持电压总和为一常数如图12-11c)所示。通过这种方法,CAN总线得到了保护而免受外界的电磁场干扰,同时CAN总线向外辐射也保持中性,即无辐射。

a)非屏蔽双绞线　　　　b)屏蔽双绞线　　　　c)抗干扰

图12-11　双绞线

2. 同轴电缆

同轴电缆是由一根空心的圆柱形的外导体围绕单根内导体构成的。内导体为实心或多芯硬质铜线,外导体为硬金属或金属网。内导体和外导体之间由绝缘材料隔离,外导体外还有皮套或屏蔽物。有两种同轴电缆被广泛使用,一种是50Ω电缆,用于数字传输,由于多用于基带传输,又称基带同轴电缆;另一种是75Ω电缆,用于模拟传输,一般用于电视信号的传输,称为宽带同轴电缆。

3. 光纤

光纤和同轴电缆相似,中心是光传播的玻璃纤芯。纤芯是采用超纯的熔凝石英玻璃拉成的比人头发丝还细的芯线,它质地脆、易断裂,有单模和多模之分,纤芯的直径是15～100μm,单模光纤纤芯的直径为8～10μm,在多模光纤中,需要外加一保护层。纤芯外面包围着一层折射率比纤芯低的玻璃封套,以使光纤保持在纤芯内。再外面的是一层薄的塑料外套,用来保护封套(图12-12)。光纤不受电磁干扰或噪声影响。

光导纤维的任务是将在某一控制单元发射器内产生的光波传送到另一控制单元的接收器。

4. 无线介质

无线介质是指通过大气传输电磁波的三种技术,即微波、红外线和激光。这三种技术都需要在发送方和接收方之间有一条视线通路。

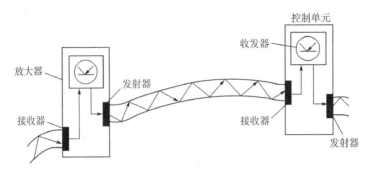

图 12-12　光纤的光波传输

无线介质信号传输技术称为蓝牙(Blue tooth)技术。车载蓝牙系统的数据传输速度可达 1Mb/s，传输频率为 2.40~2.48GHz，有效距离为 10m。

车载蓝牙系统主要应用于车载电话、CAN 网关、车载多媒体、驻车遥控等方面。

三、数据传输终端

在数据总线的两个末端设有两个终端电阻，其目的是防止数据在终端被反射，并以回声的形式返回，数据在终端的反射会影响数据的传输。

新型 CAN 总线，将终端电阻分布在各控制单元内，形成分布式电阻，称为负载电阻，即发动机控制单元内的"中央末端电阻"和其他控制单元内的高阻值电阻。

四、网关

网关是连接异型汽车网络的接口装置，其功能是将异型网络的通信协议进行翻译和解释，并进行无差错数据传输，即从第一个网络接收信息、翻译信息，向第二个网络发送信息。

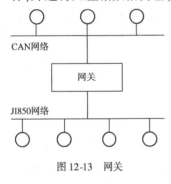

图 12-13　网关

汽车网关主要是能在 OSI 参考模型的物理层、数据链路层和应用层上对双方不同的协议进行翻译和解释。

网关实际上就是一种模块，它工作的好坏决定了不同的总线、模块和网络相互间通信质量的好坏（图 12-13）。

这是因为两个异型汽车网络，各自的电压电平和电阻配置不同，使网络之间无法耦合连接，各自的数据传输速率不同，无法使用另一个网络发送信号，所以，异型网络之间必须需要一个转换装置来建立之间的相关连接。

五、通信协议

1. 定义

通信协议是指通信双方控制信息交换规则的标准和约定的集合，即指数据在总线上传输的规则。在汽车上，要实现车内各控制单元的通信，必须制定规则，即通信方法、通信时间、通信内容，保证通信双方能互相配合，是通信双方能共同遵守、可接受的一组规定和规则。

第十二章 车载网络

2. 类型

在汽车网络系统发展初期,汽车制造根据自己的需要开发各自的汽车网络系统,因此出现了许多网络通信协议,见表12-1。

几种典型 CAN 协议及其特性　　　　　表 12-1

类别	A 类网络	B 类网络	C 类网络	多媒体
主流协议	LIN、TTP/A	中速 CAN、J1850、VAN	高速 CAN(ISO 11898)、FlexRay、Byte-Flight	D2B、MOST
信息传输延时(ms)	<50	<20	<5	<5
时钟离散度要求(%)	20	2	0.01	
优先级	有	有	有	有
容错能力	无	无	有	有
介质	单线	单线	双绞线	光纤
应用场合	面向传感器、执行器的低速网络	独立模块间的信息传输	主要面向高速实时闭环控制系统	汽车音频视频系统

除了常用的 LIN、TTP、CAN、J1850、VAN、FlexRay、Byte-Flight、DDB、MOST 等汽车网络通信协议之外,还有许多其他汽车网络通信协议,但应用较少。

1)LIN 协议

LIN 协议是 A 类汽车网络系统的首选,是用于汽车分布式电控系统的一种新型低成本串行通信系统,它是一种基于 UART 的数据格式、主从结构的单线 12V 的总线通信系统,主要用于智能传感器和执行器的串行通信,而这正是 CAN 总线的带宽和功能所不要求的部分,因此,LAN 是一种低成本的串行通信行业标准。

2)TTP 协议

TTP 协议又称时间触发协议,由 TTTech 公司开发。TTP 协议有两种:TTP/A 和 TTP/C。

TTP/A 适应于 A 类汽车网络,它的应用目标与 LIN 基本一致,它是基于时间触发访问方式的协议,使用不同的物理层,数据传输速度在很大范围内选择。

TTP/C 应用于 C 类汽车网络,是一个应用于分布式实时控制系统的完整的通信协议,它能够支持多种的容错策略,提供了容错的时间同步以及广泛的错误检测机制,同时还提供了节点的恢复和再整合功能。采用光纤作为传输介质,传输速度可达 25Mb/s。

3)CAN 协议

CAN 总线是德国博世公司从 20 世纪 80 年代初为解决汽车中众多的控制与测试仪器之间的数据交换而开发的一种串行数据通信协议,它是一种多主总线,通信介质可以是双绞线、同轴电缆或光导纤维,通信速率可达 1Mb/s。CAN 总线通信接口中集成了 CAN 协议的物理层和数据链路层功能,可完成对通信数据的成帧处理,包括位填充、数据块编码、循环冗余检验、优先级判别等工作。CAN 协议的一个最大特点是废除了传统的站地址编码,而代之以对通信数据块进行编码,最多可标识 2048(2.0A)个或 5 亿(2.0B)多个数据块。采用这种方法的优点可使网络内的节点个数在理论上受限制,数据段长度最多为 8 个字节,不会占用总线时间过长,从而保证了通信的实时性。CAN 协议采用 CRC 检验并可提供相应的错误处理功能,保证了数据通信的可靠性。

CAN 协议可用于 B 类和 C 类汽车网络系统,并被 ISO 作为国际标准。

4) J1850 协议

J1850 协议由美国汽车工程师学会(SAE)开发,应用于 B 类网络,采用双绞线为传输介质,传输速度为 10.4kb/s,主要在美国和日本汽车公司中应用。

5) VAN 协议

VAN 协议主要应用于 B 类汽车网络,是由法国标致、雪铁龙、雷诺公司联合开发研制的,主要应用于汽车车身系统,传输速率为 250kb/s,数据域长度,0~64b,采用双绞线作为传输介质。

6) FlexRay 协议

Flex-Ray 是一种新的汽车网络通信协议,它采用 FTDM(Flexile Time Division Multiple Access)的确定性访问方式,具有容错功能和确定的消息传输时间,能够满足汽车控制系统的高速率通信要求。BMW、Daimler-Chrysler、Motorola 和 Philips 联合开发和建立了这个 Flex-Ray 标准,GM 公司也加入了 Flex-Ray 联盟,共同致力于开发汽车分布式控制系统中高速总线系统的标准。该标准不仅提高了一致性、可靠性、竞争力和效率,而且还简化了开发和使用,并降低了成本。

7) Byte-Flight 协议

Byte-Flight 主要以 BMW 公司为中心制定的。数据传输速率为 10Mb/s,光纤可长达 43m。Byte-Flight 不仅可以用于安全气囊系统的网络通信,还可用于 X-by-Wire 系统的通信和控制,属于 C 类汽车网络协议。

Byte-Flight 的特点是既能满足某些高优先级消息需要时间触发,以保证确定延迟的要求,又能满足某些消息需要事件触发,需要中断处理的要求。

8) DDB 协议

DDB 协议是用于汽车多媒体和通信的分布式网络,通常使用光纤作为传输介质,可连接 CD 播放器、语音控制单元、电话和因特网。

9) MOST 协议

MOST 协议是一种专为媒体信息传送的协议,得到了广泛采用。MOST 网络可以不需要额外的主控计算机系统,结构灵活、性能可靠和易于扩展。MOST 网络光纤作为物理层的传输介质,可以连接视听设备、通信设备以及信息服务设备。MOST 网络支持"即插即用"方式,在网络上可以随时添加和去除设备。

MOST 具有以下基本特征:

(1) 支持多种网络连接方式。

(2) 使用 POF(Plastic Optical Fiber)优化信息传送质量。

(3) 无论是否有主控计算机都可以工作。

(4) 发送/接收器嵌有虚拟网络管理系统。

(5) 支持数据的同步和异步传输。
(6) 支持声音和压缩图像的实时处理。
(7) 保证低成本的条件下,达到 24.8Mb/s 的数据传输速度。
(8) 提供 MOST 设备标准。
(9) 方便简洁的应用系统界面。

第三节　CAN 总线网络

控制器局域网(Controller Area Network,CAN),简称 CAN 总线网络。

一、CAN 总线网络的特点与类型

1. CAN 总线网络的定义

控制器局域网是指分布在汽车上的多个电控单元(ECU)在物理上相互连接,并按照网络通信协议(CAN 协议)相互进行通信,以共享硬件、软件和信息等资源为目的的控制器系统。

2. CAN 的特点

1) 国际标准

CAN 是一个具有国际标准且成本较低的现场总线。

2) 多主方式

CAN 为多主方式工作,网络上任一节点均可在任意时刻主动地向网络上其他节点发送信息,所有节点都平等地竞争对总线的访问权,有极高的总线利用率。

3) 标识符报文

报文中不包含源地址或目标地址,仅用标识符来表示功能信息及优先级信息。在报文标识符上,CAN 上的节点分成不同的优先级,可满足不同的实时要求,优先级高的数据最多可在 134μs 内得到传输。

4) 总线仲裁技术

采用非破坏总线仲裁技术,当多个节点同时向总线发送信息出现冲突时,优先级低的节点会主动退出发送,而最高优先级的节点可不受影响地继续传输数据,从而大大节省了总线冲突仲裁时间,尤其是在网络负载很重的情况下,也不会现网络瘫痪情况。

5) 数据传输方式灵活

CAN 节点只需通过报文的标识符滤波即可实现点对点、点对多点及全局广播等几种方式传送接收数据。

6) 通信距离与速率高

CAN 的直接通信距离最远可达 10km(速率 5kb/s 以下);通信速率最高可达 1Mb/s(此时通信距离最长为 40m)。

7) 节点数多

CAN 上的节点数主要取决于总线驱动电路,可达 110 多个。在 CAN 2.0A 标准帧报文

中标识符有 11 位,而在 CAN 2.0B 扩展帧报文中标识符有 29 位,使节点的个数几乎不受限制。

8) 短帧结构

报文采用短帧结构,其传输时间短,受干扰概率低,保证了数据的出错率极低。

9) 错误检测和校正能力强

CAN 的每帧信息都有 CRC 校验及其他检错措施,保证了极好的检错效果,从而保证了数据的可靠传输。

10) 通信介质选择灵活

CAN 的通信介质可为双绞线、同轴电缆或光纤,选择灵活。

11) 自动关闭和自动重发

CAN 节点在错误严重的情况下,具有自动关闭输出功能,以使总线上其他节点的操作不受影响,而且发送的信息遭到破坏后,可自动重发。

3. CAN 的类型

根据信息传输速率和发展年代不同,CAN 可分为单线 CAN、低速 CAN、高速 CAN、可变速率 CAN、超高速 CAN-XL 等类型,各种类型的传输速率与应用场景见表 12-2。

CAN 的类型与应用场景　　　　表 12-2

年代	总线类型	传输速率	应用场景
第三代	CAN-XL	大于 10Mbit/s	用于高宽要求和附加功能,如虚拟网络、多协议支持、数据链路层安全等
第二代	可变速率 CAN（CAN-FD）	2Mbit/s(正常工作)；8Mbit/s(诊断/变成)	在经典 CAN 的基础上增大传输速率,是经典 CAN 的升级版,将随着技术发展逐步替代经典 CAN,特别是在带宽(大于 1Mbit/s)和有效载荷(大于 8 字节/数据帧)要求不能满足的情况下
第一代	高速 CAN（HS-CAN）	最高 1Mbit/s	应用在实时性要求高的节点,如发动机管理单元、电子传动控制、ESP 和仪表盘等
第一代	低速 CAN（LS-CAN）	最高 125kbit/s	应用在实时性要求低的节点,如空调控制、座椅调节、灯光和视镜调整等,这些节点对实时性要求不高,而且分布较为分散,线缆较易受到损坏,低速 CAN 的传输速率即可满足要求,单根线缆也可以工作
第一代	单线 CAN(SWC)	33.3kb/s(正常模式)；83.3kb/s(诊断模式)	单线 CAN 的信号抗干扰能力相对较弱,在设计中需要提高信号幅度以增大信噪比,如此又会让它自身的辐射能力增强,因此必须降低其信号传输速率以满足电磁兼容的要求；由于汽车车身可以作为总线的"地",因此单线 CAN 可以使用一条数据线连接车内各个通信模块,从而大幅减少布线的开销,但是其最大传输速率要远低于高速 CAN 总线

4. CAN 总线网络拓扑结构

CAN 总线的最大传输速率可达 1Mbit/s。汽车上的网络连接方式通常采用两条 CAN 总线：一条是用于驱动系统的高速 CAN 总线，速率达到 500kbit/s；另一条是用于车身系统的低速 CAN 总线，速率为 100kbit/s。高速 CAN 总线主要连接发动机、自动变速器、ABS/ASR、ESP 等对通信实时性有较高要求的系统。低速 CAN 总线主要连接灯光、电动车窗、自动空调及信息显示系统等，多为低速电动机和开关量器件，对实时性要求低而且数量众多。不同速度的 CAN 网络之间通过网关连接。对汽车 CAN 总线上的信号进行采集时，需要确定所采集的信号处于哪个 CAN 网络中，以便于设置合适的 CAN 通道波特率。汽车 CAN 网络拓扑结构如图 12-14 所示。

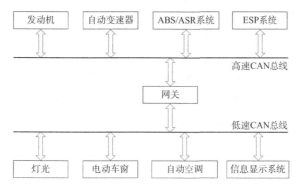

图 12-14　汽车 CAN 总线网络拓扑结构

二、CAN 的基本组成

CAN 由微控制器、控制器、收发器、数据传输终端以及两条数据传输线组成（图 12-15）。除了数据传输线，其他元件都置于控制单元（节点）内部。

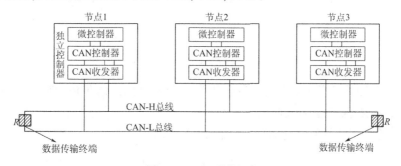

图 12-15　CAN 总线组成

1. CAN 控制器

CAN 控制器的作用是接收控制单元中微控制器传来的数据，对这些数据进行处理并将其传往 CAN 收发器。同样，CAN 控制器也接收由 CAN 收发器传来的数据，对这些数据进行处理并将其传往控制单元中的微控制器。

2. CAN 收发器

它将 CAN 控制器传来的数据转化为电信号并将其送入数据传输线，它也为 CAN 控制器接收和转发数据。

3. 数据传输终端

它是一个电阻器,其作用是防止数据在终端被反射,并以回声的形式返回。数据在终端的反射会影响数据的传输。

4. 数据传输线

数据传输线为双线,两条线分别称为 CAN 高线和 CAN 低线。为了防止外界电磁波的干扰和向外辐射,CAN 总线将两条线缠绕在一起(双绞线)。

三、CAN 的网络结构

1. OSI 的七层体系结构

国际参考标准化组织推荐的开放系统互联网(OSI)的七层参考模型(图 12-16),是国际上数据网的公认标准。其目的就是要在各种终端设备、微控制器、操作系统进程之间以及人们互相交换信息的过程中,能够逐步实现标准化。OSI 参考模型从第一层到第七层依次为物理层、数据链路层、网络层、传输层、会话层、表示层和应用层。其中 1~2 层,即物理层和数据链路层由硬件控制;3~7 层,即网络层、传输层、会话层、表示层和应用层由软件控制。

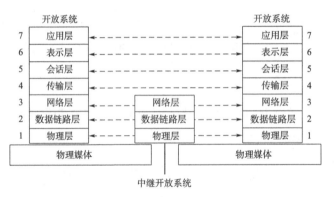

图 12-16　OSI 的七层体系网络结构

每个层次都在完成信息交换的任务中担当一个相对独立的角色,具有特定的功能。其中第七层为最高层,第一层为最低层。

ISO/OSI 的七层体系各结构的功能见表 12-3。

ISO/OSI 基本参考模型　　　　　　　　　　　　　表 12-3

ISO/OSI 的基本参考模型		各层定义的主要项目
软件控制	7 层:应用层	提供各种实际可以应用的服务
	6 层:表示层	对数据的表现形式进行变换,如文字的调整、数据的压缩、加密
	5 层:会话层	为实现会话通信,按正确的顺序控制数据的发送与接收
	4 层:传输层	保证按顺序控制数据及更正错误等的通信品质,如订正错误、重新发送的控制
	3 层:网络层	选择数据的传输途径及中转,如各控制单元之间的数据交换及地址管理

续上表

ISO/OSI 的基本参考模型		各层定义的主要项目
硬件控制	2层:数据链路层	将从物理层获得的信号(字符集)汇总成具有某种意义的数据,提供控制顺序,以便对控制传输错误等的数据加以传输,例如:(1)访问时的方法及数据形式;(2)通信方式、连接控制方式、同步方式、错误检测方式;(3)响应方式、通俗方式、帧的构成;(4)组帧方式
	1层:物理层	规定通信时所使用的电缆、插座等媒体,以及信号的标准等,以实现设备信号之间的交接,如信号电平、发送与接收、电缆及插接器等的形式

2. CAN 分层结构

CAN 协议包括 ISO/OSI 参考模型中的数据链路层和物理层,如图 12-17 所示,图中 LME 是指管理实体监控。数据链路层分为逻辑链路控制(LLC)和媒体访问控制(MAC),物理层分为物理层信号(PLS)、物理媒体链接(PMA)和媒体从属接口(MDI)。

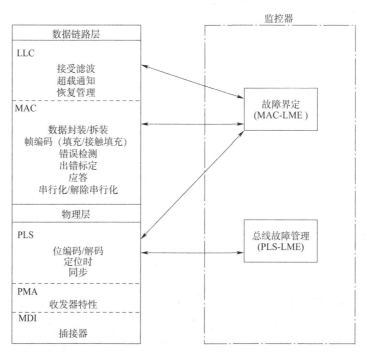

图 12-17　数据链路层和物理层功能框图

四、CAN 的信息帧

信息帧用于实现 CAN 数据链路层各子层的功能。帧是一种将原始数据分割成一定长度的数据片,即数据传输的单元,以便更可靠地传输数据。CAN 总线所传输的信息帧有数据帧、远程帧、错误帧和过载帧四种类型。

1. 数据帧

数据帧的功能是将数据从发送器传到接收器。数据帧有标准帧和扩展帧两种,均由 7

个不同的域组成:起始域、仲裁域、控制域、数据域、安全域、应答域、结束域,如图 12-18 所示。

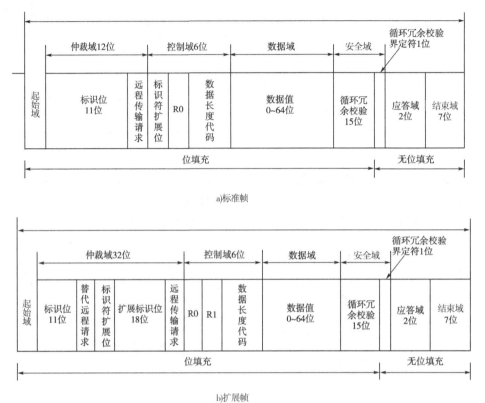

图 12-18 CAN 数据帧的组成

1)起始域

标志数据帧或远程帧的起始,仅由一个"显性"位组成(即 0),带有约 5V 的电压(系统决定)的 1 位被送入 CAN 高位传输线,带有约 0V 电压的 1 位被送入 CAN 低速传输线。

2)仲裁域

根据识别符判定数据中的优先权。标准格式下识别符长度为 11 位,这些位按 ID-7 到 ID-0 的顺序发送,最低位是 ID-0。7 个最高位(ID-10 ~ ID-4)必须不能全是"隐性"。在标准帧里,识别符后是远程发送请求位,该位若为"显性"(即"0"),代表发送的信息是数据;若为"隐性"(即"1")代表发送的信息是数据请求,只要总线空闲,各控制单元均可向总线发送数据,如果各个控制单元要同时发送各自的数据,那么系统必须决定哪一个控制单元先进行发送。具有最高优先权的数据先发送,标识符的二进制值越小,其优先权就越高。例如,发动机控制单元、ABS 控制单元、自动变速器控制单元同时向总线发送数据时,三者仲裁域的标识符分别为 010 1000 0000、001 1010 0000、100 0100 0000(程序中设置好的),则由于 ABS 控制单元的标识符最小,系统就先发送 ABS 控制单元发送的数据。此时,发动机控制单元和自动变速器控制单元转化为接收器接收数据。总线一旦空闲,系统会接下来发送其他的数据,但要注意在数据被成功接收之前仍要争取仲裁,即总线发送数据是根据各控制单元的优先

权决定的,而不是按请求发送的时间先后来决定。

3)控制域

显示在数字域中所包含的数据和长度代码,供接收器检查是否已经接收到所传来的所有信息。控制域由6个位组成,包括数据长度代码和两个将来作为扩展用的保留位。所发送的保留位必须为"显性"。接收器接收所有由"显性"和"隐性"组合在一起的位。数据长度代码为4个位,指示了数据域中字节的数量。

由于数据帧允许的数据字节数为0~8,所以数据长度最多为8。

4)数据域

由数据帧发送的数据组成,可以为0~8个字节,每字节包含了8个位(最大为64个位)。该数据可以代表实际的数据,也可以是一个数据请求,如果是数据请求,就没有数据字节随从,控制域中的数据长度代码就不会与数据字节有直接关系。那么,数据域是如何表示数据的呢?例如要表达节气门开度信号,系统可以用2个位表示4个节气门开度位置;也可以用3个位表示8个节气门开度位置。

同理,可用8位数表示256个节气门开度位置。如果1个字节不够表示,可以用2个字节或多个字节表示,但不超过8个字节,即不超过64位。

5)安全域(CRC域)

检测传递数据中的错误。CAN系统用于电噪声很大的环境,这个环境中的数据最容易丢失或破坏。CAN协议提供了5种错误检测和修正的方法,因此如果数据被破坏,它能够检测出来,而且网络中的所有的电控单元都会忽略这个数据。这5种错误检测类型分别为位错误、填充错误、CRC错误、形式错误、应答错误。

(1)位错误。各控制单元在发送位的同时也对总线进行监视,如果所发送的位值与所监视的位值不相符合,则在此位时间里检测到一个位错误。但是在仲裁域的填充位流期间或应答间隙发送一"隐性"位的情况是例外的。此时,当监视到一"显性"位时,不会发出位错误。当发送器发送一个被动错误标志但检测到"显性"位时,也不视为位错误。

(2)填充错误。如果在使用位填充法进行编码的信息中,出现了第6个连续相同的位电平时,将检测到一个填充错误。

(3)CRC错误。ERE序列包括发送器的CRC计算结果,接收器计算CRC的方法与发送器相同,如果接收器的计算结果与接收到CRC序列的结果不相符,则检测到一个CRC错误。

(4)形式错误。当一个固定形式的域含有1个或多个非法位,则检测到一个形式错误。

(5)应答错误。只要在应答间隙期间所监视的位不为"显性",则发送器会检测到一个应答错误。

6)应答域(ACK域)

在应答域中接收器通知发送器已经正确接收到数据,如果检查到错误,接收器立即通知发送器,发送器然后再发送一次数据,直到该数据被准确接收为止,但从检测到错误到下一数据的传送开始为止,发送时间最多为29个位的时间。应答域长度为2个位,包含应答间隙和应答界定符,常态下发送两个"隐性"位。当接收器正确地接收到有效的数据,接收器就会在应答间隙期间内向发送器发送一"显性"的位以后应答,而应答界定符始终是"隐性"位。

7）结束域

标志着数据报告结束，由7个"隐性"位组成。这里是显示错误并重复发送数据的最后一次机会。

2. 远程帧

远程帧的功能是将数据请求从发送器传到接收器。通过发送远程帧，作为某数据接收器的控制单元会对不同的数据传送进行初始化设置。

远程帧由6个不同的域组成：起始域、仲裁域、控制域、安全域、应答域、结束域（图12-19）。与数据帧相反，远程帧的远程发送请求位（RTR位）是"隐性"的（即"1"）。它没有数据域，数据长度代码的数值是部首制约的（可以标注为容许范围里0~8的任何数值）。其余域功能同数据帧。

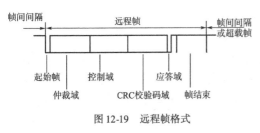

图12-19 远程帧格式

3. 错误帧

错误帧的功能是可以对所发送的数据进行错误监测、错误标定和错误自控。错误帧由两个不同的域组成，第一个域来自控制器的错误标志，第二个域为错误分界符（图12-20）。

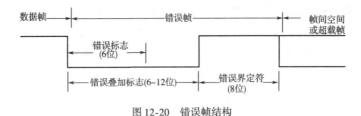

图12-20 错误帧结构

1）错误标志

有两种形式的错误标志：

(1) 激活错误标志。它由6个连续显性位组成。

(2) 认可错误标志。它由6个连续隐性位组成，且可由其他CAN控制器的显性位改写。

处于激活错误状态的CAN节点检测到错误后，将发出激活错误标志，该错误标志不满足位填充（插入）规则，或者破坏了应答域或帧结束域的固定格式，所有其他节点都将检测到错误状态，并发出该错误标志，因此，这些从总线上检测到的显性位串是各个节点发出的不同错误标志的结果，这一位串的长度最短是6个，最长是12个。认可错误状态的CAN控制器检测到错误后发出认可错误标志，并等待从认可错误标志开始的相同极性的6个连续位。

2）错误界定

错误界定符由8个隐性位组成，它与过载界定有相同的格式。错误标志发送后，每一个CAN节点监视总线，直至检测到一个显性位到隐性位的跳变，此时表示CAN节点已经完成了错误标志的发送，并开始发送8个隐性位的界定符，之后网络上的错误激活节点便可同时开始其他的发送。

如果数据帧或远程帧的发送过程出错，则重发，当连续出现错误帧错误时，则相应的节点将变为认可错误节点。

当正确结束错误标志,认可节点需要总线空闲至少三个位周期(如果在一个认可错误接收器出现本地错误)。

4. 过载帧

过载帧的功能是当 CAN 按接收器尚未准备好,或接收器在间歇域期间检测到一个"显性"位时,发送过载信息,以延迟数据的传送。

过载帧由两个区域组成:过载标志及过载界定符(图 12-21)。有两种状态将导致过载帧发送:一是接收方在接收一帧之前需要过多的时间处理当前的数据(接收尚未准备好);二是在帧空隙域检测到显性位信号。

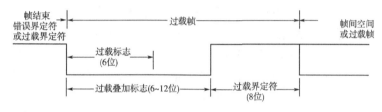

图 12-21 过载帧结构

过载帧发送条件:(1)由第一个过载条件引起的过载帧的发送是在帧空隙域的第一位周期;(2)由第二个条件引起的过载帧的发送是在检测到显性位信号后的一位。

过载标识由 6 个隐性位组成。其格式与错误标识相同。过载分界符由 8 个隐性位组成,其格式与错误分界符相同。

五、CAN 的防干扰技术

控制单元是通过收发器连接到 CAN 驱动总线上的,在这个收发器内有一个接收器,该接收器是安装在接收一侧的差动信号放大器。收发器内的 CAN-H 线和 CAN-L 线上的信号转换是通过差动信号放大器来实现的,这个转换后的信号称为差动信号放大器的输出电压。差动信号放大器用 CAN-H 线上的电压($U_{CAN-High}$)减去 CAN-L 线上的电压($U_{CAN-Low}$),就得出输出电压。CAN-H 信号和 CAN-L 信号经过差动信号放大器处理后,差动信号放大器再将转换后的信号传至控制单元的 CAN 接收区,就是所谓的差动传递技术,如图 12-22 所示。

由于数据总线也要布置在发动机舱内,所以数据总线就要遭受各种干扰(在维护时要考虑对搭铁短路和蓄电池电压、点火装置的火花放电和静态放电)。差动传递技术可最大限度地消除干扰的影响。由于 CAN-H 线和 CAN-L 线是扭绞在一起的(双绞线),所以干扰脉冲 X 就总是有规律地作用在两条线上,由于差动信号放大器总是用 CAN-H 线上

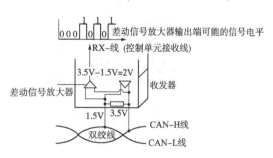

图 12-22 CAN 驱动数据总线的差动信号放大器

的电压(3.5V-X)减去 CAN-L 线上的电压(1.5V-X),因此在经过处理后,差信号中就不再有干扰脉冲了,即输出电压为(3.5V-X)-(1.5V-X)=3.5V-1.5V=2V(图 12-23)。这种

差动传递技术的另一个优点是,即使车上的供电电压有波动(例如在起动发动机时),也不会影响各个控制单元的数据传递(数据传递可靠性)。

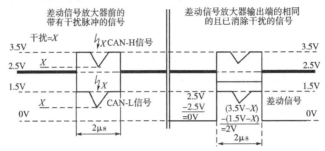

图 12-23　CAN 驱动数据总线差动信号放大器内的干扰过滤

收发器将 CAN 信号输送到 CAN 总线的两条导线上,相应地在 CAN-H 线上的电压就升高,而在 CAN-L 线上的电压就降低一个同样大小的值。对于驱动 CAN 总线来说,一条导线上的电压改变值不低于 1V。控制单元循环往复地在发送信息,就是说信息的重复率一般为 10~25ms。CAN 驱动数据总线由点火开关接通,短时工作后,又完全关闭。

收发器发送一侧的作用是将控制单元内的 CAN 控制器的较弱信号放大,使其达到 CAN 导线上的信号电平和控制单元输入端的信号电平。

六、CAN 的数据报告优先权

如果多个控制单元要同时发送各自的数据,系统就必须决定哪一个单元首先发送,显然,具有最高优先权的数据应首先发送。基于安全考虑,由 ABS/DEL 控制单元提供的数据比自动变速器控制单元提供的数据(驾驶舒适)更重要。

在数据帧的仲裁域中,有 11 位的标识符,前三位表示优先权(P)。数据报告优先权可以在最高位 0 和最低位 7 之间设置。000、001、010、011、100、101、110、111。例如,在由发动机、自动变速器和 ABS 构成的动力传动网络系统中,三者报文的优先权分别设置为 010、100、000,由此可见 ABS 的优先权最高,发动机次之,自动变速器最低。

三个控制单元同时发送数据,此时,在数据传输线上进行 1 位的数据比较。如果一个控制单元发送了一个低电压,而检测到一个高电位,那么这个控制单元就停止发送,而转为接收,即发出高电位的数据具有优先权,而发出低电位的数据丧失优先权(图 12-24)。

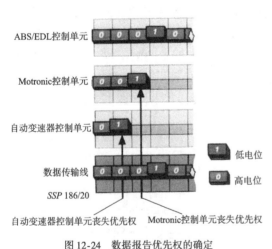

图 12-24　数据报告优先权的确定

七、CAN-FD 总线

CAN-FD 只是对 CAN 协议进行了升级,物理层并未改变,传输速率的提高大大提高了通信效率。CAN-FD 总线突破了 CAN 总线带宽和数据段长短的制约,经典 CAN 帧的传输速率是恒定的,如 500kbit/s,数据字节数被限定为 8。CAN-FD 总线通过增加有效比特率和每帧的有效负载字节数来增加带宽。

CAN-FD 总线与 CAN 总线的主要区别是传输速率和数据段长度。

1. 可变速率

CAN-FD 采用了两种位速率:在仲裁段,标称比特率受到传播延迟的限制,因此 CAN-FD 帧的起始部分与经典 CAN 帧的比特率相同;在数据段,仲裁结束后,只剩下一个发射节点,其他节点都是接收器,因此可以将数据比特率切换到更高的 2Mbit/s 甚至 5Mbit/s。

CAN-FD 有两套位时间配置寄存器,应用于仲裁段的第一套的位时间较长,而应用于数据段的第二套的位时间较短。首先对速率(BRS)位进行采样,如果显示隐性位,则在 BRS 采样点转换成较短的位时间机制,并在循环冗余检验(CAN)界定符位的采样点转换回第一套位时间机制。为保证与其他节点同步,CAN-FD 选择在采样点进行位时间转换。

2. 数据段长度扩充

CAN-FD 对数据段的长度做了很大的扩充,数据长度码(DLC)最大支持 64 字节,在 DLC 小于或等于 8 时与原 CAN 总线是一样的,大于 8 时有一个非线性的增长,所以最大的数据段长度可达 64 字节。使用 CAN-FD 能够在更短的时间内发送 8 倍的数据,这是一个巨大的带宽改进。

增加带宽带来很多好处,它使车载计算机的行尾(EOL)编程速度更快。更高的带宽允许汽车在不拆分网络的情况下添加更多的功能,支持更多的数据字节可以减少帧的后处理。如果每个坐标使用 4 字节整数,则传感器的位置数据需要使用 12 字节。采用经典 CAN 协议时必须将数据至少分割成两帧,然后在接收节点进行数据组装。CAN-FD 通过支持每帧最多 64 字节数据来解决这个问题,传感器的位置数据使用一帧就能放得下。

与经典 CAN 帧相同,CAN-FD 帧也由起始域、仲裁域、控制域、数据域、CRC 域、ACK 域和结束域共 7 个部分组成。

八、CAN-XL 总线

CAN-XL 是对 CAN 和 CAN-FD 的进一步扩展,并且在很大程度上遵循相同的运行原理。CAN 报文分为仲裁域和数据域,尽管 CAN-XL 在仲裁域使用 500kbit/s ~ 1Mbit/s 的低速率,但在数据短的传输速率可提升至 2 ~ 10Mbit/s。相对于 CAN-FD 的可选速率切换功能,CAN-XL 能够强制执行速率切换。

CAN-XL 是一种高度可扩展的通信技术,设计数据传输速率和数据字段的长度,物理层仍在开发中,其目标是实现高达 10Mbit/s 的数据传输速率。CAN-XL 针对面向区域的异构网络体系结构进行优化,能够以最优的长度满足未来车载网络的要求。

CAN-XL 通过保持 CAN 协议的优势(如无损仲裁的冲突解决),为高达 10Mbit/s 的数据传输速率提供了出色的解决方案,填补了 CAN-FD 与 100Base-T1 之间的空白。它主要有以下几个核心技术:

(1)有效负载长度。与以太网帧长度一样。

(2) 可靠性。与 CAN、CAN-FD 和 10Mbit/s 以太网相当,甚至优于它们。

(3) 鲁棒性。与 CAN-FD 一样好,甚至优于 10Mbit/s 以太网。

(4) 波特率。数据传输速率最大可达 10Mbit/s。

(5) 兼容性。向后兼容 CAN-FD。

第四节　LIN 总线网络

局域连接网(Local Interconnect Network,LIN),简称 LIN 总线网络。

一、LIN 总线网络的特点与应用

LIN 总线网络是由奥迪、宝马、戴姆勒-克莱斯勒、摩托罗拉、火山通信技术、大众和沃尔沃等公司组成的 LIN 联合体提出的一个汽车底层网络协议。

1. LIN 总线网络的特点

LIN 网络的数据传输速率为 20kbit/s,属于低速网络,媒体访问方式为单主多从,是一种辅助总线,辅助 CAN 总线工作。在不需要 CAN 总线的带宽和多功能的场合,使用 LIN 总线可大大降低成本。

LIN 的技术特点为:

(1) 单主机多从机结构(没有总线仲裁)。

(2) 基于普通 UART/SCI 接口的低成本硬件、低成本软件。

(3) 带时间同步的多点广播接收,从节点无须石英或陶瓷振荡器。

(4) 确定性的信号传输。

(5) 低成本的单线实现。

(6) 速率可达 20kb/s,总线长度≤40m,可选的数据域长度为 0~8 字节。

(7) 保证信号传输的延迟时间。

(8) 数据校验和的安全性和错误检测。

(9) 使用最小成本的半导体元件(小尺寸单芯片系统),且可使用汽车蓄电池供电。

(10) 需改变 LIN 从节点的硬件和软件即可在网络上增加节点,通常一个 LIN 网络节点数小于 16 个。

LIN 总线系统的突出特点是 LIN 总显示单线式总线,仅靠一根导线传输数据。

2. LIN 总线网络在汽车上的应用

由于一个 LIN 网络通常由一个主节点、一个或多个从节点组成,所以 LIN 网络为主从式控制结构。各个 LIN 主节点是车身 CAN 总线上的节点,通过 CAN 总线连接成为低速车身 CAN 网络,并兼起 CAN/LIN 网关的作用。引入带 CAN/LIN 网关的混合网络有效地降低了主干网的总线负载率。LIN 网络主要应用于车门、转向盘、座椅、空调系统、防盗系统等。LIN 网络将模拟信号用数字信号代替,实现对汽车低速网络的需求,结构简单,维修方便。

如图 12-25 所示为 LIN 总线在车门控制模块中的应用。

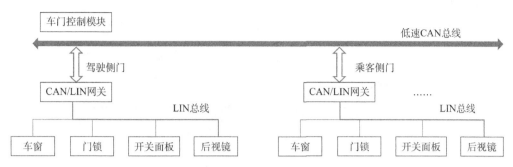

图 12-25　LIN 总线在车门控制模块中的应用

二、LIN 总线网络的结构

1. 总线结构

LIN 由一个主节点(也称局部连接网络指令器电控单元)和一个或多个从节点(也称局部连接网络执行器电控单元)构成,主节点可以执行主任务也可以执行从任务,从节点只能执行从任务,总线上的信息传送由主节点控制(图 12-26)。

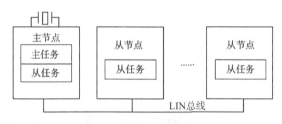

图 12-26　LIN 总体结构

那些与 CAN 相连接的电控单元担任主节点的功能。它用来控制数据传输和数据传输速度,执行 LIN 电控单元和 CAN 之间的转发功能,因此,它是唯一一个在 LIN 与 CAN 相连接的电控单元。与主节点相连接的 LIN 中的从节点的故障诊断是通过主节点来进行的。

从节点作为 LIN 中每个单独的电控单元,只能在 LIN 内发挥作用,它通过 LIN 从主节点获得任务。

2. 传输介质

在 LIN 标准中的,并没有强制规定信号传输介质采用物质载体还是非物质载体,但一般使用一根单独的铜线作为传输介质。

3. 节点的结构

一个 LIN 电控单元拥有一个统一的接口(LIN 标准),以便同其他 LIN 电控单元之间处理信息数据。这种标准的接口需要满足严格的成本要求,所以它必须在现有微控制器中使用标准单位,基本单位为 UART(传送者/接收者异步概念)。LIN 节接口主要由两部分组成:协议控制器和线路接口。

4. 信息帧结构

LIN 从主节点发出的信息帧有两种:数据帧和睡眠帧。

1）数据帧

LIN 数据帧由异步中断域、异步域、标识域、数据域和检查域组成（图12-27）。

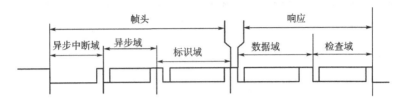

图12-27　LIN 数据帧的结构

2）睡眠帧

LIN 总线主节点发出的另一个帧是睡眠帧,它的作用是让总线和节点进入低功耗状态。睡眠帧的识别位包含数值 0x80,除此之外,睡眠帧与标准数据帧是相似的。系统设计人员可以选择在识别位之后是否传输数据。当收到唤醒信号时,总线睡眠状态便自动中止。主节点或者从节点都可以发送唤醒信号,当主节点或者从节点发送唤醒信号时,它送出数值 0x80,紧接着是 4~64 位的唤醒信号定界符。如果经过 128 位的时间后,主节点还没有送出同步间隔信号,便送出新的唤醒信号,重复过程最多不能超过三次。

三、LIN 总线网络的数据传输

LIN 总线传输数据时,首先由 LIN 主控制单元通过信息标题发送请求或主动向 LIN 子控制单元发送数据信息,其具体过程如图 12-28 所示。

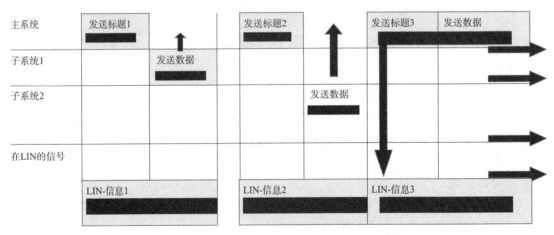

图12-28　LIN 总线的数据传递流程

对于 LIN 总线的子系统来说,只有由主系统发送相应的信息标题要求时,它才向 LIN 总线发送数据,其发送到总线上数据可供每个 LIN 数据总线控制单元所接收。对于图 12-28,LIN-信息 1 表示主系统要求子系统 1 发送其相关数据时,先由主系统向 LIN 总线发送标示子系统 1 的请求信息,当子系统 1 接收到该请求信息后,则向 LIN 总线发送数据信息,所有 LIN 总线系统都能接收到。同样,主系统也可以要求子系统 2 发送数据信息。另外,对于 LIN-信息 3 来说,由主系统直接向 LIN 子系统发送数据信息。

第十二章 车载网络

第五节 VAN总线网络

车辆局域网(Vehicle Area Network,VAN),简称 VAN 总线网络。

一、VAN 总线网络的特点

车辆局域网(Vehicle Area Network,VAN),由法国的雪铁龙、雷诺汽车公司和标致集团联合开发,它主要应用于车身电器设备的控制。VAN 作为专门为汽车开发的总线,1994 年成为国际标准。VAN 通信介质简单,在 40m 内,传输速率可达 1Mbit/s,按 SAE 的分类应该属于 C 类。

VAN 总线系统协议是一种只需要中等通信速率的通信协议,反应时间约为 100ms。VAN 支持分布式实时控制的通信网络,可广泛应用于汽车门锁、电动车窗、空调、自动报警以及娱乐控制等系统。VAN 总线作为串行通信网络,与一般总线相比,其数据通信具有突出的可靠性、实时性和灵活性。

二、VAN 总线网络的结构与信息传输

1. VAN 分层结构

VAN 采用 ISO 标准中的 OSI 模型,具有 7 层结构,如图 12-29 所示。

VAN 的拓扑结构为总线-树型或总线-树型-星型。VAN 的传输介质采用双绞线,两根导线分别称为 DATA 和 DATAB。VAN 的编码方式采用 NRZ 编码和曼彻斯特编码两种。

2. 节点结构

VAN 的节点位于电子控制单元内,节点由协议控制器和线控接口两部分组成,如图 12-30 所示。

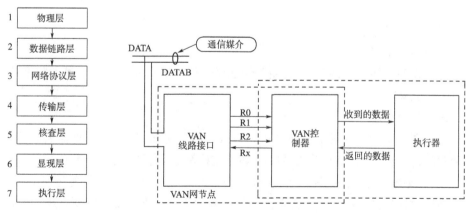

图 12-29 VAN 的分层结构　　图 12-30 VAN 节点结构

1) VAN 控制器

VAN 控制器通常内置于电子控制单元中的微控制器内,通过 VAN 协议传递、接收信息,其主要功能是:

(1) VAN 网信息输入和输出的编码/译码。

(2) 检测到空闲总线之后即进入该总线。

(3) 冲突管理。

(4) 错误管理。

(5) 与微控制器的接口实现运行任务。

2) 线路接口

线路接口负责将 VAN 数据总线的信号 DATA 和 DATAB 翻译成无干扰的 R0、R1 和 R2 信号传入，或者相反，将控制器的 Tx 信号翻译成 DATA 和 DATAB 传入 VAN 数据总线，因此，这个部件有两个重要作用，就是翻译和保护。

3. 数据帧

VAN 的数据帧由 9 个域组成，即帧始域、标识域、控制域、数据域、CRC 校验码域、数据结束域、应答域、帧结束域、帧分区域，如图 12-31 所示。

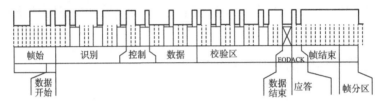

图 12-31 VAN 的帧结构

4. 传输方式

VAN 有三种传输模式。

1) 定时传输模式

定期向网络传送信息，在此期间必须保证时间不是太短，以便于这项信息接收者有足够时间取舍每条发送的信息。

2) 事件传送模式

适用于传输信息数据交换。

3) 混合模式

定时模式和事件模式组合使用，便于保证对使用者所有操作的一个最大限度的回应，确保可以随时刷新信息。

5. 进入传输介质

VAN 电控单元进入传输介质依靠随机方式和异步方式，即可以根据需要和执行的本地命令随时进行。在进入 VAN 总线系统时必须先检测它是否空闲。如果总线能够连续读取 12 位的隐性数据即被视为空闲。在这种情况下，不论是 VAN 总线系统的任何电控单元都能够传送和接收信息，每个 VAN 电控单元都不间断地重新读取和比较它所发出的数据。

VAN 总线系统按照"与逻辑"的方式运行，以满足以下的功能：如果所有的 VAN 总线系统电控单元在总线上同时发送一个 bit1(隐性)，那个 bit1(隐性)就会在总线上被重新读取；相反的，如果至少一个 VAN 总线系统电控单元在总线上发送一个 bit0(显性)，即使所有其他电控单元这时在总线上发送一个 bit1(隐性)，那么也只能在总线上读取到一个 bit0(显性)。

在两个或者更多的 VAN 总线系统电控单元同时进入网络的情况下,就会有冲突,必须要判断优先性。数字灵敏性最弱的电控单元(强弱权由显性 bit/bit0 组成)将获得最大优先权。

在判断中失利的 VAN 数据总线系统的电控单元将会立刻停止传输,并且等待 VAN 网总线重新空闲以进行新一轮的传送。

6. 签收回复

VAN 的签收回复是由数据发送方激活和实现的。事实上,如果最后一个请求与一个确切的电控单元相连接("点对点"模式),它将激活签收回复命令,在这种情况下,单一电控单元会检测帧的格式是否正确,以及回应一个发给它的标识(IDEN 域将进行核实),以产生一个对这个帧的回复,没有涉及此交换的其他电控单元则不应该产生回复;相对地,如果这最后一个请求与几个电控单元或网络中的电控单元整体相连接,它将取消回复命令。在这种情况下,所有的电控单元将不会产生回复,只有相关电控单元处理这些信息。因此,VAN 数据总线系统协议同样适用于数据发散模式和点对点交换模式。

复习思考题

12-1　名词解释:多路传输、网关、CAN 协议、LIN 协议、VAN 协议。

12-2　汽车为何采用 CAN 总线技术?

12-3　简述 CAN 总线的组成。

12-4　简述信息多路传输与分离过程。

12-5　双绞线为何对外可保持无辐射?

12-6　网关起什么作用?

12-7　车用网络系统有哪些通信协议?各有何特点?

12-8　CAN 总线有何特点?

12-9　CAN 的分层结构有哪些?

12-10　CAN 的信息帧有哪 4 种?

12-11　标准的 CAN 数据帧由哪几部分组成?

12-12　CAN 数据帧中的仲裁域(状态域)是怎样判定数据中的优先权的?

12-13　简述 CAN 的差动传递防干扰技术的原理。

12-14　LIN 协议有何特点?主要应用在汽车哪些设备的数据传输?

12-15　VAN 协议有何特点?主要应用在汽车哪些设备的数据传输?

参 考 文 献

[1] 陈刚. 汽车电子控制技术[M]. 北京:机械工业出版社,2020.
[2] 陈宁. 智能汽车传感器技术[M]. 北京:北京理工大学出版社,2021.
[3] 崔胜明. 智能网联汽车新技术[M]. 2版. 北京:化学工业出版社,2021.
[4] 丁山. 汽车电子系统设计与仿真[M]. 北京:机械工业出版社,2022.
[5] 姜鸿雷. 智能汽车新一代技术与应用[M]. 北京:电子工业出版社,2023.
[6] 鲁植雄. 汽车电子控制基础[M]. 3版. 北京:清华大学出版社,2021.
[7] 罗石. 新能源汽车域控制技术[M]. 北京:化学工业出版社,2023.
[8] 舒华. 汽车电控系统结构与维修[M]. 4版. 北京:北京理工大学出版社,2023.
[9] 杨保成. 汽车电子控制技术[M]. 北京:北京机械工业出版社,2022.
[10] 杨沛. 汽车电子控制技术[M]. 北京:北京理工大学出版社,2021.
[11] 杨胜兵. 图说智能汽车域控制器技术[M]. 北京:北京化学工业出版社,2023.
[12] 杨新桦. 汽车电子控制系统设计[M]. 北京:清华大学出版社,2022.
[13] 赵祥模. 智能汽车测控技术[M]. 北京:人民交通出版社股份有限公司,2022.